Ulrich Ladurner

Bitte informieren Sie Allah!

VOLKSREPUBLIK CHINA
akhan-Korridor
Kunjerab-Pass
Yarkand
Mazar
7785
Batura
Karimabad
Gilgit
Karakorum
Northern Areas
8611
8047
K2
Broad Peak
ur-Pass
Gilgit
Bunji
Indus
Karakorum-Pass
Chilas
Skardu
Jalkot
8125
Nanga Parbat
Himalaja
Jammu
Shyok
Waffenstillstandslinie (Grenzverlauf umstritten)
Kargil
Leh
Muzafabad
Srinagar
bottabad
Upshi
Kaschmir
INDIEN
Indus
SLAMABAD
Rawalpindi
Chenab
Gujrat
Jammu
Gujranwala
Chenab
TAN
Amritsar
Lahore
Faisalabad
Punjab
Duschanbe
USBEKISTAN
CHINA
Faisabad
Gilgit
Indus
K2
Nanga Parbat
Skardu
Herat
Kabul
Peshawar
Islamabad
Srinagar
AFGHANISTAN
Rawalpindi
Kaschmir und Jammu
N
Kandahar
Amritsar
Lahore
200 km
Quetta
Sutlej
Delhi
PAKISTAN
Thar
Bikaner
IRAN
Belutschistan
Jodhpur
Jaipur
Hyderabad
INDIEN
Karachi
Indus
Arabisches Meer

Ulrich Ladurner
Bitte informieren Sie Allah!

Terrornetzwerk Pakistan

Herbig

FÜR LILLI UND JULIUS

Besuchen Sie uns im Internet unter:
www.herbig-verlag.de

© 2008 by F. A. Herbig
Verlagsbuchhandlung GmbH, München
Alle Rechte vorbehalten
Umschlaggestaltung: Wolfgang Heinzel
Umschlagfoto: Ulrich Ladurner
Karte: Eckehard Radehose, Schliersee
Fotos: Ulrich Ladurner
Lektorat: Dr. Carmen Sippl
Herstellung und Satz: VerlagsService Dr. Helmut Neuberger
& Karl Schaumann GmbH, Heimstetten
Gesetzt aus der 11,5/14,5 Punkt Minion
Drucken und Binden: GGP Media GmbH, Pößneck
Printed in Germany
ISBN 978-3-7766-2551-6

Inhalt

Vorwort
von Helmut Schmidt
7

Im Land der Reinen
Eine Reise durch Pakistan
9

1
Das gefährlichste Land der Welt
Die Verteidigung Pakistans
15

2
Alles wegen Kaschmir
Die pakistanische Bombe
57

3
Der General und die Macht
Allianz des Terrors
95

4
»Ihr liebt das Leben, wir lieben den Tod«
In der Hochburg der Gotteskrieger
155

5
Im Auge des Sturms
An der Grenze zu Afghanistan
197

Dank 230
Zeittafel 232
Register 235

Vorwort

Noch vor der Mitte des Jahrhunderts wird Pakistan das Land mit der viertgrößten Bevölkerung der Erde sein. Allein das macht klar, dass sich die Welt mit Pakistan beschäftigen muss. Schon heute ist es mit 160 Millionen Einwohnern eines der größten muslimischen Länder der Erde, und es ist das einzige muslimische Land, das Atomwaffen besitzt. Jede Destabilisierung der Atommacht Pakistan ist daher ein Problem für die ganze Welt.
Nach den Attentaten vom 11. September 2001 haben die USA in Afghanistan militärisch interveniert und Pakistan zu einem Frontstaat im Kampf gegen den Terror gemacht. Die beiden Nachbarländer haben engste kulturelle, politische, wirtschaftliche und historische Verbindungen. Was in Pakistan geschieht, hat entscheidenden Einfluss auf Afghanistan. Die Deutschen sind davon direkt berührt; denn heute sind mehr als 3000 deutsche Soldaten in Afghanistan stationiert. Es ist daher geboten, die innere Lage Pakistans zu verstehen.
Wir sehen ein Land, das in mehrfacher Hinsicht zerrissen ist. Religiöse und säkulare Kräfte ringen miteinander um die Macht. In den Stammesgebieten an der Grenze zu Afghanistan führt das pakistanische Militär einen äußerst zähen Kleinkrieg. In manchen Teilen des Landes scheinen die Radikalen die Oberhand zu gewinnen. Es droht der Zerfall staatlicher Autorität. Fast täglich sprengt sich ein Selbstmordattentäter irgendwo im Land in die Luft. Es gibt kaum führende Politiker des Landes, die nicht schon Ziel eines Anschlags geworden sind. Das Militär klammert sich an

die Macht. Wir können heute nicht sagen, wie groß der Einfluss radikaler Kräfte im pakistanischen Militär ist. Er wird aber wachsen; denn wir sind Zeugen einer Stärkung radikaler islamistischer Kräfte in der ganzen muslimischen Welt. Man spricht von der Gefahr einer Talibanisierung. Es ist nicht auszuschließen, dass eine Gruppe junger, radikaler Offiziere in Pakistan die Macht an sich reißt. Was wird dann mit den Atomwaffen geschehen?
Ulrich Ladurner hat im Auftrag der *ZEIT* Pakistan in den vergangenen Jahren immer wieder bereist. Er hat sich kundig gemacht in der Millionenstadt Lahore ebenso wie in den Stammesgebieten an der Grenze zu Afghanistan, er hat sich unter das Volk und die Soldaten gemischt, er hat mit radikalen Predigern geredet und mit aufgeklärten säkularen Politikern. Er schreibt klar und kenntnisreich. Er leistet damit einen wichtigen Beitrag zum Verständnis einer Region, die von großer Bedeutung für die Zukunft der Welt ist.

Hamburg, im Januar 2008

Im Land der Reinen
Eine Reise durch Pakistan

Pakistan ist ein gemäßigtes muslimisches Land. Die religiösen Parteien haben nie mehr als 12 Prozent der Stimmen bekommen. Und doch wird Pakistan als das gefährlichste Land der Welt bezeichnet – zu Recht. Das ist ein Paradox. Das vorliegende Buch ist ein Versuch, dieses Paradox zu erklären.
Pakistans politisches Leben ist gezeichnet von dramatischen Ereignissen. Allein der Blick auf das Jahr 2007 macht dies deutlich. Im März dieses Jahres entließ der Präsident des Landes, General Pervez Musharraf, den Obersten Richter. Es folgten monatelange Straßenproteste. Im Juli ließ Musharraf die Rote Moschee im Herzen Islamabads stürmen. Dort hatten Islamisten einen Brückenkopf der Taliban errichtet. Im November 2007 erklärte Musharraf den Ausnahmezustand mit der Begründung, den Terrorismus zu bekämpfen. In Wahrheit ging er hart gegen die säkularen Kräfte vor, gegen Anwälte und Richter. Am 27. Dezember schließlich kam die führende Oppositionspolitikerin, Benazir Bhutto, die erst am 18. Oktober aus dem Exil zurückgekehrt war, bei einem Anschlag ums Leben. Landesweite Unruhen und eine Verschiebung der geplanten Parlamentswahlen waren die Folge.
Der Westen verfolgte diese Ereignisse mit angehaltenem Atem – aus gutem Grund. Was in Pakistan geschieht, berührt uns in sehr direkter Weise. Pakistan ist ein Schlüsselstaat im Kampf gegen den Terror, ohne Pakistan gibt es keinen Frieden in Afghanistan, ohne

Pakistan scheitert der Einsatz der Nato in Afghanistan. Ein Beispiel, wie konkret die Gefahr für Deutschland ist, sei genannt: Im September 2007 verhaftete die deutsche Polizei zwei deutsche Staatsbürger und einen Türken, der seit 15 Jahren in Deutschland lebt. Die drei Männer waren dabei, Attentate vorzubereiten, die vermutlich Hunderten Menschen das Leben gekostet hätten. Sie sind in Pakistans Stammesgebieten für ihr mörderisches Handwerk ausgebildet worden.

In Pakistan findet sich eine weltweit einmalige Mischung: Nuklearwaffen und gewalttätige islamistische Extremisten. Die Gefahr, dass Terroristen Atombomben unter ihre Kontrolle bringen, wird immer wieder an die Wand gemalt. In diesem Buch wird die These vertreten, dass dies sehr unwahrscheinlich ist. Wir müssen uns nicht davor fürchten, dass morgen ein bärtiger Fanatiker den Atombombenknopf bedienen wird können. Die wirkliche Gefahr ist eine ganz andere. Der Staat Pakistan kann zerfallen, nicht mit einem großen Knall, aber Stück für Stück. Teile des Landes sind schon heute nicht mehr unter Kontrolle der Regierung. Talibanisierung heißt nicht, dass eine Armee fanatischer Gotteskrieger vor den Toren Islamabads steht und drauf und dran ist, es einzunehmen. Pakistan ist eine viel zu differenzierte Gesellschaft, als dass dies geschehen könnte. Die Abwehrkräfte gegen den religiösen Fanatismus sind bemerkenswert. Talibanisierung heißt vielmehr Auflösung säkularer, zentralstaatlicher Strukturen. Sie heißt, dass die vertikale Kommandostruktur der Armee zerbricht. Sie heißt Kontrollverlust. Sie heißt, dass ganze Gebiete an die Taliban und damit auch an Al-Qaida verloren gehen. Talibanisierung heißt, dass sich Pakistan und mit ihm Afghanistan in ein »schwarzes Loch« verwandeln. Je größer dieses »schwarze Loch«, desto größer ist die Gefahr von Terroranschlägen.

Hier wird die These vertreten, dass die Ursachen für den religiösen Extremismus in Pakistan nicht in erster Linie in der pakista-

nischen Gesellschaft zu suchen sind. Die Ursachen für die religiöse Radikalisierung sind in der Politik zu finden, in der pakistanischen wie der internationalen. Ohne politische Hilfe wären die Extremisten nie in die Lage gekommen, den Staat Pakistan so zu bedrohen, wie sie es heute tun; sie wären nie zu der internationalen Gefahr geworden, die sie heute sind. Wer den Fanatismus in Pakistan verstehen will, der muss die Politik des Landes begreifen – und zwar die Politik der mächtigsten Spieler.
Da ist das Militär, die alles beherrschende Kraft Pakistans. In der knapp 60-jährigen Geschichte des Landes haben die Militärs 33 Jahre lang direkt regiert. Die andere Zeit haben sie die Politik der gewählten Regierungen maßgeblich mitbestimmt. Die Generäle haben die Islamisten jahrelang aufgepäppelt, um ihre mangelnde demokratische Legitimation zu kompensieren. Die Islamisten waren die Kraft, die von den Generälen benutzt wurde, um die Demokraten zu schwächen. Die Islamisten waren auch den Politikern willkommen, wenn es darum ging, ihren Stimmenanteil zu maximieren. Zulfikar Ali Bhutto, der gemeinhin als der wichtigste säkulare Politiker Pakistans betrachtet wird, gab aus rein opportunistischen Gründen in entscheidenden Punkten nach. Die Islamisten waren auch bei jenen gerne gesehen, die keine sozialen Reformen durchführen wollten, allen voran die mächtigen Großgrundbesitzer Pakistans. Schließlich waren die Fanatiker ein willkommenes Instrument der Außenpolitik. Pakistan benutzte sie im Kampf gegen den übermächtigen Feind Indien und die USA stützten sie nach Kräften, als es darum ging, die sowjetischen Truppen in Afghanistan zu besiegen. Die Kraft der Fanatiker speist sich also aus vielen Quellen. Vereinfachungen helfen in so einer Lage nicht.
Leider stützt sich die Politik des Westens und seiner Führungsmacht auf sehr simple Annahmen. Besonders nach den Anschlägen vom 11. September 2001 teilte der Westen Pakistan in pro-

westliche und antiwestliche Kräfte ein, in Proamerikaner und Antiamerikaner. Die pakistanische Wirklichkeit entzieht sich dieser Unterteilung. Sie ist viel komplexer. Die Armee zum Beispiel ist per se weder prowestlich noch antiwestlich. Sie ist vor allem darauf bedacht, ihre Macht zu bewahren und auszubauen. Dasselbe gilt für Pakistans politische und ökonomische Elite, für die Großgrundbesitzer wie für die Spitzenpolitik. Pakistan folgt Gesetzmäßigkeiten, die mit prowestlich oder antiwestlich zunächst einmal wenig zu tun haben. Mit anderen Worten: Das Land hat eine eigene machtpolitische Dynamik. Der Westen ist dabei nur ein Spielstein, wenn auch ein großer. Dieses Buch versucht, die innere Dynamik Pakistans zu beschreiben.

Darin ist auch eine Warnung enthalten. Der Westen darf nicht glauben, dass er Pakistans Schicksal zu seinen Gunsten beeinflussen kann, indem er dauernd und massiv interveniert. Es ist heute so, dass jedes größere Ereignis in Pakistan von Politikern aus dem Westen lauthals kommentiert wird. Wenn etwas passiert, prasseln auf Pakistan Ratschläge nieder, Warnungen und immer häufiger auch Drohungen. Einflussreiche Männer in den USA sprechen bereits von einer Intervention der US-Armee in Pakistan. Es werden Horrorszenarien entwickelt, um ein militärisches Eingreifen zu rechtfertigen. Das ist fahrlässig. Pakistan birgt in der Tat erhebliches, destruktives Potenzial, es ist der gefährlichste Staat der Welt – doch wird die Gefahr nicht geringer, wenn man von außen dreinschlägt.

Pakistan braucht Hilfe, um vom Abgrund der Talibanisierung wegzukommen. Diese Hilfe beginnt damit, dass man jenseits der Klischees zu verstehen versucht; dass man bereit ist, sich auf Pakistan einzulassen, so wie es ist, und nicht auf ein Pakistan, wie es sein sollte. Erst danach soll man sich überlegen, auf welche Weise man hilft, ob man Zuckerbrot anbietet oder die Peitsche oder beides gleichzeitig.

Dieses Buch nimmt die Leser auf eine Reise mit, die quer durch Pakistan führt, von der indischen bis an die afghanische Grenze, von Lahore bis an den Khyberpass. Es will die Leser bei der Hand nehmen und ihnen möglichst viele Facetten dieses großen Landes zeigen, die liberalen wie die konservativen, die düsteren wie die hellen, die hoffnungsvollen wie die deprimierenden. Das Buch gibt kein vollständiges Bild Pakistans, das wäre vermessen. Doch hat es den Anspruch, dass die Leser verstehen, warum Pakistaner ihre nationale Fluglinie PIA umgetauft haben: Sie nennen sie nicht mehr »Pakistani International Airlines«, sondern »Please Inform Allah!« – »Bitte informieren Sie Allah!«
Diese Anekdote bringt viel Verzweiflung und Angst zum Ausdruck, aber auch leichtfüßigen Witz. Pakistan kann eben fliegen, auch wenn es absturzgefährdet ist.

1
Das gefährlichste Land der Welt
Die Verteidigung Pakistans

Im Land der Reinen

In den Straßen von Gujranwala hängen Bilder von Männern, deren Muskeln so groß sind wie Ballons. Die Maler haben mit breitem Pinsel gearbeitet, offensichtlich in der Absicht, aus den Sportlern eindrucksvolle Gestalten zu machen. Das ist ihnen gelungen. Wer an diesen Mannsbildern vorbeigeht, den beschleicht das Gefühl, dass eine Faust ihn gleich zertrümmern wird oder dass er mit eisernem Griff gepackt, in eine dunkle Ecke gezerrt und dann verprügelt wird. Fragte man die Maler, ob sie mit ihren Bildern die Passanten zu Tode erschrecken wollten, würden sie nur den Kopf schütteln. »Aber nein! Wie kommen Sie darauf?« Was hier so martialisch zur Schau getragen wird, ist alte Tradition. Gujranwala wird auch *Pehlwanon Ka Shehar* genannt, Stadt der Ringer. Tatsächlich strotzt sie vor Kraft. In Gujranwala werden Textilien, Glas, Bestecke, Teppiche, Medikamente, Lederwaren produziert und in der umliegenden, fruchtbaren Ebene des Punjab wächst der beste Reis des Landes in reichen Mengen. Im Zentrum von Gujranwala tost und wirbelt das pralle Leben. Die Luft ist ganz klebrig von den Autoabgasen. Das Knattern der Motorräder untermalt den Ruf des Muezzins, der über einen Lautsprecher die Gläubigen zum Gebet ruft. Riesige Plakate, auf denen verführerische Schönheiten zum Kauf von Mobiltelefonen animieren, überragen verschleierte Frauen, die mitten im Gewühl eilig ihren Geschäften nachgehen und bei jedem Überqueren der Straße ihr Leben riskieren. Religion und weltliche Verführung, das Paradies und die Alltagsmühen drängen sich in Gujranwala unter dem heißen Himmel des Subkontinents so eng zusammen, dass einem davon schwindlig werden kann.

Gujranwala passt nicht so recht zu dem Pakistan, das wir in den letzten Jahren kennenlernten, dem Land der Bärtigen, der Militärs, der Atomwaffen, der Selbstmordattentäter, der Terroristen, dem Land der Reinen – das nämlich ist die Übersetzung von Pakistan. Und doch, Gujranwala eignet sich als erste Station einer Reise, die uns quer durch Pakistan führen wird, dem »potenziell gefährlichsten Staat der Welt«, wie der prominente amerikanische Senator Joseph Biden erklärt hat. Gujranwala ist ein geeigneter Ort, um die Kräfte zu beschreiben, die Pakistan zu zerreißen drohen.

Am 3. April 2005 kam es hier zu einem Zwischenfall, der im ganzen Land Schlagzeilen machte. An diesem Tag sollte ein Marathon stattfinden. Männer und Frauen waren dazu eingeladen. Das war ungewöhnlich, doch hatte die Regierung der Region Punjab selbst diesen Marathon organisiert. Sie wollte damit ein Signal setzen und Pakistan als liberalen Staat präsentieren. »Mixed-Marathon-Politics« nannte sie das. Es war Teil eines Versuches der Behörden, das von Staatspräsident Pervez Musharraf formulierte Programm *Enlightened Moderation* (Maßvolle Aufklärung) umzusetzen. Musharraf hatte diese Formel im Jahr 2004 erfunden, um seiner Herrschaft eine ideologische Grundlage zu geben.

Maßvolle Aufklärung

Der General hatte sich im Oktober 1999 an die Macht geputscht. Sein Putsch war populär gewesen, denn die Pakistaner hatten über Jahre mit ansehen müssen, wie demokratisch gewählte Zivilisten sich schamlos bereicherten und die Regierung ihr Land mit einer Mischung aus Inkompetenz und Gier an den Rand eines Abgrundes führte. Der General versprach, mit der Korruption aufzuräumen und die Demokratie von der Basis wieder aufzubauen. Er trieb die Führer der beiden größten Parteien aus dem Land: Nawaz Sharif, Vorsitzender der *Pakistan Muslim League*, und Benazir Bhutto, Vorsitzende der *Pakistan Peoples Party*. Sharif war der Premierminister, den Musharraf aus dem Amt putschte. Er landete zunächst wegen Korruptionsvorwürfen im Gefängnis und wurde dann unter der Auflage freigesetzt, dass er das Land zehn Jahre lang nicht mehr betreten dürfe. Sharif ging ins Exil nach Saudi-Arabien. Benazir Bhutto war 1999 freiwillig ins Exil nach London gegangen, nachdem sie mit schweren Korruptionsvorwürfen konfrontiert worden war. Ein pakistanisches Gericht verurteilte ihren Mann, Asif Ali Zardari, wegen korrupter Geschäfte zu sieben Jahren Haft. Die beiden großen Volksparteien waren enthauptet oder – so sahen es viele Pakistaner – hatten sich selbst enthauptet. Sharif und Bhutto gehörten zu alten Politikerdynastien. Musharraf versprach, eine völlig neue Elite zu erschaffen, die Pakistan endlich zu einem normalen Staat machen sollte. Er gebärdete sich wie ein Deus ex Machina.

Im April 2005, als der Marathon von Gujranwala stattfand, waren viele Pakistaner von General Musharraf enttäuscht. Pakistan war weder demokratischer noch gerechter geworden und auch nicht sozialer. Besonders die Angehörigen der westlich orientierten und demokratisch gesinnten Mittelschichten, die viel von ihm erwartet hatten, wandten sich von Musharraf ab. Die USA, der engste Verbündete des Generals, betrachteten seinen Kampf gegen den Terror mit wachsendem Misstrauen. Meinte er es ernst mit seinem Versprechen, die Terroristen in Pakistan zur Strecke zu bringen? Die USA waren sich nicht mehr sicher, ob sie dem General trauen konnten.

Musharraf versuchte, Sympathien wiederzugewinnen, und präsentierte ein politisches Programm mit dem Titel: *Enlightened Moderation*. In pompösem Ton verkündete er: »Das Leiden, das den unschuldigen Massen, besonders meinen Brüdern im Glauben, den Moslems, durch die Hände von Militanten, Extremisten und Terroristen zugefügt wird, hat mich dazu inspiriert, Ordnung in diese aus den Fugen geratene Welt zu bringen. Dieser Drang hat mich dazu gebracht, die Strategie der maßvollen Aufklärung zu entwickeln ...« Dieser Begriff sollte signalisieren: Pakistan ist ein islamisches Land, das zur Aufklärung durchaus fähig ist, doch kann es diese nur in moderaten Dosen vertragen. Die Aufklärung, so die Botschaft, sei in Pakistan möglich, doch müsse sie in kluger Weise gesteuert werden. Und wer konnte dies besser garantieren als ein starker Mann an der Spitze des Staates? *Enlightened Moderation* war ein anderer Begriff für: »Ich bin nicht ersetzbar!«

Der Marathon von Gujranwala also hatte den Segen des Präsidenten. Die Veranstalter rechneten zwar mit Aufmerksamkeit, doch nicht mit Problemen. Sie hatten sich getäuscht. Als der Marathon begann, versammelten sich rund 800 Aktivisten der religiösen Parteienkoalition MMA (*Muttahida Majlis-e-Amal*, Vereinigte Aktionsfront). Sie attackierten die Marathonläufer mit Stöcken, Steinen und Molotowcocktails. Die Polizei hatte größte Mühe, den wütenden Mob im Zaum zu halten. Steine flogen, Autos brannten, Schüsse krachten. Der Marathon wurde abgebrochen. Die Polizei verhaftete den Führer der Islamisten. Es war Kazi Hamedullah, Abgeordneter im pakistanischen Parlament.

Operationsbasis für Al-Qaida

Ich traf Kazi Hamedullah in Gujranwala. Es war sehr einfach gewesen, ihn zu finden, denn jeder in Gujranwala schien ihn zu kennen. Sein Haus lag in einer staubigen, mit Schlaglöchern übersäten Straße, nicht weit vom Zentrum der Stadt. Es war ein bescheidenes Gebäude, das von einer Mauer umgeben war. Ein

Mann, wahrscheinlich ein Hausangestellter oder ein Verwandter Hamedullahs, führte uns in ein schmuckloses Gästezimmer. Wir setzten uns auf den Boden. Nach einigen Minuten brachte uns der Hausangestellte Tee und sagte, wir müssten noch etwas warten. Hamedullah sei in der Stadt bei einer Versammlung, doch würde er gleich kommen.

Es war ein heißer, stickiger Tag. Die Tür des Gästezimmers ging in den Innenhof hinaus. Sie stand offen. Draußen lag ein grelles, blendendes Licht. Im Zimmer hingegen war es düster. Die Wände waren mit einer stumpfen, graugrünen Farbe übertüncht, die das Licht förmlich aufsaugte. Der Lärm der Straße schwappte stoßweise über die Mauer, das Hupen der vorbeifahrenden Autos, die Rufe der fliegenden Händler, das Johlen spielender Kinder. Dazwischen herrschte Stille. Hamedullah verspätete sich, und ich fiel in einen Dämmerzustand. Ich bemerkte nicht, wie er durch das eiserne Tor in den Innenhof kam. Erst als er in das Zimmer trat, nahm ich ihn wahr. Ich stand auf, schüttelte seine Hand und blickte in ein ernstes Gesicht, in dem sich Misstrauen und Überraschung spiegelten.

Wir waren unangekündigt gekommen und ich bemühte mich, das zu entschuldigen. Er sei telefonisch nicht zu erreichen gewesen und man hätte uns gesagt, dass wir am besten sein Haus aufsuchen sollten. Er schenkte meinem Gestammel keine Beachtung und gab mir mit einer herrischen Handbewegung zu verstehen, dass ich mich setzen sollte. Hamedullah war groß gewachsen. Er hatte einen grauen Bart, der ihm bis auf die Brust reichte, und auf der Stirn zeichnete sich deutlich ein dunkler Fleck ab, die Spur des Gebetssteins, der sich durch das viele Beten in seine Haut eingeprägt hatte. Als ich vor ihm saß, überlegte ich, wie es sich für die Schüler seiner Medresse anfühlen musste, wenn er vor sie trat und ihnen seine Lektionen erteilte. Allein schon seine physische Präsenz musste sie beeindrucken, seine tiefe Stimme und sein starrer Blick.

Hamedullah ist ein Paschtune, geboren in den Bergen der North Western Frontier Province (NWFP), den Stammesgebieten an der Grenze zu Afghanistan. Er gehört zum großen Paschtunenstamm der Yusufzai, der auf beiden Seiten der Grenze angesiedelt ist. Hamedullah ist ein lebendes Beispiel dafür, wie eng das Schicksal Pakistans und dasjenige Afghanistans miteinander verbunden sind. Die Berge bilden eine Brücke, von hier nach dort. Millionen afghanische Flüchtlinge kamen nach der Besetzung Afghanistans durch die Sowjetarmee 1979 über die Berge nach Pakistan, und über die Berge gingen Zehntausende von ihnen wieder zurück, um im Namen Gottes gegen die sowjetischen Besatzer zu kämpfen. Jahre später sollte aus eben dieser Bergregion eine tödliche Gefahr für den Westen heranwachsen. Als die USA und ihre Verbündeten im Jahr 2001 die Taliban und Al-Qaida aus Kabul vertrieben, suchten diese zunächst in den Stammesgebieten Unterschlupf. Sie wurden zu ihrem Aufmarsch- und Rückzugsgebiet. Hier planten sie ihre Angriffe und versorgten sich mit Waffen. Sechs Jahre später, im Jahr 2007, stellte der amerikanische Geheimdienst CIA einen Bericht vor, wonach die Stammesgebiete wieder zu einer vollwertigen Operationsbasis für Al-Qaida geworden waren. Wenn es eine Gefahr für die westliche Welt gebe, dann sei sie, so hieß es in dem Bericht, in dieser Gegend zu suchen. Angriffe von globaler Reichweite ähnlich wie die Attentate vom 11. September 2001 könnten hier von Al-Qaida wieder ungestört geplant werden.

Deutschland im Zielkreuz

Wie recht die CIA mit ihrer Einschätzung haben sollte, erfuhren die Deutschen kurze Zeit nach der Veröffentlichung des CIA-Berichts. Am 4. September 2007 verhaftete die Polizei im Sauerland zwei deutsche Staatsbürger und einen Türken, der seit 15 Jahren in Deutschland lebte. Daniel S. aus dem Saarland, Fritz G. aus Bayern und Adem Y. hatten sich 750 Liter Wasserstoffperoxid besorgt. Als die Falle der Polizei zuschnappte, waren sie gerade dabei, aus dieser Chemikalie Bomben herzustellen, die sie an ausgewählten Anschlagsorten in Deutschland zünden wollten. Die Menge an Wasserstoffperoxid hätte gereicht, um Bomben mit einer Sprengkraft von insgesamt 500 kg TNT herzustellen. Hunderte Menschen hätten diesem Anschlag zum Opfer fallen können. Die Verhaftung der drei mutmaßlichen Attentäter zerstörte in Deutschland den hartnäckigen Glauben, dass man vor dem Terror gefeit sei.

Die Deutschen wähnten sich in Sicherheit, weil ihre Regierung sich nicht am Irakkrieg beteiligt hatte und die Bundeswehr auch in Afghanistan nicht direkt in die Kämpfe mit den Taliban verwickelt war. Die Terroristen hätten folglich auch keinen Grund, Deutschland ins Zielkreuz zu nehmen. Das war die Annahme, die von deutschen mutmaßlichen Attentätern zerstört wurde. Die drei waren in sogenannten Terrorcamps in den Stammesgebieten ausgebildet worden. Plötzlich verstanden viele Deutsche, dass es im ureigensten Sicherheitsinteresse Deutschlands lag, zu verstehen, was dort vorging. Die Heimat Hamedullahs war zur Front im Kampf gegen den Terror geworden.

Ikone des Terrors

Hamedullah lebt seit 40 Jahren in Gujranwala, doch hat er die Verbindung zu den Stammesgebieten nie gekappt. Er ist ein Sohn dieser Berge geblieben, ein Sohn der zutiefst konservativen Stammesgesellschaft. Seine politische Karriere gründet auch auf der Tatsache, dass er einen Mann unterrichtet hat, der in Afghanistan

Geschichte geschrieben hat. Mullah Omar, der Führer der Taliban, die Afghanistan zwischen 1996 und 2001 beherrschten, war sein Schüler gewesen. Vor den Anschlägen des 11. September 2001 war Mullah Omar im Westen kaum bekannt. Afghanistan lag gewissermaßen im Schatten der Weltgeschichte. Erst die Anschläge vom 11. September rückten das Land über Nacht in das Zentrum westlicher Aufmerksamkeit. Plötzlich erschienen der Name Mullah Omar und das einzige Bild, das es von ihm gibt, in den Medien. Es zeigte einen Einäugigen mit einem schwarzen Bart und schwarzem Turban, der wenig vertrauenerweckend in die Kamera blickte. Dieses Bild gepaart mit all den schrecklichen Geschichten, die man nun seitenweise über die Taliban zu lesen bekam, wurde zu einer Art Ikone des Terrors, fast ebenso bedeutend wie das Bild von Osama bin Laden, des Kopfes von Al-Qaida.

Nachdem ich versucht hatte, ein paar Freundlichkeiten mit Hamedullah auszutauschen, um sein Misstrauen abzubauen, fragte ich ihn nach seinem inzwischen berühmten Schüler, doch er ging auf die Frage nicht ein. Als ich meine Frage wiederholte, tat er so, als hätte er sie nicht gehört. Jeder weitere Versuch, ihm etwas über Mullah Omar zu entlocken, scheiterte. Ich wunderte mich darüber, denn in seinem Wahlkampf im Jahr 2002 hatte er mit dem Argument, er sei der Lehrer des Führers der Taliban, sehr für sich geworben. Das brachte ihm viele Stimmen und einen Sitz im Parlament ein. Hamedullah gehörte der Parteienkoalition MMA an, die von sechs religiösen Parteien gebildet worden war. Aus den Wahlen im Jahr 2002 ging die MMA als drittstärkste Gruppierung im Parlament hervor. Außerdem konnte sie in der Region North Western Frontier Province (NWFP) die Regierung aus eigener Kraft stellen und in der Region Balutschistan zusammen mit einem Koalitionspartner. Noch nie in der Geschichte Pakistans hatten religiöse Parteien so viel Macht erreicht. Hamedullahs Wahlsieg war noch bemerkenswerter, weil die Religiösen im Punjab noch nie einen Sitz hatten gewinnen können.

Pakt mit dem Teufel

Hamedullah erschien wie ein erster Bote der fortschreitenden Talibanisierung Pakistans. Männer von seinem Schlage konnten in den Grenzgebieten zu Afghanistan Erfolg haben, das erschien normal, aber dass er im Punjab eine Wahl gewinnen konnte, in der Hochburg der gemäßigten Parteien, war ein beunruhigendes Zeichen. Die MMA präsentierte sich ihren Wählern als Verteidigerin des Islam und der pakistanischen Nation. Präsident Musharraf hatte sich nach den Attentaten vom 11. September im Kampf gegen den Terror auf die Seite der USA geschlagen. Die MMA denunzierte den General seitdem als »Büttel Amerikas«. Mehr als Rhetorik war das nicht, denn de facto arbeiteten die MMA und der General in vielen Bereichen gut zusammen. Die MMA unterstützte seine Regierung im Parlament, gleichzeitig ging sie in den Fragen der nationalen Sicherheit mit Musharraf konform. Der General seinerseits ließ ihr relativ freie Hand in der NWFP und in Balutschistan, den beiden Regionen, die sie regierten. Der General hatte einen Pakt mit dem Teufel geschlossen.
Wohin die Religiösen das Land steuern wollten, darüber gab Hamedullah in unserem Gespräch bereitwillig Auskunft: »Was die Taliban in Afghanistan geschaffen haben, ist ein mirakulöses System!«
Darauf entgegnete ich: »Die Taliban haben Mädchen verboten, zur Schule zu gehen. Halten Sie das für richtig?«
»Das ist eine Propagandalüge!«, antwortete er.
»Aber es gibt viele Beweise dafür.«
»Das ist eine Lüge, nichts weiter.«

Ich versuchte einen anderen Weg.
»Was halten Sie von den Hinrichtungen von Frauen?«
Er antwortete ohne mit der Wimper zu zucken. »Die Taliban haben für eine schnelle, wirkungsvolle Gerechtigkeit gesorgt. Deshalb waren sie populär.«
»Halten Sie es auch für richtig, dass die Taliban Osama bin Laden Schutz und Unterschlupf geboten haben?«
Hamedullah griff nach seiner Tasse. Er schlürfte den Tee hörbar laut. Dann setzte er sie wieder ab und schaute mir direkt in die Augen. »Was ist daran falsch?«
Ich zögerte einen Augenblick. Dann sagte ich: »Der Mann ist immerhin für die Attentate vom 11. September verantwortlich.«
»Woher wissen Sie das?«
»Es gibt Beweise ...«
»Ach ja«, unterbrach er mich, »Beweise? Welche Beweise?«
Ich wollte ihm sagen, dass doch Osama selbst sich mit den Attentaten gebrüstet habe, doch dazu kam ich nicht. Ein Schwall von Worten ergoss sich aus ihm: »Warum ist die amerikanische Luftverteidigung nicht aufgestiegen und hat die Flugzeuge abgeschossen? Warum hat die allmächtige CIA nichts getan? Warum haben die Kontrollen auf dem Flughafen nicht funktioniert? Und was ist mit den Juden? Warum ist kein Jude unter den Toten?«
Er machte eine Pause und tat so, als erwarte er von mir eine Antwort, doch das war nur eine Kunstpause, denn nun präsentierte er seine finale These: »Die Juden haben das World Trade Center alle rechtzeitig verlassen, weil sie gewarnt worden sind. Das kann nur heißen, dass der israelische Geheimdienst dahinter steckt!« Er holte Luft und ich nahm die Gelegenheit wahr, nachzufragen.
»Warum sollte der Mossad ein solches Verbrechen begehen?«
»Aber das ist doch ganz klar!«, sagte er in einem Ton, als rede er mit einem besonders störrischen Schüler. »Der Mossad wollte, dass die USA den Islam angreifen und die Moslems vernichten!«

Das Gute wird über das Böse siegen

Ich erstarrte regelrecht in dem Kissen, das ich mir zwischen Wand und Rücken geklemmt hatte. Hamedullah schwieg. Ich glaube nicht, dass er meinte, mich überzeugt zu haben. Es schien mir eher, dass er diese Suada immer und immer wieder von sich gegeben hatte, in seiner Schule, auf politischen Versammlungen, auf Kundgebungen und im Parlament. Er spulte ein Programm ab.
Wie viele andere mochte es in Pakistan geben, die genauso redeten wie er? Hunderte? Tausende? Zehntausende? Und was geschah mit diesen Worten der Verleumdung, die so in Umlauf gesetzt wurden? Was richteten sie an in den Köpfen derer, die sie hörten? Wer glaubte ihnen? Und glaubte man ihnen alles? Das Gift dieser Worte sickert in das tiefe Innere dieses Landes, Minute um Minute, Stunde um Stunde, Tag um Tag verrichtet es sein böses Werk.
»Warum haben Sie und Ihre Anhänger den Marathon in der Stadt gesprengt?«
Hamedullah schlürfte wieder seinen Tee, setzte die Tasse ab und antwortete in demselben entschiedenen Ton, den er die ganze Zeit über gepflegt hatte.
»Frauen in T-Shirts und kurzen Hosen sind eine Obszönität. Niemand will seine Schwester in aller Öffentlichkeit nackt sehen. Das wirkt wie Wein. Es verwirrt die Sinne der Menschen.«
»Aber Sie hätten doch gegen den Marathon demonstrieren können, ohne gewalttätig zu werden!«
»Wir waren nicht gewalttätig.«
»Aber die Nachrichten besagen etwas anderes.«
»Das sind lauter Lügen!«
Während unseres ganzen Gesprächs bezeichnete Kazi Hamedullah alles, was nicht in sein Weltbild passte, als Lüge. Schuld waren im Zweifelsfall immer die anderen, der Westen im Allgemeinen

und die Amerikaner und die Juden im Besonderen. Ob Krieg oder Terror, ob Armut oder Ausbeutung, es gab immer einen eindeutig Schuldigen.

Je länger wir saßen, desto mehr redete sich Hamedullah in Rage. Er fiel in einen Monolog. Ich war nur mehr Publikum, Fragen konnte ich keine mehr stellen. So ausschweifend seine Rede auch war, sie steuerte auf ein ganz bestimmtes Ziel hin, auf einen Endpunkt der Geschichte. »Das Gute wird über das Böse siegen. Dann bricht ein neues Zeitalter an!«, sagte Hamedullah und zum ersten Mal war in seiner Stimme ein sanfter Ton zu hören wie von jemandem, der sein Gegenüber zur Umkehr einladen möchte.

»Sehen Sie sich doch das Chaos an, in dem sich die Welt befindet. Sehen Sie doch, wie orientierungslos die Supermacht USA ist, wie sie am Rande des Abgrundes taumelt. Wenn die amerikanischen Massen die Wahrheit über die Taliban wüssten. Sie würden sie mit offenen Armen empfangen!«

Hamedullah schwieg, und ich war von dieser Offenbarung so überrascht, dass mir keine weiteren Fragen einfielen. Er interpretierte das vielleicht als Zeichen meiner Zustimmung, denn plötzlich wurde er sehr freundlich. Alles Raue schien von ihm abgefallen zu sein. Er forderte mich auf, Tee mit ihm zu trinken, und lächelte mich an wie einen Menschen, der nach einer geistigen Tour de Force zu neuen Erkenntnissen gekommen war. Jede weitere Diskussion erübrigte sich, denn Hamedullah hatte mir seine Wahrheit offenbart.

Ich verabschiedete mich, und als Hamedullah mich aufforderte, doch noch länger zu bleiben, lehnte ich mit freundlichen Worten ab. Er schien aufrichtig darüber enttäuscht zu sein. Dieser erstaunliche Wandel von einem gestrengen, abweisenden Herrn zu einem zuvorkommenden Menschen irritierte mich. Er glaubte offensichtlich, einen neuen Jünger gewonnen zu haben. Ich stand auf und verabschiedete mich mit gebührender Freundlichkeit. Er begleitete mich bis an das Eisentor und entließ mich mit einem Lächeln auf die staubige Straße.

Ich fuhr noch am selben Tag nach Lahore, in das geistige und kulturelle Zentrum Pakistans. Wann immer Ausländer über den religiösen Extremismus in Pakistan verzweifeln, wann immer sie das Gefühl haben, dass Pakistan sich schleichend talibanisiere, sagen Pakistaner: »Fahren Sie nach Lahore! Sie werden sehen, das ist ein ganz anderes Pakistan!«

Das andere Pakistan

Lahore liegt nur wenige Kilometer von der Grenze zu Indien entfernt. In den besseren Hotels liegen Prospekte aus, die den Touristen Tagesausflüge zum Grenzübergang in Whagah anbieten. »Schauen Sie sich die bunte, eindrucksvolle Militärparade an«, steht da zu lesen. Kein Wort von dem tragischen Hintergrund dieser Paraden, kein Wort von der Trennung des Subkontinents, die 1947 mehr als einer Million Menschen das Leben gekostet hat.

Lahore war eine der wichtigsten Städte des indischen Subkontinents. Sie konnte sich messen mit Delhi, Kalkutta und Bombay. In Lahore steht die prächtige Badshahi-Moschee. Sie wurde im Jahr 1673/74 auf Anordnung von Großmogul Aurangzeb erbaut und ist eine der Perlen islamischer Architektur. In rotem Sandstein errichtet, mit Einlagen aus weißem Marmor, scheint sie über der Erde zu schweben. 50 000 Gläubige finden im Innenhof der Moschee Platz. Die dicken, hohen Mauern der Moschee sperren den Lärm der sieben Millionen Einwohner zählenden Metropole aus. Die Gläubigen können sich in aller Ruhe und Geborgenheit sammeln und zu ihrem Gott beten. Die Moschee ist über einen weitläufigen Platz mit dem riesigen Fort verbunden, das auf jeden Angreifer abschreckend wirkt. Von den Mauern des Forts hat man einen einmaligen Blick über eine wild wuchernde Stadt, die sich in die grüne, fruchtbare Ebene des Punjab hineinfrisst. Das Fort und die Moschee sind Zentrum und Klammer für Lahore zugleich, architektonische Machtdemonstration des Glaubens und der Politik des Mogulreiches.

Einen Steinwurf von der Moschee entfernt liegt Hera Mandi, ein verwinkeltes Viertel mit hoch aufragenden, schmalen Häusern, deren Fassaden mit Balkonen aus fein geschnitztem Holz geschmückt sind. In den engen Gassen riecht es nach Staub, Urin und Abgasen, die sich hier verfangen wie in einem verzweigten Tunnelsystem. Hera Mandi kann trotz des gleißenden Sonnenlichtes bei Tag sehr dunkel sein, erst nachts erwacht das Viertel zum Leben. Es füllt sich mit Menschen, mit ihren Sehnsüchten, Lüsten und Begierden. Hera Mandi ist das Rotlichtviertel Lahores und der Beweis dafür, dass der Islam sehr freizügig sein kann. Rotlichtviertel ist eine zutreffende Beschreibung und doch wird sie Hera Mandi nicht gerecht, denn was hier über Jahrhunderte entstand, ist weit mehr als das krude Geschäft der Prostitution. Kurtisanen, Sängerinnen, Tänzerinnen und Musiker ließen die Grenze zwischen Kunst und Prostitution verschwimmen. Es ging um käufliche Frauen, aber die Frauen waren mehr als nur käufliches Fleisch.

Doch das Hera Mandi, wie es einmal war, dieses schillernde Viertel, das nachts strahlte und tagsüber vor sich hin dämmerte, dieses Hera Mandi stirbt seit Jahren einen langsamen Tod. In Hera Mandi spiegelt sich die Gesellschaft, hier sind ihre Obsessionen zu besichtigen, ihre Defizite und ihre Leidenschaften. Die Sittenstrenge der Religiösen macht sich hier breit, sie zwingt die Menschen, im Verborgenen zu tun, was sie früher weit offener praktizieren konnten. Doch die wachsende Macht der Gotteseiferer ist nur ein Grund für Hera Mandis Siechtum, der andere ist die wachsende Kluft zwischen Arm und Reich sowie der Hang der

Reichen, sich dem gesellschaftlichen Klima anzupassen. Während wohlhabende Pakistaner früher in Hera Mandi die einschlägigen Häuser besuchten, ziehen sie es heute vor, sich in anonymen Villen zu vergnügen, die irgendwo in diskreten Vierteln der Riesenstadt stehen. Die Reichen wollen mit Hera Mandi nicht öffentlich in Kontakt treten, weil es durch den Eifer der Religiösen den Makel des Verruchten bekommen hat. Das kann schädlich sein im Pakistan von heute. Die Frauen, die es sich leisten können, haben sich ihren Kunden angepasst. Sie sind weggezogen, weit weg von Hera Mandi. So bleibt das Viertel den Ärmeren überlassen, den Riksha-Fahrern, Lastenträgern, Tagelöhnern und all jenen, die für ein paar Rupien schnelle Befriedigung bei einer Frau suchen und weder die Zeit noch den Sinn für die Kunst der Verführung haben, die Hera Mandi einst auszeichnete.

Im Palast der Erinnerung

Das Restaurant Cooco's des Malers Iqbal Hussain bewahrt die Erinnerung an das alte Hera Mandi so gut es eben geht. Das Cooco's ist ein vierstöckiges, enges Gebäude, das von den Mauern der Badshahi-Moschee nur durch einen Streifen Grün getrennt ist. Das eigentliche Restaurant befindet sich auf dem Dach, von wo man einen eindrucksvollen Blick auf den Innenhof der Moschee hat, auf die Tore und Mauern des Forts. Um das Dach zu erreichen, müssen die Gäste durch einen Parcours, den Iqbal Hussain sehr sorgfältig gestaltet hat. Zuerst geht es durch niedrige Türen in zwei Räume, deren Wände zum Teil mit kunstvoll geschnitztem Holz getäfelt sind. In diesen Räumen hat der Maler einige seiner Bilder ausgestellt. Sie zeigen in vielen Varianten das Leben in Hera Mandi, vor allem aber zeigen sie immer und immer wieder die Frauen des Viertels, ungeschminkt, direkt und manchmal auf eine verstörende Weise. Auf einem Bild hat Iqbal Hussain eine Frau auf einem schwarzen Boden liegend abgebildet. Sie trägt Hosen und eine blaue Bluse. Die Hose ist geöffnet, die Bluse etwas nach oben geschoben. Die Frau hat das Gesicht zur Seite gelegt, ihre Arme waagrecht von sich gestreckt. Erst bei genauerer Betrachtung sieht man, dass Nägel in ihre offenen Handflächen getrieben sind. Sie sind kaum zu erkennen, klein und schwarz wie sie sind, schwarz wie der Boden, der dem gesamten Bild Düsternis verleiht. Die Frau ist offenbar gekreuzigt worden. Das Bild, diese geschändete Frau, ist eine Provokation. In Pakistan sind Künstler wegen geringerer Vergehen verfolgt oder gar ermordet worden. Doch Iqbal Hussain malt bis heute tapfer weiter seine Bilder der Frauen Hera Mandis, und er ist darüber berühmt geworden. Eines seiner Bilder ist bei Sotheby's in London versteigert worden, er erzielt inzwischen Preise von mehreren Tausend Dollar. Er ist ein anerkannter Künstler.

Iqbal Hussain repräsentiert das offene, tolerante, das künstlerische Lahore. Niemals hat er einen Hehl aus seiner Geschichte gemacht. Er ist der Sohn einer Tänzerin. Sein ganzes Leben hat er in Hera Mandi verbracht. Das Viertel und seine Frauen sind das zentrale Thema seiner Malerei. Während andere Kinder von Kurtisanen ihre Herkunft verleugneten, weil sie nicht diskriminiert werden wollten, ging Iqbal Hussain sehr offen damit um. Er malte Hera Mandi, so wie er es kennt, so wie es war, bevor es zu sterben begann. Frauen, immer wieder Frauen, die mit ernsten Gesichtern auf etwas zu warten scheinen, auf einen Kunden vielleicht, auf Anerkennung, auf die Erlösung, wer weiß das schon, und dann den Fluss Ravi, der früher noch an Hera Mandi vorbeifloss, heute aber mehrere Kilometer im Nordwesten liegt. Den Fluss malt Iqbal Hussain als Teil einer idyllischen Stadtlandschaft, auch sie ist im Begriff zu verschwinden.

Iqbal Hussain beklagt den Tod der alten Stadt, er beklagt die

Gedankenlosigkeit der Beamten, die jahrhundertealte Häuser niederreißen lassen, um Platz zu schaffen für gesichtslose, funktionale Bauten, und er versucht die bunte Vielfalt Hera Mandis zumindest in seinem eigenen Haus zu bewahren. Im Cooco's stehen Buddhastatuen neben Hindugottheiten und auch die Jungfrau Maria ist hier in diesem Palast der Erinnerung zu finden. Die Statue steht im zweiten Stock des Gebäudes auf einem offenen Balkon. Sie steht mit dem Rücken zur Moschee, hält eine Rose in der Hand und beugt sich über einen christlichen Grabstein aus Marmor, den Iqbal Hussain für sein Ensemble hat herbeischaffen lassen. Das »andere« Lahore, das mir versprochen worden ist, gibt es tatsächlich.

Die Karriere des Omar Sheikh

Doch in Lahore wohnt auch tödliche Gefahr, manchmal an ganz und gar unerwarteten Orten. Mit 14 Jahren kam ein Junge namens Omar Saeed Sheikh aus England hierher. Seine Eltern hatten beschlossen, in ihre alte Heimat zurückzukehren. Sie schrieben ihren Sohn im Aitchinson College ein, einer Schule, die 1886 von den britischen Kolonialherren gegründet worden war. Benannt nach dem damaligen Gouverneur des Punjab sollte sie eine Kaderschmiede ersten Ranges werden. Aitchinson selbst richtete sich 1888 mit folgenden Worten an die versammelten Schüler: »Von euch wird viel, sehr viel erwartet. Ich vertraue darauf, dass ihr die Möglichkeiten, die euch hier geboten werden, um euch zu bilden und euren Charakter zu formen, nutzen werdet. Dies ist eine Institution, aus der jede Gemeinheit, jede Unehrenhaftigkeit und alles Unreine in Worten und Taten verbannt ist. Hier werdet ihr alles kultivieren, was tugendhaft, wahrhaftig und ehrenhaft ist!« Es war das Ziel des Colleges – und vieler anderer

ähnlicher Institutionen auf dem Subkontinent –, eine lokale anglophile Elite herauszubilden, die das Geschäft Englands im Geiste und im Interesse Englands verrichten konnte. In der Tat bildete das Aitchinson College ganze Generationen von Führungsleuten heraus. Die Liste der Absolventen liest sich wie ein Who's who indischer und später pakistanischer Politik und Wirtschaft. Auch Omar Sheikh gehörte zu den jungen Männern, denen eine große Zukunft vorausgesagt wurde. Er war einer der besten Schüler des Colleges. Nach seinem Abschluss ging er zurück nach London, um dort an der renommierten London School of Economics zu studieren – eine weitere Stufe auf dem Weg zu der vorausgesagten brillanten Karriere. 1993 reiste Omar Sheikh auf den Balkan, mitten hinein in den bosnischen Krieg. Das war nicht so ungewöhnlich, denn dieser Krieg weckte bei vielen Muslimen heftige Gefühle. Dschihadisten aus einer Reihe muslimischer Länder kamen, um an der Seite der Bosnier zu kämpfen. Viele hatten in Afghanistan gekämpft, in Kaschmir, und sie würden nach dem Krieg in Bosnien an den nächsten Schauplatz ziehen. Sie gehörten einer islamistischen Internationalen an, die es sich zur Aufgabe gemacht hatte, überall dort zu kämpfen, wo ihrer Meinung nach Muslime bedroht waren. Bosnien war nur eine Etappe in einem ewigen Krieg.
Omar Sheikh reiste nach Sarajevo, um, wie er sagte, »den Menschen zu helfen«. Als er nach England zurückkam, behauptete er, er habe in Bosnien am Dschihad teilgenommen. Danach gab es für ihn kein Halten mehr auf dem Weg des Terrors. Er ging, kaum 20-jährig, ins indische Kaschmir, um sich dort den Glaubenskriegern anzuschließen. 1993 verurteilte ihn ein indisches Gericht wegen der Entführung dreier westlicher Touristen zu einer mehrjährigen Haftstrafe. 1999 wurde ein Flugzeug der Indian Airlines nach Kandahar entführt, das damals unter der Kontrolle der Taliban stand. Sie verlangten von der indischen Regierung die Frei-

lassung von mehreren Gefangenen. Auf der Liste stand auch Omar Sheikh, er war in der Terrorszene offensichtlich ein wertvoller Mann geworden. Die indische Regierung gab nach, die 155 Geiseln kamen frei. Omar Sheikh setzte sich nach Pakistan ab. Es dauerte keine drei Jahre, da saß er erneut hinter Gittern. Diesmal wegen eines Falles, der weltweites Aufsehen erregte. Omar Sheikh war an der Entführung und Ermordung des Korrespondenten des *Wall Street Journal* Daniel Pearl beteiligt. Pearls Tod am 29. Januar 2002 setzte die pakistanische Regierung unter großen Druck, denn es kamen erhebliche Zweifel an der Lauterkeit pakistanischer Behörden bei ihrem Kampf gegen den Terror auf. War es ihnen ernst damit? Der Fall Daniel Pearl nährte die Skepsis in den USA. Präsident Musharraf war alarmiert. Er konnte es sich nicht leisten, seinen Mentor zu vergrätzen. Polizisten en masse durchsuchten Häuser, Wohnungen und Grundstücke, um die Mörder möglichst schnell dingfest zu machen. Nach etwas mehr als zwei Wochen verhaftete die Polizei Omar Sheikh in Lahore und klagte ihn des Mordes an. Er wurde von einem pakistanischen Gericht zum Tode verurteilt. Eine Strafe, die später jedoch in lebenslange Haft umgewandelt wurde. Seither halten sich Gerüchte, wonach Omar Sheikh engste Verbindungen zum pakistanischen Geheimdienst ISI gehabt hätte. Pervez Musharraf hingegen behauptet in seiner Autobiografie, dass Omar Sheikh während seines Aufenthaltes in London vom britischen Inlandsgeheimdienst MI6 angeworben worden sei. Bewiesen ist weder das eine noch das andere. Wie konnte ein junger Mann, der im Westen aufgewachsen war und die besten Bildungschancen erhalten hatte, zum Dschihadisten werden? Wie wurde aus einem hochintelligenten Studenten der London School of Economics ein Henker? Omar Sheikh war nicht der Einzige, der einen solch beunruhigenden Werdegang aufwies. Al-Qaida verfügte über Männer, die große Erfahrung mit dem Westen hatten. Ja, es schien sogar so, dass der Ursprung des

Hasses in der Begegnung mit dem Westen zu suchen war. Der Ägypter Sajib Qutb, der heute als geistiger Stammvater des Dschihadismus betrachtet wird, verfestigte seine antimodernistischen Auffassungen nach einem zweijährigen (1948–1950) Studienaufenthalt in den USA. Qutb war zu dem Schluss gekommen, dass der Individualismus, die Aufklärung, die Rationalität und die Demokratie des Westens den Islam infiziert hätten. Das galt es aufzuhalten mit den Mitteln des Dschihad. Qutb, der 1966 in Ägypten hingerichtet wurde, übte ungeheuren Einfluss auf die muslimische Jugend vieler Länder aus – mit ihm lernte sie den Westen zu verachten, zu fürchten und zu bekämpfen. Qutb schrieb bei seiner Rückkehr aus Amerika: »Der weiße Mann in Europa und Amerika ist unser Hauptfeind. Der Weiße unterwirft uns, während wir unseren Kindern seine Kultur beibringen, seine universellen Prinzipien und edlen Ziele ... Wir flößen unseren Kindern Bewunderung und Respekt für jenen Herrn ein, der unsere Ehre mit Füßen tritt und uns versklavt. Lasst uns stattdessen die Saat des Hasses, des Abscheus und der Rache in die Herzen unserer Kinder einpflanzen. Lasst uns unseren Kindern von klein auf beibringen, dass der weiße Mann der Feind der Menschheit ist und dass sie ihn bei der ersten sich bietenden Gelegenheit vernichten sollen.« (Zitiert in: Lawrence Wright, *Der Tod wird euch finden. Al-Qaida und der Weg zum 11. September*. Übers. v. Hans Freundl. München 2007, S. 32.)

Eine Frage der Scharia

Ich wollte der Frage nachgehen, was die Jugendlichen in Lahore über den Westen dachten, genauer: Ich suchte Universitäten auf, die sich in ihrer Erziehung am Westen orientierten, so wie die Schulen, die Omar Sheikh besucht hatte. Ich fuhr zuerst zur Pun-

jab University, der größten und ältesten Universität in der Stadt. 27 000 Studenten sind hier inskribiert. Die Universität liegt auf einem weitläufigen Campus, der an manchen Stellen an einen Golfplatz erinnert, so grün und gepflegt ist der Rasen. Die Punjab University wird ausschließlich vom Staat finanziert, ihren Gebäuden sieht man an, dass das Geld nicht üppig fließt, doch umgibt sie die Aura einer altehrwürdigen Institution. Vor der Teilung des Subkontinents war sie eine der größten und wichtigsten Universitäten Indiens. Ich hatte einen Fernsehbeitrag in Erinnerung, in dem die Punjab University als ein Hort der konservativen Kräfte dargestellt wurde. Lauter junge, bärtige Männer waren zu sehen gewesen, die aufgeregt protestierten. Wogegen, daran konnte ich mich nicht mehr erinnern, wahrscheinlich aber ging es gegen Amerika. Es war der Monat Ramadan, der Fastenmonat, als ich zu der Universität fuhr. Auf dem Weg dorthin fiel mir eine Plakatwerbung auf, die ich in dem muslimischen Land Pakistan nicht erwartet hatte. »If you are fasting, don't look at this!« stand da in Riesenlettern, daneben war ein ebenso riesiger, saftiger McDonald's-Hamburger abgebildet. Das finnische Telefonunternehmen Nokia spielte etwas subtiler, aber dafür umso provokanter mit dem Glauben. »Ramadan is the language of peace. Express your faith!« Darunter waren die neuesten Mobiltelefone der Marke abgebildet. Die Werbung suggerierte, dass der Kauf eines Telefons einem Glaubensbekenntnis nahekam, was im Westen wohl zutreffend war, aber hier in Pakistan? Es war schon aus viel geringerem Anlass zu wütenden Protesten gekommen, zum Beispiel in Peshawar. Dort hatten religiöse Eiferer Kinoplakate zerstört, auf denen Frauen zu sehen waren. Peshawar lag an der Grenze zu Afghanistan, Lahore an der Grenze zu Indien. Lahore war ganz offensichtlich anders.
Es war Nachmittag, als ich das Gelände der Universität betrat, den Studenten sah man an, dass sie sich vom Fasten etwas matt und

müde fühlten. Sie schlurften durch die Gänge der Universität, freundlich grüßend und doch ein wenig abwesend, in Gedanken versunken. Obwohl ich Ausschau nach ihnen hielt, sah ich keine Bärtigen, sondern viele junge Frauen, die, ihre Ordner unter den Arm geklemmt, in Gruppen herumstanden und plauderten.
Ich suchte zuerst die Juristische Fakultät auf. Obwohl ich unangemeldet kam, lud mich der Rektor sofort zu sich ins Büro ein. Es war so groß wie eine Turnhalle und auf Stühlen, die an den Wänden standen, saßen einige Männer, die ich für Studenten hielt, weil sie so jung waren. Der Rektor saß hinter einem Schreibtisch, der zu drei Seiten hin geschlossen war. Ashfaq Khan trug einen Bart, der seine Oberlippe freiließ, auf seiner Nase saß eine dicke Hornbrille. Sie stand ihm sehr gut, wie überhaupt der Mann sehr angenehm und anziehend wirkte. Er übergab mich sofort einem jungen Kollegen. »Professor Imran wird sich um Sie kümmern. Ich muss leider in eine Sitzung, aber warten Sie auf mich! In zehn, 15 Minuten bin ich wieder da. Warten Sie auf mich!«, rief er mir noch zu, während er zur Tür hinauseilte. Professor Imran schaute mich an, lächelte und zuckte mit den Schultern, als wollte er sagen: So ist er halt, unser lieber Ashfaq, immer in Eile.
Imran Akram war 27 Jahre alt. Als ich ihm dazu gratulierte, dass er in einem so jungen Alter schon Professor war, lächelte er höflich und antwortete: »Gastprofessor! Ich bin Gastprofessor!« Dann fischte er aus seiner Tasche eine Visitenkarte, die so groß wie ein Taschentuch war. »Imran Akram and Associates« stand darauf. Es folgte eine ganze Reihe von Titeln, Bezeichnungen, Telefonnummern, mehrere Adressen standen da. Ich verzichtete darauf, mir diese Visitenkarte erklären zu lassen, denn es schien mir unangebracht. Imran Akram hielt etwas auf sich, mehr musste ich für die nächsten Minuten, die ich mit ihm verbringen sollte, nicht wissen. Er führte mich durch das Law College, stellte mich jedem Professor vor, der uns über den Weg lief, und es waren

nicht wenige. Er zeigte mir die Bibliothek. »Sie ist«, sagte er, »nicht sehr groß, aber es ist die größte, die wir hier haben.« Er lächelte dabei, wie er immer lächelte, wenn er etwas über die Universität sagte. Ich glaube, es war seine Art, Distanz zu dieser Institution zu zeigen. Er sah, davon hatte mich seine Visitenkarte überzeugt, seine berufliche Zukunft eher außerhalb der Universität. Seine Arbeit gab ihm etwas Prestige, das Geld wollte er woanders machen, und das musste er wohl auch, denn die Gehälter für die Professoren an dieser Universität waren niedrig.

Die Bibliothek war in bleiches Neonlicht gehüllt, das von der Decke herabstrahlte. Die wenigen Studenten, die über Büchern saßen, hatten unnatürlich fahle Gesichter. Wir gingen an verschlossenen Schränken mit Glastüren vorbei. In den Regalen dämmerten Bücher vor sich hin. Imran Akram wollte die Zeit, die wir brauchten, um die Bibliothek zu durchschreiten, mit Worten über die Bibliothek überbrücken, doch das gelang ihm nicht, denn er wusste nach ein paar Schritten nicht mehr, was er hätte erzählen können. Es gab auch keinen Bibliothekar, der uns eine Einführung hätte geben können. Schließlich brachte mich Imran Akram in das Büro eines Professors für islamisches Recht, einen Mann um Mitte vierzig, der sehr leise sprach. Ich hatte große Mühe, ihn zu verstehen. Er murmelte etwas von »Schön, dass Sie uns besuchen kommen …«, dann schwieg er und wartete auf meine Fragen. Ich hatte nicht damit gerechnet, diesen Professor zu treffen, und so stolperte ich mit einer etwas simplen Frage in das Gespräch.

»Ist islamisches Recht verpflichtendes Lehrfach an dieser Universität?«

»Wir lehren islamisches Recht und englisches Common Law.«

»Welches Recht aber wird angewandt?«

»Bei Ihren persönlichen Angelegenheiten, zum Beispiel bei Scheidung, erbrechtlichen Dingen und Ähnlichem, wird das Recht

Ihrer Religion angewandt. Wenn Sie Muslim sind, also die Scharia.«

»Kann ich, sollte ich denn glauben, dass die Scharia für mich ungünstiger ist, kurz vor einem Prozess die Religion wechseln und zum Beispiel Christ werden?«

Der Professor lachte, Imran Akram lachte und ein dritter Mann, ein emeritierter Professor für Wirtschaftsrecht, der gerade zur Tür hereingekommen war und meine Frage gehört hatte, lachte auch.

»Nein, nein, das geht natürlich nicht!« Sie kicherten. Ich kam mir dumm vor. Ich wusste, dass man vom Islam nicht abfallen darf. Darauf steht in manchen muslimischen Ländern die Todesstrafe. Doch hatte ich gehofft, mit meiner hypothetischen Frage einen kleinen Streit anzuzetteln, denn der Abfall vom Glauben war in Pakistan ein sehr aktuelles politisches Thema. Die Parteien der MMA hatten wenige Wochen zuvor einen Gesetzesantrag im Parlament eingebracht, wonach auch in Pakistan auf Apostasie die Todesstrafe stehen sollte. Die MMA wusste, dass sie für diese Initiative im Parlament keine Mehrheit finden würde. Die Regierung hätte es sich nicht leisten können, ein solches Gesetz zu verabschieden, denn sie musste gewisse Standards einer aufgeklärten, säkularen Politik aufrechterhalten, wenn sie die Freundschaft mit den USA nicht riskieren wollte. Solange Pakistan einigermaßen stabil war, solange es den radikalen Tendenzen einigermaßen widerstand und den Terror bekämpfte, so lange floss Geld aus den USA. Der Vorstoß der MMA war eher der symbolischen Politik zuzuordnen. Das heißt jedoch nicht, dass er folgenlos blieb. Wenn über die Todesstrafe für Apostasie gesprochen werden konnte, wenn man im Parlament darüber debattierte, dann war das ein Zeichen dafür, wohin sich die politischen Prioritäten des Landes verschoben. Wäre die Regierung nicht ein Büttel der USA, würde sie einer weiteren Islamisierung der Gesellschaft zustimmen und

die Todesstrafe für Apostasie einführen. Das war die subtile Botschaft der MMA.
Die Professoren kicherten immer noch in trauter Gemeinsamkeit über ihren naiven Gast.
»Das geht wirklich nicht!«, sagte der Professor für islamisches Recht und nahm einen etwas ernsteren Ton an. Er wollte das Ganze beenden. Ich lächelte und setzte noch einmal nach: »Aber umgekehrt ginge es doch, oder nicht?«
»Was meinen Sie mit umgekehrt?«
»Ich als Christ könnte noch kurz vor dem Prozess, buchstäblich Sekunden vorher, zum Islam übertreten, wenn es mir günstiger erschiene, dass mein Fall nach der Scharia verhandelt wird. Es reicht doch ein Glaubensbekenntnis, um zum Islam überzutreten?«
Der Professor schwieg. Ich bedauerte meine Frage sofort, weil ich sie in so offensichtlich provokanter Weise gestellt hatte. Meinem eigentlichen Ansinnen, nämlich über die Scharia zu diskutieren, schadete ich damit nur. Ich ärgerte mich über mich selbst. Wahrscheinlich aber hatte mich ihr Lachen doch gereizt, ihr einvernehmliches, herzliches Kichern über mich.
»Sie könnten das tun, durchaus«, antwortete der Professor, »aber wären Sie damit auch ein guter Muslim?«
Er hatte mich überrascht. Ich lachte verlegen, weil ich darauf keine Antwort hatte. Der Professor lächelte. Er war offensichtlich sehr zufrieden mit sich selbst. Eisiges Schweigen trat ein. Imran Akram erlöste uns: »Ich glaube, der Rektor ist aus seiner Sitzung zurückgekommen. Wir sollten in sein Büro gehen.«
»Aber natürlich!« Ich erhob mich und verabschiedete mich per Handschlag. Ich war froh, dieses Büro verlassen zu können.

Opportunisten und Studenten

Der Rektor wartete schon auf uns. Er erzählte mir seine Geschichte, ohne dass ich ihn danach gefragt hätte. Er hatte in Schweden, England und den USA studiert und gelehrt. »Beinahe wäre ich für immer in Schweden geblieben, beinahe!«, sagte er und es blieb offen, ob er es bedauerte, nach Pakistan zurückgekommen zu sein. Doch der Zweifel blieb. Er sagte nicht: »Ach wäre ich doch in Schweden geblieben!« Das erlaubte ihm seine Rolle nicht und wahrscheinlich auch nicht sein Charakter, denn er war kein Mann, der über sein Leben klagte. Doch vermittelte der Rektor das ganze Gespräch hindurch das Gefühl, dass er mit einer tiefen, anhaltenden Enttäuschung leben musste, nichts, das ihn mit einem Schlag getroffen hatte, sondern eher etwas, das sich wie ein unangenehmer, leiser, aber nie abbrechender Schmerz durch sein Leben zog.

Es dauerte nicht lange und mir wurde klar, was die Ursache dafür war. Ashfaq Khan fühlte sich von den Radikalen bedrängt. An seiner eigenen Universität hatte sich die *Jamiat-e-Tulba*, die Studentenorganisation der islamistischen Partei *Jamiat-e-Islami*, breitgemacht. Obwohl es allen Studentenorganisationen verboten war, sich an den Universitäten politisch zu betätigen, war es der *Jamiat-e-Tulba* gelungen, an der Punjab University zu einer einflussreichen, ja beherrschenden Kraft zu werden. Der Rektor sagte ganz unumwunden: »Sie haben diese Idee von Tugend und Sitte eingeführt. Sie machen große Schwierigkeiten!« Sie nähmen Einfluss auf die Lehrpläne, auf die Bestellung von Professoren, auf die Verwaltung – überall sei ihre Hand zu spüren.

Tugend und Sitte – diese Begriffe kannte man aus Afghanistan. Die Taliban hatten während ihrer Herrschaft ein Ministerium zur »Förderung der Tugend und Bestrafung der Lasterhaftigkeit« gegründet. Dieses Ministerium hatte eine Religionspolizei, die durch die Straßen Kabuls patrouillierte. Es waren Rollkommandos jugendlicher Gotteskrieger, die darüber wachten, ob die Menschen sich nach den islamischen Vorschriften verhielten, wie sie die Taliban vorgaben. Wer etwa den Bart nicht in der vorgeschriebenen Länge trug, bekam Schläge oder riskierte Gefängnis, in dem er so lange sitzen musste, bis der Bart die Länge erreicht hatte, welche die Taliban für gottgefällig hielten. Wer sich mit einer Frau unterhielt, die nicht seine Frau oder Verwandte war, riskierte Schläge oder Gefängnis; wer Musik hörte, wer tanzte, wer Drachen aufsteigen ließ, bekam es mit den Religionspolizisten zu tun. Die Tugendwächter waren ein grausames Einschüchterungsinstrument. Sie sind jedoch keine Erfindung der Taliban. Ihren Ursprung hat die Religionspolizei in Saudi-Arabien. Dort hatte das Königshaus diese Brigaden gebildet, um der gestrengen wahabitischen Geistlichkeit entgegenzukommen. Das Haus Saud war seit Ende der Siebzigerjahre wegen seines luxuriösen Lebenswandels und seiner westlichen Orientierung unter erheblichen Druck geraten. Die Geistlichkeit Saudi-Arabiens sah durch diese Entwicklungen den Kern ihrer gestrengen Glaubensauffassung bedroht. Die Religionspolizei sollte den Verdacht zerstreuen, dass das Königshaus sich nicht um den Islam scherte. Das Konzept einer Religionspolizei hatte also seinen Weg von Saudi-Arabien über Afghanistan bis an die Punjab University in Lahore gefunden, wo sie radikalen Studentenvertretern diente, um auf unliebsame Professoren Druck auszuüben.

»Dabei bieten sie den Studenten nichts Sinnvolles an«, sagte der Rektor. »Sie machen ihnen allerlei Versprechungen, hetzen sie auf, und kaum sind sie in ein Amt gewählt worden, vergessen sie ihre Versprechen. Sie sind Opportunisten!«

Das alles sagte er in einem sehr ruhigen Tonfall. Obwohl er keinen Hehl daraus machte, dass er die »Opportunisten« verachtete, galt nicht ihnen sein Hauptaugenmerk. Seine Sorge galt dem Schaden, den sie anrichteten.

»Wenn sie einmal in ihren Ämtern entschwunden sind, hinterlassen sie enttäuschte junge Männer. Sie hinterlassen ein Vakuum, in das der nächste Populist stoßen kann, der mit Sicherheit noch radikaler redet. Es ist ein Teufelskreis!«

Jamiat-e-Tulba war ein Sprungbrett für eine politische Karriere. Der Vorsitzende der Organisation konnte mit hoher Wahrscheinlichkeit damit rechen, dass er nach ein paar Jahren ins Parlament gewählt wurde oder einen Regierungsposten auf regionaler oder sogar nationaler Ebene angeboten bekam. Der Rektor aber verstand Politik als etwas, das den Menschen dienlich sein sollte und nicht der Karriere. Politik hatte für ihn diese edle Aufgabe. Wer diese Aufgabe verriet, der machte sich in seinen Augen schuldig.

Langsam begann ich die Ursache für die Enttäuschung zu begreifen, welche die Worte und Gesten des Rektors wie ein Schatten begleiteten. Ashfaq Khan war pakistanischer Patriot und praktizierender, überzeugter Muslim. Seine Idee von Pakistan orientierte sich an jener des Gründungsvaters des Landes. Ali Jinnah war selbst Atheist gewesen, kämpfte aber für die Gründung des Staates Pakistan, weil er glaubte, dass die Muslime des Subkontinents einen eigenen Staat haben müssten, wenn sie in Frieden und Sicherheit leben wollten. Pakistan ist auf der Grundlage einer Idee entstanden, nicht etwa weil es die Geschichte, die Kultur, die Geografie so bestimmt haben. Das ist eine Besonderheit, die es mit nur einem anderen Land auf der Welt teilt: mit Israel. Und ebenso wie in Israel besteht die Gefahr, dass orthodoxe religiöse Kräfte diesen Staat in eine Theokratie verwandeln. Pakistan hat etwas strukturell Unsicheres, etwas Zerbrechliches. Da es eine Idee ist, auf der das Land gründet, braucht Pakistan Menschen, die an sie glauben, sonst kann es nicht existieren. Ashfaq Khan war einer dieser Menschen.

»Das Problem ist, dass die Vorstellung davon, was Pakistan sein sollte, was es ist, nicht gefestigt ist. Pakistan bleibt auch 60 Jahre nach seiner Gründung äußerst umstritten!«

»Aber die Studentenführer von *Jamiat-e-Tulba* haben doch eine klare Vorstellung«, wandte ich ein. »Sie wollen das Land islamisieren.«

»Oh ja, diese Leute sagen: Wer uns folgt, der folgt dem Weg des Islam. Doch sie führen die jungen Menschen, sie führen uns alle in das Nichts. Denn sie kennen nur die Krankheit des Landes, nicht die Medizin.«

»Sie wollen doch ein islamisches System einführen, wenn ich es richtig verstehe.«

»Islamisches System? Was heißt das?«, entgegnete der Rektor. »Ich arbeite seit 30 Jahren mit jungen Menschen. Ich weiß, dass sie hungrig sind, dass sie etwas Neues schaffen wollen, dass sie etwas ändern wollen. So sind junge Menschen, zum Glück. Unser Land ist zweifellos korrupt. 80 Prozent der Menschen leben in bitterer Armut. Die Elite ist selbstsüchtig. Sie hat kein Herz für das Volk. Der Staat kümmert sich nicht. Darüber muss man reden. Doch die Männer von *Jamiat-e-Tulba* sprechen immer nur vom Islam, vom islamischen System. Sie bleiben sehr abstrakt. Sie wiegeln die Leute auf, aber sie geben ihnen nichts.«

»Aber sie wollen doch etwas, das radikal anders ist als die gegenwärtige Gesellschaft. Ist es nicht so?«

Der Rektor sah mich durch seine große Hornbrille mit einem melancholischen und gleichzeitig kampfeslustigen Blick an.

»Sehen Sie, der Islam hat immer zur Moderne beigetragen. Er ist ein Teil der Moderne, davon bin ich überzeugt. Die gesamte Geschichte lehrt uns, dass wir tolerant und gemäßigt sind.«

»Das mag sein, die Radikalen aber wenden sich gegen die Moderne. Sie lehnen sie ab.«

Der Rektor lächelte.

»Die Moderne ist ein historischer Prozess, der lässt sich vielleicht verlangsamen, aber er lässt sich nicht aufhalten. Und es ist auch unsere Aufgabe, sie zu gestalten.« Er zögerte einen Augenblick und fügte dann hinzu: »Wissen Sie, ich bin ein Optimist, ein unverbesserlicher!«

Wahrscheinlich hatte er recht. Wie ich ihn so vor mir sah, hinter seinem riesigen Schreibtisch sitzend, kam er mir vor wie der Kapitän eines Schiffes, das vor mehr als hundert Jahren ausgelaufen war und immer noch seinen Dienst auf stürmischer See verrichtete. Rektor Ashfaq Khan vermittelte den Eindruck, als sei er der letzte in einer ganzen Reihe von Rektoren, die seit 1868, dem Gründungsjahr der Hochschule, einen ewigen Kampf gegen Radikalismen jeder Couleur führten. Ich begriff, dass Ashfaq Khan mit seiner Institution verschmolzen war, dass man nicht mehr unterscheiden konnte zwischen Person und Amt. Das verlieh ihm die Aura unerschütterlicher Dauerhaftigkeit. Vor ihm war jemand gewesen und nach ihm würde jemand kommen. Das war die simple und doch so wirkungsvolle Botschaft.

Er war freilich nicht frei von persönlichen Sorgen. Manchmal hätten gerade sie aus ihm einen anderen gemacht. »Ich will ganz ehrlich zu Ihnen sein. Es ist gut möglich, dass ich nicht hier sitzen würde, wenn meine Mutter nicht krank wäre.«

Er legte eine Pause ein, in der ich überrascht fragte: »Ihre Mutter?«

»Ja, sehen Sie, ich bin von meinen Geschwistern der einzige, der in Pakistan lebt. Alle anderen sind im Ausland. Meine Mutter ist krank. Ich kümmere mich um sie. Ich pflege sie. Wenn sie nicht wäre, vielleicht hätte ich im Ausland eine Stelle angenommen. Ich hatte Angebote!«

Ich war enttäuscht über diese private Bemerkung des Rektors. Gerade eben war er mir fast heldenhaft erschienen und nun erzählte er mir von seiner kranken Mutter als einziger Ursache für

sein Engagement. Doch das war ungerecht, denn seine irritierende Offenheit sprach für, nicht gegen ihn. Er hatte einen durchaus politischen Grund für seine plötzliche Wende ins Private.
»Wissen Sie, was mir gestern einer meiner ehemaligen Studenten gesagt hat: ›Herr Professor, ich habe vor Kurzem für ein Gespräch, das sieben Minuten dauerte, ein Honorar von 500 000 Rupien Honorar bekommen!‹ Er machte ein sehr zufriedenes Gesicht. 500 000 Rupien! Stellen Sie sich das vor. Das verdient man als Staatsdiener nicht in einem Jahr. Der Staat kümmert sich nicht um uns. Er lässt uns alleine. Das ist das Hauptproblem. Deswegen verlassen viele das Land!«
Seine Mutter, das wollte er sagen, war der zufällige Grund dafür, dass er immer noch hier blieb und auf dem Posten war. Ashfaq Khan diente dem Staat mit voller Überzeugung, doch selbst bei ihm brauchte es einen privaten Anstoß, damit er das Land nicht verließ und das Feld den Radikalen überließ. So stand es um den pakistanischen Staat.
Der Rektor schob ein paar Akten auf dem Schreibtisch zusammen, klemmte sie sich unter den Arm und sagte: »Nun muss ich leider gehen. Sie müssen mich entschuldigen. Es war mir eine große Freude, mit Ihnen zu reden!«
Ich schüttelte ihm die Hand. In seinen Augen glaubte ich eine Spur von melancholischer Schicksalsergebenheit zu erkennen. Er ging durch die Tür hinaus. Im Vorzimmer erhoben sich mehrere Studenten, die auf großen, weichen Sesseln sitzend dort gewartet hatten. Er machte mit der Hand eine Bewegung. »Bleibt sitzen, bitte, bleibt sitzen!« Dann ging er hinaus. Der Rektor war ein bescheidener Mann.

Das Feld der Radikalen

Ich machte mich auf die Suche nach *Jamiat-e-Tulba*. Wie gesagt, war es allen Studentenorganisationen verboten, sich politisch zu betätigen, und doch hatte die *Jamiat-e-Tulba* großen Einfluss in der Universität. Wie konnte etwas Verbotenes gleichzeitig so mächtig sein? Ich suchte Antworten und fand sie schließlich bei Mohammed Ayub, dem Vorsitzenden der *Jamiat-e-Tulba* an der Geisteswissenschaftlichen Fakultät der Punjab University. Als ich nach der Organisation fragte, wies man mich in ein Büro, in dem Studenten saßen, die ausnahmslos schwarze Bärte trugen. Sie betrachteten mich misstrauisch. Einer von ihnen stand auf, um Mohammed Ayub zu rufen. Als er nach wenigen Minuten eintrat, standen alle auf und gaben ihm ehrfürchtig die Hand. Ayub verfügte offensichtlich über Macht. Er nahm die ehrerbietigen Gesten seiner Studenten mit der routinierten Gelassenheit eines Menschen entgegen, der ans Befehlen gewöhnt ist. Umso erstaunter war ich, als Ayub auf meine erste Frage antwortete. Er nuschelte, seine Worte verfingen sich in seinem langen schwarzen Bart, sodass ich kaum etwas verstehen konnte. Er hatte wahrscheinlich noch nie mit einem westlichen Journalisten gesprochen, er war unsicher, ängstlich und misstrauisch. Eine drückende Schwere lag von Anfang an über dem Gespräch und sie sollte nicht mehr weichen.

»Ich habe gehört, dass es Studentenorganisationen verboten ist, sich an den Universitäten politisch zu betätigen?«
»Das stimmt«, antwortet er knapp.
»Aber Sie haben hier doch ein Büro. Sie arbeiten hier ...«
»Ja, und?«
»Sie sind doch eine Studentenorganisation?«
»Ja, aber wir betätigen uns nicht politisch. Wir predigen den Islam und wir helfen den Studenten.«

»Aber Sie sind doch der Ableger einer politischen Partei, der *Jamiat-e-Islami*?«
Und nun gab Mohammed Ayub mir eine Antwort, die mir für einen Moment die Sprache verschlug.
»Der Islam ist nicht politisch!«
»Aber der Islam hat doch den Anspruch, sämtliche Lebensbereiche zu gestalten?«
»Der Islam ist nicht politisch!«, wiederholte Mohammed Ayub und ich begriff, dass er immer dieselbe Antwort geben würde, ganz gleich, wie oft ich ihn fragen würde. Die Atmosphäre im Büro verdichtete sich. Mir war, als könnte ich die Gedanken der Anwesenden spüren, die allmählich den Raum füllten wie eine zähe, dickflüssige Masse.
Was empfand der Rektor, wenn er diesen Leuten gegenübersaß? Dieselbe Atemnot, wie ich sie jetzt zu empfinden glaubte? Oder gelang es ihm, die kaum verhohlene Aggressivität dieser Studenten zu ignorieren? Konnte er in einem guten Moment sogar darüber lachen? Gab ihm sein Glaube, dass der Prozess der Moderne nicht aufzuhalten sei, die Kraft dazu?
»Was sind Ihre wichtigsten Forderungen?«, fragte ich Mohammed Ayub. Er antwortete wie aus der Pistole geschossen.
»Wir sind gegen die Koedukation. Frauen und Männer sollen getrennt den Unterricht besuchen.«
»Warum fordern Sie das?«
»Weil es unislamisch ist.«
»Wer sagt das?«
»Der Koran!«
Nun hätte man Mohammed Ayub in ein langes theologisches Gespräch verwickeln können, doch schien er mir nicht der geeignete Mann dafür zu sein. Seine Überzeugungen waren steinhart und unverrückbar, das zeigten die wenigen Minuten des Gesprächs. Je länger ich Mohammed Ayub gegenübersaß, desto

mehr erschien er mir wie einer dieser Religionspolizisten der Taliban, der im Auftrag des Ministeriums zur »Förderung der Tugend und Bestrafung der Lasterhaftigkeit« über den Sittenkodex auf dem Campus wachte. Es ließ sich leicht vorstellen, wie er mit wehendem Bart über den Campus lief und mit scharfen Augen darüber wachte, dass ja niemand seinem gestrengen Moralkodex zuwiderhandelte.

»Was machen Sie, wenn Sie auf dem Campus unislamisches Verhalten sehen?«

»Was meinen Sie?«

»Wenn Sie zum Beispiel«, ich suchte nach Worten, »wenn Sie zum Beispiel einen Mann und eine Frau sehen, die sich zu nahe kommen. Was machen Sie dann?«

»Wir reden mit ihnen.«

»Reden?«

»Ja, wir versuchen sie zu überzeugen, dass dieses Verhalten nicht gottgefällig ist.«

»Und Sie belassen es beim Reden?«

»Aber natürlich. Was sonst?«

Mohammed Ayub sagte dies mit der unbewegten Miene, die er mir die ganze Zeit über gezeigt hatte. Nicht einmal hatte er gelächelt, nicht einmal war auch nur die Andeutung einer Freundlichkeit über sein Gesicht gehuscht. Er blieb maskenhaft. Auch jetzt, da ich versuchte, ihn aus der Reserve zu locken. Er gab mir zu verstehen, dass er das Gespräch beenden wollte. Ich war insgeheim froh darüber, denn das Büro hatte sich mit so großer Spannung aufgeladen, dass es knisterte. Ich verabschiedete mich. Als ich in das grelle Licht des Nachmittags hinaustrat, atmete ich tief durch.

Die Verteidigung Pakistans

Ich wollte meinen Besuch in Lahore nicht beenden, ohne die Lahore University of Management and Science zu besuchen. Pakistaner nennen sie kurz: LUMS, ein Begriff, der im ganzen Land bekannt ist. LUMS ist der Stolz der Stadt, die Kaderschmiede Pakistans. In ihren Werbebroschüren steht unter dem Punkt »our mission«: »Wir wollen einen bedeutenden und nachhaltigen Beitrag für die wirtschaftliche und soziale Verbesserung Pakistans leisten, indem wir seine humanen Ressourcen entwickeln. Wir wollen eine intellektuelle Ressourcenbasis für die gesamte Region sein.«

Aamir Reaz begleitete mich zur LUMS. Er ist Verleger, Sozialwissenschaftler und politischer Aktivist in Personalunion. Früher war er einmal Kommunist gewesen, über diese Zeit sagte er zu mir: »Wir wollten den Kapitalismus abschaffen. Unglaublich!« Und dann lachte er ein so lautes Lachen, dass man meinen könnte, es sei Aamir Reaz' bevorzugtes Instrument, um die Grundfesten einer Gesellschaft zu erschüttern. Reaz hatte eine Studie über die LUMS veröffentlicht, die sich mit der Mentalität der Studenten beschäftigte. Als ich ihn danach fragte, antwortete er: »Es ist am besten, wenn du mit den Studenten selbst diskutierst. Dann kriegst du einen persönlichen Eindruck. Danach können wir über die Studie reden!«

Es war auf den ersten Blick erkennbar, dass die LUMS über viel größere finanzielle Ressourcen verfügte als die Punjab University. Vom Parkplatz über den Rasen bis hin zu den Gebäuden, alles signalisierte, dass diese Institution sich von anderen Universitäten in Pakistan abheben wollte. Wer sich hier bewegte, der wähnte sich nicht in Lahore, nicht in Pakistan. Diese Universität könnte genau so in Kalifornien stehen. Vielleicht aber, dachte ich, sollte man es umgekehrt formulieren: Wer es nicht für möglich hielt, dass eine solche Institution in Pakistan existierte, der war ein Gefangener seiner Vorurteile über Pakistan. Es gab eben nicht nur Religionsschulen, von denen der westliche Medienkonsument meist in großer Ausführlichkeit erfuhr, es gab nicht nur Schüler, die sich tagein, tagaus über den Koran beugten, um ihn auswendig zu lernen; es gab nicht nur bärtige, finster dreinblickende Mullahs, die als Lehrer fungierten. Auf dem Campus der LUMS herrschte die stille, konzentrierte Geschäftigkeit einer Universität, deren Studenten sehr klare Ziele verfolgen. Aamir Reaz brachte mich in eine Klasse des zweiten Studienjahres. Die Studenten warteten bereits auf mich. Sie saßen im Halbkreis auf ihren Bänken und musterten mich neugierig. Ihrer Kleidung nach waren die meisten nicht von westlichen Studenten unterscheidbar. Tatsächlich würden sie früher oder später auch im Westen studieren oder arbeiten. Die Kinder der pakistanischen Elite absolvierten alle ihre Auslandsjahre in der Regel in den USA oder in England. Wenn der Begriff »westorientiert« zutreffend war, dann hier bei diesen Studenten der LUMS.

»Ich bin hier«, so begann ich, »um zu erfahren, was ihr über Pakistan und sein Verhältnis zum Westen denkt.« Dann stellte ich meine erste Frage: »Was ist der Westen für euch?«

Ein Student meldete sich: »Der Westen setzt die Standards. Wirtschaftlich, militärisch, politisch. Nicht wir. Das führt bei uns zu einem Minderwertigkeitskomplex. Wir fühlen uns dem Westen unterlegen. Das nährt die Vorurteile auf beiden Seiten.«

Das war eine nüchterne und wohl auch zutreffende Beschreibung des Westens. Es sollte die einzige bleiben, die ich in dieser Klasse zu hören bekam, denn nun brach so einiges aus den Studenten heraus. Sie fühlten sich offensichtlich provoziert, verletzt und gedemütigt.

»Der Westen sollte aufhören, sich in unsere Angelegenheit einzumischen!«

»Die USA bringen überall den Krieg hin!«
»Sie kommen hierher und predigen Demokratie. Behalten Sie Ihre Demokratie für sich. Wir brauchen das nicht. Wir können uns selbst um uns kümmern.«
»Der Westen führt einen Krieg gegen den Islam.«
Ich versuchte ihnen klarzumachen, dass ich doch nur als Einzelner vor ihnen stand und mich darum bemühte, ihre Gedanken zu verstehen. Schließlich stellte ich die Frage, die uns trennen sollte.
»Was denkt ihr über den 11. September?«
Für einige lange Sekundenbruchteile herrschte betretenes Schweigen.
»Sie behaupten, dass Al-Qaida für dieses Attentat verantwortlich ist. Das ist ein Grund ...«, sagte ein Student. Ich unterbrach ihn.
»Was meinen Sie mit: ›behaupten‹? Glauben Sie denn nicht, dass Al-Qaida die Attentate vom 11. September geplant und ausgeführt hat?«
»Zeigen Sie mir die Beweise!«, entgegnete der Student.
Beweise, Beweise, alle verlangten Beweise dafür, für die Täterschaft der Al-Qaida, und was ich ihnen auch vortrug, es war ihnen nicht genug. Sie wollten Beweise und akzeptierten doch keine. Die Attentate vom 11. September bestimmten die Distanz zwischen ihnen und dem Westen. Sie schien unüberbrückbar. Es war kein Konsens darüber herzustellen, wer am 11. September Täter gewesen war und wer Opfer. Ich stieß gegen eine Mauer.
Aamir Reaz lud mich nach dem Treffen mit den Studenten ein, mit ihm zu Abend zu essen. Wir fuhren nach Anarkali, eines der alten Viertel Lahores. Hier gibt es eine Straße, die alle nur *food street* nennen, weil sie zu beiden Seiten von Restaurants und Teehäusern gesäumt ist. Abends wird sie für den Verkehr gesperrt. Die Menschen strömen in Massen herbei, um hier zu essen, Tee zu trinken und auf und ab zu flanieren. Sie zeigen sich, schauen und wollen gesehen werden. Der Bürgersteig füllt sich mit Stüh-

len und Tischen. Die Straße verwandelt sich in ein riesiges Wohnzimmer, das voller Menschen ist. Kellner flitzen behände umher und balancieren große Blechteller, auf denen Fleischspieße liegen, andere halten Menükarten in die Höhe und preisen mit lauten Stimmen ihre Gerichte an in der Hoffnung, sie könnten Kunden anlocken, Köche bereiten ihre Speisen vor den Augen der Passanten zu, auf den allgegenwärtigen, mehrere Meter langen Grills brutzelt das Fleisch und wer genau hinhört, der kann das Summen der frei liegenden Stromleitungen hören, die Hunderte Glühbirnen versorgen, welche die Straße in festliches Licht tauchen.
Wir setzten uns an einen Tisch, der am Rand des Bürgersteiges stand. Ich überließ es Aamir zu bestellen. Die Küche in Lahore gehört zu den besten auf dem Subkontinent. Ich vertraute darauf.
»Du musst wissen, dass diese Studenten auf alles, was aus dem Westen kommt, empfindlich reagieren.«
»Ja, das habe ich begriffen! Meinst du, ich hätte es übersehen können?«
Er überhörte den aggressiven Ton in meiner Stimme und lächelte mich an. Der Kellner kam und stellte einen großen Teller mit Hühnerbeinen auf den Tisch. Dazu legte er Fladenbrot. Aamir griff mit großer Lust nach einem Hühnerbein.
»Alles, was aus dem Westen kommt, ist ihnen suspekt. Es macht sie unsicher. Verstehst du?«
Er biss in das Hühnerbein.
»Sie müssten sich dann aber selbst suspekt sein, denn sie geben sich doch sehr westlich?«
Aamir kaute, schluckte und antwortete.
»Genau deswegen wehren sie alles ab!«
Er biss wieder in das Hühnerbein. Nach einer Weile fuhr er in einem gemächlichen Tonfall fort.
»Außerdem kommst du aus dem Westen. Vergiss das nicht.«

»Was willst du damit sagen?«
»Naja, sie können schwer trennen zwischen dir und deiner Herkunft. Da deine Herkunft, wie soll ich sagen?«, er legte den Kopf zur Seite, knabberte die letzten Reste Fleisch von dem Hühnerbein und sagte dann: »belastet ist. Genau, deine Herkunft ist in ihren Augen belastet. Du bist für sie nicht unschuldig!«
Ich war mir nicht sicher, ob ich diese Argumentation akzeptieren sollte. Konnte es sein, dass diese Studenten eine radikal andere Sichtweise auf den 11. September hatten, eine, die den Fakten diametral entgegenstand, nur weil sie ihre Unsicherheit verbergen wollten? Weil sie glaubten, etwas verteidigen zu müssen? Und selbst wenn es so war, durfte man das akzeptieren?
Aamir Reaz betrachtete mich aufmerksam. Er forderte mich mit einer Handbewegung auf zu essen. Ich griff nach dem Fladenbrot. Es war weich und warm. Als ich es mir in den Mund schob, entfaltete sich ein zarter Geschmack, den ich nicht genau bestimmen konnte. Ich schloss die Augen und lauschte. Die Rufe der Kellner, das Klirren der Teller, das Brutzeln an den Grills, die klaren, scharfen Schläge der Hackmesser, die Stimmen der plaudernden Passanten, das Scharren ihrer Füße, das sirrende Geräusch des Besens, mit dem ein Straßenkehrer den Unrat in die Gosse kehrte, all das wob sich zusammen zu einem unerwartet harmonischen Geräuschteppich. Alles passte, selbst der Knall eines Feuerwerkskörpers in einer Seitengasse fügte sich nahtlos ein. Ich öffnete die Augen.
»Aber bitte, erkläre mir doch«, meine Stimme war träge und die Worte kamen mir schleppend aus dem Mund, »erkläre mir doch, was diese Studenten denn verteidigen?«
Aamir lehnte sich zurück, schaute hinauf in den Himmel, der gesprenkelt war mit grellen Glühbirnen, dann senkte er den Kopf und sagte: »Pakistan! Sie glauben Pakistan verteidigen zu müssen!«

2
Alles wegen Kaschmir
Die pakistanische Bombe

Räuber und Gendarm

In der Polizeistation von Gujrat gibt es eine Zelle, in der die Arrestierten so lange einsitzen, bis sie dem Richter vorgeführt oder in ein Gefängnis verlegt werden. Die Zelle misst nicht mehr als 20 Quadratmeter, sie ist verschmutzt und immer gut gefüllt, denn Gujrat ist eine Stadt mit hoher Kriminalitätsrate. »Mord«, sagte der Polizist, »Fehdemord, das hat hier Tradition. Zwischen bestimmten Familien gibt es einen Dauerkrieg, schon seit ewigen Zeiten.« Er wies mit einer leichten Kopfbewegung in Richtung Zelle. Drei Männer hockten auf dem Zementboden, hielten ihre Finger um die Gitterstäbe geschlossen und schauten ausdruckslos in den Innenhof der Polizeistation. Im Hintergrund lehnten zwei weitere Männer an der Wand. Ihre Gesichter waren kaum zu erkennen, denn im tiefen Inneren der Zelle war es schattig und düster. Ich mochte mir nicht vorstellen, wer von den dreien an den Gitterstäben als Mörder angeklagt war, doch der Polizist ließ mir diese Wahl nicht: »Der Mann da, der in der Mitte. Er hat geschossen, die anderen haben Schmiere gestanden. Sie haben eine alte Rechnung beglichen. Doch jetzt haben wir sie geschnappt!« Es klang so, als hätten sie Räuber und Gendarm gespielt. Diese Runde ging an die Polizei, die nächste vielleicht an die Räuber, die nächste wieder an die Polizei. Und so ging es in einem fort.

Die mafiosen Familienclans von Gujrat teilen sich die Territorien, in denen sie ihren kriminellen Geschäften nachgehen, üblicherweise fein säuberlich auf, doch kommt es immer wieder zu Auseinandersetzungen. Der gewaltsame Tod eines Clanmitglieds darf nicht ungesühnt bleiben, egal wann, wo und warum der Betroffene ums Leben gekommen ist. Ein Mord folgt dem anderen, so zieht sich in Gujrat eine blutige Spur durch Raum und Zeit. Es gibt Menschen, die deshalb aus dieser Gegend wegziehen. Wer bleibt, lebt mit der unausrottbaren, vererbten Gewalt der Clans.

Pakistan Property

Chaudry Mohammed Aslam hatte jahrelang in Gujrat gelebt. Als sich ihm die Chance bot, erfüllte er sich einen alten Traum. Er zog in sein Heimatdorf, wo er ein Stück Land besaß, das ihm ein bescheidenes Einkommen garantierte. Er liebte das ruhige, stille Leben dort. Er musste sich nicht fürchten vor den Gujrater Clans, weil ihr Einfluss und ihr Geschäftsinteresse nicht bis in diese Region reichten. Nach wenigen Jahren aber zog er wieder nach Gujrat zurück. Es gab ein Problem in der Familie, was genau, sagte Mohammed Aslam nicht, doch zwang ihn dieses Problem, dringend Geld zu verdienen. Deshalb stieg er wieder in seinen alten Beruf als Immobilienhändler ein. Er mietete ein Büro im Zentrum Gujrats, kaufte um wenig Geld einen gebrauchten Schreibtisch, ein abgewetztes Sofa und ein paar wackelige Stühle. Dann klebte er blaue Lettern auf die Fensterscheibe: »Pakistan Property«. Er konnte nicht ahnen, dass dies der erste Schritt war, der ihm einen Aufenthalt in der übel riechenden, schmutzigen Zelle von Gujrat bescheren sollte, er konnte nicht wissen, dass er den ersten Schritt in die Katastrophe gemacht hatte.
Die Geschäfte von »Pakistan Property« liefen zufriedenstellend. Mohammed Aslam hatte gute Kontakte in Gujrat. Er hatte den Ruf, ehrlich, offen und zuvorkommend zu sein. Die Leute vertrauten ihm. Natürlich, er wäre lieber auf dem Land geblieben, aber da er nun schon einmal in Gujrat arbeiten musste, tat er sein

Bestes. Und er konnte sich über den Gang der Dinge nicht beklagen.

In den letzten Maitagen des Jahres 2004 kam ein Mann namens Massud in das Immobilienbüro. Mohammed erinnerte sich an Massud. Er war vor vielen Jahren, in Gujrat, sein Nachbar gewesen. Massud war ebenfalls weggezogen, allerdings lange bevor Mohammed sich entschlossen hatte, denselben Schritt zu tun. Massud hatte sich mit den Worten verabschiedet, dass er nie wieder hierher zurückkommen werde. Nie wieder! Mohammed war deshalb überrascht, ihn zu sehen.

»Was bringt dich denn hierher?«

»Geschäfte, Geschäfte.«

Mohammed drang nicht weiter in ihn. Sein Beruf hatte ihn gelehrt, seine Neugier zu zähmen. Massud war nicht allein gekommen. »Das ist mein Freund Najaz«, so stellte er den Mann vor. Dieser verbeugte sich leicht und murmelte ein paar Worte zur Begrüßung. Die beiden setzten sich auf das Sofa, das fast eine ganze Wand des Büros einnahm. Mohammed rief durch die geöffnete Tür einen Laufburschen von der Straße zu sich und bestellte Tee. Dann wandte er sich den Gästen zu.

Er tauschte mit Massud die üblichen Freundlichkeiten aus. Dann plauderten sie über ehemalige gemeinsame Nachbarn und über das Leben in Gujrat, wobei sie beide zu dem Schluss kamen, dass es schwer sei, in dieser Stadt ein Auskommen zu finden. Mohammed fragte nicht weiter, warum und wann Massud nach Gujrat zurückgekommen war. Er selbst wurde auch nicht gerne danach gefragt, warum er aus seinem Dorf wiedergekommen war. Najaz schwieg die ganze Zeit, starrte vor sich hin und machte keine Anstalten, sich an dem zwanglosen Gespräch zu beteiligen. Der Laufbursche brachte den Tee. Die Männer schlürften ihn bedächtig. Mohammed ging zum Geschäftlichen über.

»Suchst du ein Haus?«, fragte er Massud ohne Umschweife.

»Nein, ich nicht. Aber mein Freund hier. Najaz sucht eins. Ich will ihm behilflich sein.«

Mohammed musterte den Unbekannten. Das Gesicht des jungen Mannes gefiel ihm nicht. Seine Augen funkelten finster, sein Bart war schwarz wie die schwärzeste Nacht. Mohammed gefiel dieser Mann nicht. Massud schien das zu bemerken: »Du musst dir keine Sorgen machen. Ich garantiere für ihn.«

Mohammed zögerte.

»Mohammed! Hör zu, ich bin doch dein alter Nachbar!« Dann lächelte Massud verbindlich und legte einen Arm auf Najaz' Schulter.

»Er ist für mich wie mein Bruder!«

Mohammed gab seinen Widerstand auf. Was hatte er schon zu verlieren? Es war sein Beruf, Häuser zu verkaufen oder zu vermieten. Wie dumm von ihm zu zögern!

»Es gibt ein Haus in der Mohalla-Zia-ul-Islam-Straße, ein schönes, großes Haus. Sehr ruhig gelegen.«

Massud nickte und sagte, ohne lange nachzufragen: »Najaz würde es gern mieten.«

Najaz nickte zustimmend. »Ja, ich würde es gerne mieten!« Er hatte eine krächzende Stimme. »Liegt es denn in einem ruhigen Viertel?«

»Ja, es ist sehr ruhig. Es liegt am Rande der Felder.«

»Das ist ideal.«

Mohammed wunderte sich, dass Najaz nicht viel mehr über das Haus wissen wollte. Aber da er sich nun einmal entschlossen hatte, dieses Geschäft schnell abzuschließen, verdrängte er das Misstrauen, das sich erneut in ihm breitmachte. Er schlug vor, das Haus zu besichtigen.

»Es ist nicht weit von hier, ein paar Minuten mit dem Auto.« Die beiden stimmten zu. Sie fuhren gemeinsam hin. Die Besichtigung dauerte nicht lange. Massud und Najaz liefen eilig durch die Räume, öffneten die Fensterläden, musterten ausgiebig die Umgebung, gingen in den Garten. Und als sie zurückkamen, sagte Najaz: »Einverstanden. Ich nehme es!« Zurück im Büro unterschrieben sie einen Mietvertrag über 8000 Rupien, umgerechnet 150 Euro pro Monat.

Von Al-Qaida gebrandmarkt

»Was hätte ich denn machen sollen? Wie hätte ich das wissen können ...«
Mohammed saß mir gegenüber hinter seinem winzigen Schreibtisch. Die Sonne hatte das Büro bis zur Unerträglichkeit aufgeheizt. Durch die große Fensterscheibe ging der Blick auf die geschäftige Straße. Motorrad-Rikschas knatterten vorbei und bliesen fröhliche, blaue Rauchfahnen in den Himmel. Esel zogen ihre schwer beladenen Karren mit stoischer Geduld, nicht einmal die Schläge ihrer ungeduldigen Herren brachten sie aus der Ruhe. Verkäufer saßen hinter ihren aufgetürmten Waren und versuchten Passanten zum Kauf zu verführen, indem sie die Sachen mit lauten Stimmen anpriesen. Alles in allem war es ein buntes Durcheinander, ein Geschrei, ein Gewühle und Gedränge. Nur Mohammeds Büro blieb leer, seltsam abgeschnitten von dem brodelnden Leben der Stadt. Während unseres Gesprächs kam niemand, kein Kunde, kein Bekannter, auch kein Freund.
»Seit dem Vorfall bleiben alle weg.«
Mohammed nahm ein Schluck von seiner Pepsi Cola.
»Sie meiden mich wie die Pest!«
In dem Haus, das Mohammed vermietet hatte, verhaftete die Polizei am 24. Juli 2004 Ahmed Khalfani Ghailani, einen Al-Qaida-Mann ersten Ranges. Der gebürtige Tansanier steht im Verdacht, 1998 die Bombenattentate gegen die US-Botschaften in Kenia

und Tansania organisiert zu haben, bei denen Hunderte von Menschen ums Leben kamen. Der damalige US-Präsident Bill Clinton ließ daraufhin Cruise-Missiles auf die ostafghanische Stadt Khost abfeuern. Nach Informationen der CIA sollte sich Osama bin Laden dort aufhalten. Doch entweder entkam der Chef von Al-Qaida oder er war zum Zeitpunkt des Angriffes nicht in Khost. Die USA hatten nach den Terrorattentaten in Afrika zum ersten Mal mit militärischen Mitteln auf Al-Qaida reagiert. Es war ein erster Eskalationsschritt, und Ahmed Khalfani Ghailani hatte ihn ausgelöst.

Als die Polizei das Haus in der Mohalla-Zia-ul-Islam-Straße umstellte, schossen Ghailani und seine drei Komplizen sofort. Das Feuergefecht sollte 16 Stunden dauern. Erst als die Polizisten ein Loch im Dach des Hauses öffneten und Tränengas hineinströmen ließen, gaben die vier Männer auf. Am selben Tag kam die Polizei zu Mohammed und verhaftete ihn in seinem Büro. Einen Tag und eine Nacht saß er in der Zelle der Polizeistation.

»Ich fühlte mich wie an den Pranger gestellt. Wer immer an diesem Tag in die Polizeistation kam, konnte mich sehen. Es sprach sich schnell herum, dass ich da saß. Gujrat ist ja nicht so groß. Ich wäre am liebsten im Erdboden versunken vor Scham. Und meine Zellengenossen erst! Grässlich.«

Als Männer in Zivil kamen, um ihn an einen anderen Ort zu bringen, empfand er zwar große Angst, doch war er insgeheim froh, dieser Zelle und ihrer unbarmherzigen Öffentlichkeit zu entkommen. Die Beamten, vermutlich waren sie vom ISI, verhörten ihn in einer Wohnung, viele Stunden lang. Sie versuchten ihm Kontakte zu Al-Qaida nachzuweisen. Doch Mohammed wusste nichts. Nicht einmal der Name Ghailani war ihm geläufig. Al-Qaida war für ihn – wie für die meisten Pakistaner – eine schemenhafte, unwirkliche Organisation. Die Polizei ließ ihn nach drei Tagen frei, weil sie ihm nichts nachweisen konnte. Er freute sich über die wiedergewonnene Freiheit, doch er musste bald einsehen, dass er dafür einen hohen Preis bezahlen musste. Trotz seiner Unschuld blieb er gebrandmarkt. Die Menschen wollten mit ihm nichts mehr zu tun haben. Sie befürchteten, dass jeder Kontakt mit ihm den Verdacht der Behörden erregen könnte. Manche glaubten, dass er als Spitzel angeheuert worden war. Warum sonst hatten sie ihn freigelassen?

»Mein Geschäft ist dahin!«, sagte Mohammed Aslam. Er trank seine Pepsi Cola aus. Wie er so dasaß, schmal und graugesichtig, wünschte ich ihm, dass er bald aufs Land zurückkehren konnte, in sein Bauernhaus, in dem er zufrieden gewesen war.

»Warum gehen Sie nicht zurück in Ihr Dorf?«

»Das überlege ich, wenn es geht, ja, wenn es geht ...«

Er war ein gebrochener Mann.

Nur keine Besatzungsmacht

Im Laufe des Jahres 2004 häuften sich Fälle wie die des Immobilienhändlers Mohammed Aslam Chaudry. Präsident Pervez Musharraf verstärkte die Repression im Inneren und er militarisierte den Konflikt, indem er Tausende Soldaten in die Stammesgebiete an der Grenze zu Afghanistan entsandte. Das geschah auch auf Druck der USA. In Washington erkannte man langsam, dass in Afghanistan etwas grundlegend falsch lief. Die großen Hoffnungen aus dem Jahr 2001, dem Jahr der schnellen und überraschenden Niederlage der Taliban, waren verflogen. Die Taliban hatten wieder Fuß gefasst. Sie verwickelten die westlichen Truppen zunehmend in Kämpfe und brachten Teile des Südens und Ostens Afghanistans unter ihre Kontrolle. Der Wiederaufbau insgesamt geriet ins Stocken. Die Stimmung im Lande kippte langsam, aber stetig. Auch offensichtlich große Erfolge wie die freie Wahl des

Präsidenten und des Parlaments, an der sich Millionen Afghanen beteiligten, konnten an diesem fatalen Stimmungsumschwung nichts ändern. Die Erwartungen der Afghanen waren immens hoch gewesen.

Warum auch nicht? Immerhin hatten sich die 37 der reichsten Nationen der Welt zum Engagement verpflichtet, darunter die Supermacht USA. Doch war der Einsatz in den ersten drei Jahren von Zögerlichkeit und Zurückhaltung geprägt. Der Westen verfolgte eine »light footprint«-Strategie: Die eigenen Soldaten sollten möglichst unsichtbar sein. Schien doch die Geschichte Afghanistans zu beweisen, dass die Afghanen früher oder später gegen jede fremde Militärmacht aufbegehrten, ganz gleich, aus welchen Motiven die ausländischen Soldaten im Land waren. Auf keinen Fall wollte der Westen daher als Besatzungsmacht erscheinen.

Die »light footprint«-Strategie wurde allerdings auch aus Rücksicht auf die öffentliche Meinung in den jeweiligen Heimatländern formuliert. Der Einsatz in Afghanistan war in Europa nicht populär. Die europäischen Regierungen entsandten ihre Truppen nur halbherzig an den Hindukusch. Deutschlands Bundeskanzler Gerhard Schröder hatte den USA nach dem 11. September »uneingeschränkte Solidarität« zugesagt. Die deutsche Öffentlichkeit betrachtete die Auslandsmission der Bundeswehr mit gemischten Gefühlen. Der damalige Verteidigungsminister, Peter Struck, formulierte den eingängigen Slogan: »Deutschlands Freiheit wird auch am Hindukusch verteidigt.« Doch so richtig verfing er nicht. Die Deutschen hatten nicht das Gefühl, im Krieg mit jemandem zu sein, der ihnen ihre Freiheit nehmen wollte. Das unterschied sie und viele andere Europäer von den USA. Im Ergebnis bedeutet dies, dass die Nato anfangs gerade mal 4000 Soldaten nach Afghanistan entsandte. Wie lächerlich wenig das war, zeigt der Vergleich mit dem Einsatz im Kosovo. Dort hatte die Nato zeitweise 60 000 Soldaten stehen. Dabei ist das Kosovo mit einer Fläche von knapp 11 000 Quadratkilometern fast 60 Mal kleiner als Afghanistan mit seinen 650 000 Quadratkilometern. Afghanistan hat mehr als 30 Millionen Einwohner, das Kosovo knapp über zwei Millionen. Das bedeutet nicht, dass man in Afghanistan proportional genauso viele Soldaten wie im Kosovo hätte einsetzen müssen. Man würde auf die irrwitzige Zahl von über einer Million kommen, und die Menge allein wäre auch noch keine Garantie für den Erfolg – doch zeigt der Vergleich mit dem Kosovo die Kümmerlichkeit des westlichen Engagements in Afghanistan. Er zeigt auch den Abgrund, der zwischen den Erwartungen der Afghanen und der Einsatzbereitschaft des Westens klaffte.

Dieser Abgrund vertiefte sich noch, als die USA im März 2003 den Irak überfielen. Ressourcen und Aufmerksamkeit, die Afghanistan dringend gebraucht hätte, wurden in den Irak umgeleitet. Afghanistan war noch eine Baustelle, schon hatte die Regierung Bush in ihrem Kampf gegen den Terror eine andere, noch viel größere eröffnet. Das entging auch den Afghanen nicht. Trotz aller bombastischen Rhetorik von Wiederaufbau und Demokratie beschlich sie das Gefühl, wieder einmal in den Schatten der Weltgeschichte zu geraten. Das war eine Erfahrung, die sie schon zur Genüge gemacht hatten. Der Glaube an das Durchhaltevermögen des Westens ging nach und nach verloren.

Die »Freiheit« der Stammesgebiete

Gleichzeitig mit dieser sich breitmachenden Desillusionierung erhob Al-Qaida wieder sein Haupt. Osama bin Laden war 2001 zusammen mit seinem Stellvertreter, Ayman al Zawahiri, über die Berge von Tora Bora nach Pakistan entkommen. Die beiden strahlten erneut Videobotschaften aus, in denen sie ihre Anhänger zum Kampf aufriefen. Ihre Popularität war ungebrochen, ihr Aktionsradius schien sich wieder zu erweitern. Pervez Musharraf selbst bekam das bald zu spüren. Im Dezember 2003 fuhr er in das Army House in Rawalpindi, seinen schwer gesicherten Wohnort. Zwei Selbstmordattentäter attackierten den Konvoi des Präsidenten. Die Explosionen waren so gewaltig, dass eine Straßenbrücke einstürzte. 13 Menschen starben. Musharraf überlebte knapp. Die Spuren der Attentäter führten nach Waziristan, einem Grenzgebiet zu Afghanistan, in dem es zu schweren Kämpfen zwischen pakistanischen Soldaten, Al-Qaida-Terroristen und mit ihnen verbündeten Stämmen gekommen war. Musharraf hatte den Ernst der Lage nun am eigenen Leib zu spüren bekommen. Wollte er überleben, musste er seinen Todfeind Al-Qaida in Waziristan jagen. Die USA drängten ihn ohnehin zu mehr Aktivität. Sie waren zu dem Schluss gekommen, dass der Schlüssel für die Befriedung Afghanistans in Pakistan lag, und sie glaubten, dass Musharraf nicht alles tat, was in seiner Macht lag.

Es war klar, dass die Taliban in den pakistanischen Stammesgebieten Unterschlupf gefunden hatten, dass sie sich dort ausruhen und neu ordnen konnten. Bereits 2002 hatte Musharraf die ersten Soldaten in die Grenzgebiete zu Afghanistan entsandt. Das war ein aufsehenerregender Schritt, denn das pakistanische Militär hatte noch nie einen Fuß in diese Gegend gesetzt. Die Stammesgebiete Pakistans sind halbautonom. Sie verwalten sich selbst. Der pakistanische Staat ist im Wesentlichen nur mit Grenztruppen vertreten und mit einem Repräsentanten, dem sogenannten *Political Agent*, der die Interessen Islamabads mit denen der Stammesältesten abstimmt. Doch ansonsten regeln die Stämme ihre Angelegenheiten selbst, weshalb sie gerne mit dem Titel »freiheitsliebend« versehen werden.

Doch die Freiheit in diesen Gebieten schmeckt nach Angst, Gewalt und Unterdrückung. Die sieben *Federal Administered Tri-*

bal Areas (FATA), so heißen die Stammesgebiete offiziell, sind zwar laut Artikel 1 der Verfassung Teil des pakistanischen Staatsgebietes und ihre Bewohner sind pakistanische Staatsbürger, aber die pakistanische Verfassung macht eine strikte Trennung zwischen den FATA und dem Rest des Staatsgebietes. Die FATA unterliegen direkt der Autorität des Präsidenten. Obwohl sie Abgeordnete in das Parlament wählen, haben die Gesetze des Parlaments für die FATA keine Wirkung. Was in Pakistan gilt, muss dort noch lange nicht gelten, zum Beispiel das gesamte pakistanische Strafgesetzbuch. Die Bewohner der FATA unterliegen der *Frontier Crimes Regulation*, einem Regelwerk, das die britischen Kolonialherren 1901 geschaffen haben. Demnach bleibt es den Stammesältesten überlassen, nach der Scharia und den Traditionen der Stämme Recht zu sprechen. In der *Frontier Crimes Regulation* lebt der Geist der Kolonialherren weiter, der drakonische Strafen für ihre unbezähmbaren Untertanen bereithält. Die Briten waren bereit, die Stämme nach ihrem Gusto leben zu lassen, weil sie entweder den hohen Preis einer militärischen Eroberung dieser Gebiete fürchteten oder ihn nicht für möglich hielten. Für diese ihnen gewährte »Freiheit« waren die Stämme den Behörden gegenüber, wie es in der *Frontier Crimes Regulation* heißt, »kollektiv verantwortlich«. In den FATA gilt also die Sippenhaft, bis heute. Als Musharraf den pakistanischen Soldaten den Marschbefehl erteilte, schickte er sie in eine archaische Gegend mit archaischen Gesetzen. Es war ein Tabubruch, der ihn noch teuer zu stehen kommen sollte.

Die Regierung feierte Ahmed Khalfani Ghailanis Verhaftung in Gujrat als einen Erfolg ihrer Strategie. Die Stadt war kein Hort für Extremisten. Hier gibt es keine radikalen Prediger, die in ihren Gebeten gegen die Ungläubigen wettern. Die religiösen Parteien haben einen schweren Stand. Gujrat ist keine Stadt der Gotteseiferer und Amerikahasser. Ahmed Ghailani konnte nicht damit rechnen, dass ihn die Bevölkerung duldet oder gar beschützt. Tatsächlich ist er von einem Taxifahrer verraten worden. Warum also kam er nach Gujrat? Er hatte kein besseres Versteck. Das war die Antwort der Behörden. Ihre Botschaft an die Amerikaner lautete: Seht her, wir haben sie in den Stammesgebieten ausgeräuchert! Wir zwingen sie ins Freie! Da schnappen wir sie! Das war damals eine plausible Antwort, doch konnte niemand mit Sicherheit sagen, ob sie auch zutreffend war. Einiges sprach schon zu dieser Zeit gegen diese These. Sämtliche wichtigen Al-Qaida-Figuren, die den pakistanischen Behörden bis dahin ins Netz gegangen waren, waren in Großstädten untergetaucht gewesen. Sheikh Mohammed, der Planer der Attentate vom 11. September, wurde in Rawalpindi (2003) geschnappt, Ramzi bin al Shib, einer der Hauptverschwörer des 11. September, in Karachi (2002) und Abu Zubaidah, ein enger Vertrauter Osama bin Ladens, in Faisalabad (2002). Es sprach einiges dafür, dass Al-Qaida im Dschungel der Großstadt Unterschlupf suchte und nicht in den Bergen Waziristans.

Gleichzeitig mit den militärischen Operationen ließ Musharraf seine Polizisten ausschwärmen, um alle jene einzufangen, die auch nur den geringsten Verdacht auf sich gezogen hatten. In dieser Zeit wurden die ersten Geschichten über die pakistanischen »Desaparecidos« publik.

Die Verschwundenen

Nachdem ich von Gujrat aus direkt in die Hauptstadt gefahren war, lernte ich am Morgen meiner Ankunft den Anwalt Mohammed Ikram kennen. Er marschierte mit einem Dutzend anderer Demonstranten über die Allee, die zum Präsidentenpalast führt. Diese Allee dient den Machthabern Pakistans dazu, ihre Militärparaden abzuhalten. An manchen Stellen haben die Reifen schwerer Militärfahrzeuge tiefe Spuren im Asphalt hinterlassen. Ein paar Hundert Meter vor dem Präsidentenpalast sind auf einer Seite der Allee Tribünen aus Stein aufgebaut, die sehr breiten Treppen gleichen. Hier nehmen die Militärs die Paraden ab. Ich erinnerte mich an Fernsehbilder, die Musharraf in blinkender Uniform unter einem Baldachin zeigen, flankiert von seinen Untergebenen. Er blickt mit grimmiger Miene auf die Soldaten, die in perfekter Formation aufmarschieren, auf die Kanonen, die Panzer und die Raketen, auf die Pakistan so stolz ist. Es ist ein eindrucksvolles, ein einschüchterndes Bild.

Die Demonstranten wirkten mitten auf dieser Allee militärischer Macht wie ein verlorener Haufen, der sich für eine hoffnungslose Sache einsetzte. Sie forderten Auskunft über ihre Angehörigen, die verhaftet und nicht wieder aufgetaucht waren. Eine leichte Brise reichte, um ihre Slogans zu verwehen, unhörbar für die Passanten, die ohnehin kaum Interesse zeigten. Die wenigen Transparente hingen schlaff an den Stöcken herunter. In den Pausen zwischen den hinausgeschrienen Parolen hörte man das schlurfende Geräusch der Schuhe, die über den Asphalt streiften. Die Demonstranten waren offensichtlich müde. Die Polizisten am Straßenrand, die dazu abgeordnet waren, die Demonstration zu überwachen, betrachteten gelangweilt den vorbeiziehenden, traurigen Zug. Wer konnte ahnen, dass dies die ersten Vorboten eines politischen Erdbebens waren.

Der Anwalt Mohammed Ikram sah alles andere als bedrohlich aus. Er war ein kleiner, rundlicher Mann, gekleidet in einen schwarzen Anzug und ein weißes Hemd mit schwarzer Krawatte, der sich in etwas bombastischer Manier vorstellte, sodass ich erst einmal dachte, ich hätte es mit einem Schwätzer zu tun. Ich war misstrauisch. Das Aussehen der Demonstranten trug nicht dazu bei, dass sich das änderte. Die Frauen, es waren in der Mehrheit

Frauen, waren tief verschleiert und die wenigen Männer trugen schwarze Bärte. Ich musste mir mit einer gewissen Scham eingestehen, dass die Bilderflut, die seit dem 11. September über den Medienkonsumenten hereingebrochen war, auch bei mir selbst nicht ohne Folgen geblieben war. Demonstrierende Frauen, die bis auf die Augen verschleiert waren, brachte ich nicht auf Anhieb mit der Forderung nach Einhaltung der Menschenrechte zusammen. Das gelang mir erst im zweiten Anlauf, und ich machte dafür auch die Propaganda unserer eigenen Medien verantwortlich, ihre Gewohnheit, bedrohliche Botschaften mit immer wieder denselben Bildern zu verbinden – Islam und Terror verschmelzen miteinander, Gewalt und Schleier, Bombe und Bart werden zu Synonymen, auch wenn man sich dagegen wehrt. Despoten wie Pervez Musharraf machten sich diese nach dem 11. September erzeugten Bilder zunutze. Ich stellte mir vor, wie der General in dem wenige Hundert Meter entfernten Präsidentenpalast ein Fernglas zur Hand nahm und das verlorene Häuflein betrachtete. Wie er befriedigt das leichte Zurückzucken des westlichen Journalisten registrierte, als dieser sich den verschleierten Frauen näherte, um mit ihnen zu reden. Und ich stellte mir vor, wie der General das Fernglas absetzte und zu sich selbst sagte: Wer wird diesen Verrückten schon Glauben schenken!, und wie er sich dann mit einem Lächeln auf den Lippen wichtigeren, ernsteren Dingen zuwandte.

Die Geschichten, welche die Demonstranten erzählten, hatten etwas Unwirkliches, denn sie handelten von spurlos Verschwundenen, von Menschen, die nachts abgeholt wurden und nicht wieder nach Hause kamen, von unbekannten Anrufern, die Drohungen ausstießen, von Gerüchten über Misshandlungen, Folter und Hinrichtungen. »Schätzungsweise 2000 pakistanische Bürger sind verhaftet worden und nicht wieder aufgetaucht!«, sagte Mohammed Ikram, während er sich in dem Demonstrationszug zurückfallen ließ. Er hatte, wie er mir etwas später gestand, Schmerzen in den Beinen.

»Die Behörden weigern sich, über ihren Verbleib Auskunft zu geben. Sie erheben nicht einmal Anklage. Die Menschen sind einfach weg. Das war's. Reden Sie mit den Leuten. Fragen Sie!«
Er nahm mich am Arm und schob mich mitten in die Menschenmenge hinein. Ein Frau drehte sich zu mir um und begann, ohne dass ich gefragt hätte, mir folgende Geschichte zu erzählen.

»Mein Mann heißt Major Qauz Khan. Wir leben in Islamabad und haben zwei Kinder. Am Abend des 1. März 2003 packten wir die Koffer, um in Urlaub zu fahren. Da erreichte ihn ein Anruf seiner Dienststelle. Er musste zurück in die Kaserne. Ich habe ihn seither nicht wiedergesehen. Als ich bei der Dienststelle nachfragte, verweigerte man mir die Auskunft. Ich nahm einen Anwalt, der beim Richter einen Nachforschungsantrag über den Verbleib meines Mannes stellte. Der Richter nahm den Antrag an, blieb aber untätig. Ich weiß nicht, wo mein Mann ist, warum er verhaftet wurde und wessen er beschuldigt wird. Ich dachte schon, er sei tot. Da erreichte mich letzte Woche ein Anruf. Mein Mann war am Telefon. Ich weinte. Ich stellte ihm viele Fragen, aber er sagte nur: ›Darüber darf ich nicht reden. Es geht mir gut. Mach dir keine Sorgen! Ich rufe dich wieder an, wenn ich darf. Alles wird in Ordnung kommen.‹ Dann legte er auf. Seither lebe ich mit der Ungewissheit und mit der Angst. Meine beiden Kinder weinen jede Nacht und fragen mich nach dem Verbleib ihres Vaters. Was soll ich ihnen bloß sagen?«

Das Erstaunliche an dieser Geschichte war, dass es sich bei dem Verschwundenen um einen Offizier der pakistanischen Armee handelte. Offensichtlich gab es in der Armee eine Säuberungswelle. Der Anwalt Mohammed Ikram behauptete, dass 1000 Soldaten und 500 Offiziere verhaftet worden seien, die in den meisten Fällen ohne Anklage an einem unbekannten Ort festgehalten würden. Major Qauz Khan und andere inhaftierte Offiziere waren tief religiös, das jedenfalls ließ sich nach dem Gespräch mit seiner Frau sagen. Das reichte offensichtlich, um sie einzusperren. Wehrte sich Musharraf mit diesen Mitteln gegen eine schleichende Islamisierung der Armee? Und wenn es so war, wie hielt es der Westen damit? Tolerierte man Musharrafs Säuberungen insgeheim, weil man nichts so sehr fürchtete wie einen Putsch islamistisch gesinnter Offiziere?

Die pakistanische Bombe

Pakistan hat den Ruf, der gefährlichste Staat der Welt zu sein, weil hier eine weltweit einmalige Kombination zu finden ist: Atomwaffen plus radikale Islamisten. Das bereitet vielen Politikern im Westen, und nicht nur ihnen, schlaflose Nächte. Dass ein fanatischer Islamist die Hand an die Atomwaffen legen könnte, ist das Albtraumszenario. Die pakistanischen Militärs betonen immer wieder, dass dies nicht geschehen könnte. Die Atomwaffen seien sicher. Doch darauf will man nicht recht vertrauen. Die amerikanischen Präsidenten Bill Clinton und George W. Bush haben beide die Möglichkeit prüfen lassen, wie man im Ernstfall das pakistanische Atomwaffenarsenal unschädlich machen könnte. Das ist nicht wirklich beruhigend. Dabei könnte der Ernstfall schon eingetreten sein – allerdings anders, als man sich das gemeinhin erwartet.

Im Januar 2004 gab der Atomwissenschaftler Abdul Qadir Khan zu, jahrelang in einen globalen Schmuggel nuklearer Waffentechnologie verwickelt gewesen zu sein. Er hatte die für die Herstellung von angereichertem, waffenfähigem Uran notwendigen Gaszentrifugen nach Nordkorea und in den Iran geliefert, außerdem war er noch mit Libyen im Geschäft. Khan flog auf, als sich

Libyen dazu entschloss, das eigene Programm einzustellen und über seine geheimen Aktivitäten die Internationale Atomenergiebehörde (IAEA) in Wien zu unterrichten. Khan war drauf und dran, einen kompletten Bauplan zur Herstellung von Atomwaffen für 100 Millionen Dollar an Libyen zu verkaufen. Mohammed el Baradei, der Leiter der IAEA, sprach entsetzt von einem »internationalen nuklearen Schwarzmarkt«.
A. Q. Khan, wie er gerne genannt wird, war nicht irgendwer. Er war der Vater der pakistanischen Atombombe. Der pakistanische Premierminister Zulfikar Ali Bhutto, der Vater von Benazir Bhutto, hatte 1972 offiziell das Atomprogramm lanciert. Er hatte aber schon als Energieminister in den Sechzigerjahren über die Entwicklung der Bombe gesprochen. In seiner Autobiografie aus dem Jahr 1967 steht zu lesen: »Alle Kriege unseres Zeitalters sind totale Kriege. Deshalb sollten unsere Pläne auch die nukleare Abschreckungswaffe entwickeln.« Es sollte noch fast 30 Jahre dauern, bis es so weit war. Die Pakistaner zündeten am 28. Mai 1998 ihre erste Bombe. A. Q. Khan hatte entscheidenden Anteil an deren Entwicklung. Er war 1976 aus Europa zurückgekehrt, wo er Metallurgie studiert und bei dem europäischen Urananreicherungskonsortium URENCO in den Niederlanden gearbeitet hatte. 1974 führte Indien seinen ersten Nukleartest durch. Im selben Jahr begann Pakistan sein eigenes Urananreicherungsprogramm. Den entscheidenden Schub bekamen die Pakistaner durch das Wissen A. Q. Khans. Er brachte geheime Unterlagen über die Entwicklung von nuklearem Material mit, die er bei URENCO gestohlen hatte. Die Regierung machte ihn zum Chef des staatlichen Nuklearprogramms und versorgte ihn mit allem, was er verlangte. Die Explosion der ersten pakistanischen Bomben in den Wüsten von Balutschistan machte A. Q. Khan zu einem nationalen Helden. Die Menschen verehrten ihn wie einen Erlöser. Tatsächlich hatte A. Q. Khan die Pakistaner von der Angst erlöst,

Indien könne ihre Heimat in Stücke reißen. In dem strahlenden Licht, in dem A. Q. Khan sich präsentierte, blieben seine dunklen Geschäfte entweder unentdeckt oder sie wurden von den Militärs insgeheim toleriert. Bis heute lässt sich das nicht abschließend sagen. Es ist jedoch sehr unwahrscheinlich, dass das Militär von A. Q. Khans weitverzweigtem Schwarzmarkthandel nichts wusste. Wenige Wochen nachdem der Skandal aufgeflogen war, trat Pervez Musharraf gemeinsam mit A. Q. Khan im Fernsehen auf. Musharraf trug Kampfuniform. Er saß auf einem Stuhl, aufrecht, steif, sein Gesicht war ernst. Zu seiner Rechten, auf einem Sofa, saß A. Q. Khan. Er beugte sich zu Musharraf hin und redete. Es sah aus, als legte er eine Beichte ab, und genau so war diese Fernsehinszenierung auch gedacht. Musharraf begnadigte A. Q. Khan. Er zog den Helden der Nation aber aus dem Verkehr, indem er ihn unter Hausarrest stellte. Dort sitzt er bis heute, abgeschnitten von der Welt. Die Pakistaner verweigern amerikanischen wie auch den IAEA-Ermittlern jeden Zugang zu A. Q. Khan. Sie bestehen darauf, dass nur sie selbst ihn verhören dürfen und dass sie allein entscheiden, welche Informationen sie weitergeben und welche nicht. Das nährt den Verdacht, dass das pakistanische Militär weit mehr über Khans Aktivitäten wusste, als es zugibt. Sie sperrten Khan vermutlich weg, weil er zu viel weiß – er ist ein gefährlicher Geheimnisträger.

Sicher ist, dass A. Q. Khan allen Bemühungen, die Verbreitung von Kernwaffentechnologie zu verhindern, einen schweren Schlag versetzt hat. Als wäre das nicht schon alarmierend genug, stellte sich im Zuge der Ermittlungen heraus, dass A. Q. Khans schwunghafter Handel keinen Unterschied zwischen staatlichen und nichtstaatlichen Kunden machte. Wer immer Interesse zeigte, der konnte offensichtlich Kontakt aufnehmen und wurde vermutlich auch bedient. Im August 2001 fuhren Sultan Bashiruddin

Machmud und Abdul Majeed aus Pakistan nach Afghanistan. Sie trafen sich in Kandahar mit Osama bin Laden und Ayman al Zawahiri. Die Männer konferierten drei Tage lang im Hauptquartier von Al-Qaida. Über den Inhalt der Gespräche ist nichts Sicheres bekannt, doch kann man annehmen, dass über Atomwaffen und deren Beschaffung geredet wurde. Sultan Bashiruddin Machmud ist ein Experte für die Anreicherung von Uran. Abdul Majeed arbeitete eng mit A. Q. Khan zusammen, außerdem stand er Al-Qaida ideologisch nahe. Er war Mitglied der radikalen Organisation *Harakat ul-Mudschaheddin*, der *Bewegung der Glaubenskrieger*.

Ob A. Q. Khan über Mittelsmänner mit Osama bin Laden ins Geschäft kommen wollte? Wenn ja, aus welchem Grunde? Aus Geldgier oder aus einer islamistischen Überzeugung heraus? A. Q. Khan kennt die Antworten, aber er ist mit seinen Geheimnissen in seiner Villa in Islamabad lebendig begraben.

Vermutlich ging es bei den Gesprächen zwischen Al-Qaida und den beiden Atomwissenschaftlern um die Abklärung der Möglichkeiten, sich eine Waffe mit großer Vernichtungskraft zu besorgen. Wahrscheinlich wurde eine Atombombe bald schon ausgeschlossen, denn sie ist schwer zu beschaffen und schwer ans Ziel zu bringen, vor allem aber gibt es einen besseren Weg, mit einer nuklearen Waffe Terror zu verbreiten: die schmutzige Bombe. Dabei wird mit konventionellem Sprengstoff radioaktives Material in die Umgebung verteilt. Schmutzige Bomben sind relativ einfach zu bauen, sofern man über radioaktives Material verfügt. Diese Bombe zählt nicht zu den Massenvernichtungswaffen, weil sie nicht den massenhaften Tod von Menschen zur Folge hat. Ihre Wirkung kann trotzdem verheerend sein. Explodiert sie, ist ein ganzes Gebiet auf Dauer kontaminiert. Das kann eine Panik mit unabsehbaren Folgen auslösen.

Im Herzen der mächtigsten Institution

Pakistan und die Bombe, Pakistan und sein Wissen um die Nukleartechnologie – das ist eine Geschichte, die einem das Fürchten lehren kann. Ich fuhr von Islamabad in das knapp 20 Kilometer entfernte Rawalpindi, um General Mirza Aslam Beg zu treffen. Er war zwischen 1988 und 1991 Generalstabschef der pakistanischen Armee gewesen und bekannt für seine Meinung, dass die nukleare *Proliferation*, einem natürlichen Prozess ganz ähnlich, nicht aufzuhalten sei. General Aslam Beg folgte dem Diktator Zia ul Haq, der 1988 bei einem Flugzeugabsturz ums Leben gekommen war, in das Amt des Generalstabschefs. Er ließ unmittelbar nach seinem Amtsantritt Wahlen vorbereiten, die ersten freien Wahlen seit 1977. Dabei wurde Benazir Bhutto zum ersten Mal in das Amt des Ministerpräsidenten (1988–1990) gewählt, sie sollte dieses Amt in den Neunzigerjahren (1993–1996) ein zweites Mal gewinnen. General Aslam Begs Bereitschaft, die Demokratisierung einzuleiten, schien eines der wenigen guten Dinge zu sein, die sich aus westlicher Sicht über ihn sagen ließen. Gemeinhin galt er als ein Hardliner, ein überzeugter Islamist, der dem Westen tief misstraute. Er warf den Amerikanern und Europäern vor, seit Jahren nukleare Proliferation zu betreiben, weil sie ihre nuklearen Sprengsätze in nichtnuklearen Staaten wie etwa Deutschland stationierten. Das nannte er in sonderbarer Begrifflichkeit »aufgeklärte Proliferation«, während er die Aktivitäten Pakistans als »unschuldige Proliferation« bezeichnete. Als A.Q. Khan aufflog, geriet auch General Aslam Beg ins Zwielicht. Man verdächtigte ihn, A.Q. Khans Aktivitäten gefördert zu haben. In Zeitungsinterviews auf diesen Vorwurf angesprochen, antwortete General Aslam Beg kühl: »Wenn das stimmt, warum bin ich dann nicht verhaftet worden?«
Die britischen Kolonialherren hatten in Rawalpindi das größte

Militärlager des Subkontinents errichtet. Es war strategisch gut platziert, auf dem Weg nach Afghanistan und nach Zentralasien, von dort nämlich, das fürchteten die Briten, würden eines Tages die russischen Truppen kommen, um sich Indien, die Perle des britischen Kolonialreiches, unter den Nagel zu reißen. In dem sogenannten *Great Game*, das die beiden Imperien Russland und England durch das gesamte 19. Jahrhundert hindurch austrugen, war Rawalpindi ein zentraler Baustein. Heute ist Rawalpindi eine pulsierende, zwei Millionen Einwohner zählende Stadt, die mit jedem vergehenden Jahr näher an das weitaus beschaulichere Islamabad heranrückt. Die Zeit ist absehbar, in der die beiden Städte zusammenwachsen werden. Im sogenannten *Cantonment* Rawalpindis, dem ursprünglichen Militärlager, liegt das Hauptquartier der Armee. Das Herz der mächtigsten Institution Pakistans schlägt hier. Für pensionierte Offiziere gibt es im *Cantonment* komfortable Villen mit großen, gepflegten Gärten. Hier genießen sie ihren Ruhestand oder gehen ihren politischen und kommerziellen Geschäften nach. Rawalpindi ist also durch und durch vom Militär geprägt. Doch ihre Bewohner nennen die Stadt zärtlich Pindi. Das klingt nach einem Ort der Sehnsucht und nicht nach Soldaten, Waffen und Krieg.

General Aslam Beg erwartete mich in einem großen Haus, nicht weit von der Ausfallstraße Richtung Islamabad gelegen. Es war das Hauptquartier der Nichtregierungsorganisation *Friends*, die General Aslam Beg gegründet hatte. Seine Interessen waren sehr breit gestreut, das zeigte schon der Name seiner NGO. *Friends* steht für: »Foundation for Research on International Environment, National Development, and Security« – das ist der vermutlich längste Name einer NGO auf dem Subkontinent. Im Vorraum wartete eine Reihe von Männern, die meisten Journalisten. General Aslam Beg war ein gefragter Mann und er sah sich selbst gerne in den Medien. Unter den Wartenden war ein ägyp-

tischer Journalist einer großen Tageszeitung. Er sprach mich an.
»Sind Sie auch wegen der Proliferation da?«
Ich nickte. »Ja, natürlich!«
»Ich denke, der Westen hatte eine doppelte Moral.«
»Ja, das kann sein …« Ich wollte gar nicht weiterreden, weil die Hitze in dem Raum so groß war, dass sie einem die Luft zum Atmen nahm.
»Sehen Sie Israel! Die Israelis haben die Bombe, das wissen wir alle … Und keiner kümmert sich darum. Und wie haben die Israelis die Bombe bekommen?! Durch illegale Proliferation. Anders geht es doch gar nicht!«
»Ja, ja das sehe ich ein …«
»Und überhaupt: Die USA, die führen sich wieder einmal als Weltenrichter auf. Sie bestimmen, was Recht ist und was Unrecht. Sie setzen die Standards. Heute klagen sie Pakistan an, und morgen? Die USA sind das wahre Problem, ich sag's Ihnen: die USA.«
Der Ägypter war nicht zu bremsen. Er redete ununterbrochen. Ich versank in einen Zustand der Apathie. Seine Worte drangen wie ein fernes Gemurmel zu mir: Imperium, doppelte Moral, Juden, Israel, Eroberung, Weltherrschaft, Hegemon, Hyperpower, Kapitalismus, Gier, Erdöl. Ich verbarg meine Passivität gar nicht. Das schien dem Ägypter nichts auszumachen, er sprach wie ein Automat, der gegenüber den Reaktionen seiner Umwelt unempfindlich war. Mit der Zeit fühlte ich mich völlig wehrlos gegenüber diesem anschwellenden Klagegesang. Dieser Mann wollte gar nicht diskutieren, er wollte mich niederkämpfen, dabei lag ich schon nach wenigen Minuten erschöpft am Boden, niedergeworfen von diesem Schwall an Vorwürfen.
Irgendwann fragte er mich: »Sie haben also auch ein Interview mit dem General?!«
Ich bejahte.

»Da haben Sie einen richtig guten Gesprächspartner. Einen, der sich auskennt, einen, der sich traut zu sagen, wie die Lage wirklich ist. Heute tanzen ja alle nach der Pfeife der Amerikaner. Ich habe ihn schon einmal interviewt! Er war wunderbar!«
Als hätten die Assistenten des Generals nur auf diese einleitenden Worte des Ägypters gewartet, riefen sie mich in das Zimmer. Der General habe jetzt Zeit, 15 Minuten.
General Aslam Beg saß hinter einem riesigen Schreibtisch und hinter ihm, an der Wand, hing eine große Landkarte des Nahen und Mittleren Ostens. Indien, Pakistan, Afghanistan, Iran, Irak, Türkei. Ich hatte eine so große Landkarte in meinem Leben noch nicht gesehen.
Der General erhob sich und begrüßte mich steif. Er war von kleiner Körpergröße. Sein Gesicht hatte etwas Maskenhaftes. Er setzte sich und erwartete schweigend meine Fragen.
»Proliferation …«, kaum war das Stichwort aufgetaucht, unterbrach mich der General.
»Sie werden doch nicht glauben, dass nur Pakistan proliferiert hat?!«
Ich glaubte das nicht. Aber ich war nun mal in Pakistan und es ging um Pakistan.
»Herr General, man hört die Auffassung, dass Sie zumindest ideologisch die Proliferation rechtfertigen?«
»Was meinen Sie mit ideologisch?«
»Das heißt, dass Sie der Meinung sind, auch andere muslimische Länder sollen die Bombe haben, zum Beispiel der Iran?«
Der General stand von seinem Schreibtisch auf und nahm einen Stab in die Hand, wie ihn Militärs bei Lagebesprechungen verwenden. Er wies auf die Karte: Afghanistan, Irak, Iran, Pakistan.
»Die Amerikaner intervenieren in der muslimischen Welt, in der einen oder anderen Weise. Wir brauchen ein muslimisches Gegengewicht!«

Das war der Traum des Generals, eine quasi umgekehrte Dominotheorie. Ein Stein erhob sich und dann folgten alle anderen. Der erste Stein sollte Pakistan sein. Es war nach Auffassung des Generals der stärkste dieser Staaten, da er über die Bombe verfügte. Eine Wand aus Dominosteinen sollte sich errichten, mit Pakistan als zentralem Abwehrschild.

Geostrategische Tiefe

Der General arbeitete schon ein Leben lang an dieser muslimischen Koalition. Er hatte auch die Taliban aktiv gefördert. Er teilte nicht etwa deren steinzeitliche Ideen über die Scharia, doch hatten sie den Bürgerkrieg in Afghanistan beendet und das Land stabilisiert. Das war für die pakistanische Generalität von großer Bedeutung. Denn das Denken der Generäle konzentrierte sich auf den übermächtigen Erzfeind Indien. Sie wollten alle ihre Energien auf den übermächtigen Erzfeind richten. Die beiden Länder hatten seit der Unabhängigkeit drei Kriege miteinander geführt (1947–1948, 1965, 1971). Der Zankapfel war jedes Mal die Region Kaschmir. Doch dahinter verbarg sich ein existenzieller Konflikt. Pakistan war und ist ein unsicheres Gebilde, mit unbestimmten Grenzen im Osten wie auch im Westen, und mit einem riesenhaften Nachbarn, der oft den Eindruck erweckte, die schiere Existenz des Staates Pakistan nicht akzeptieren zu wollen. Die Tatsache, dass die größten Industrien des Landes, seine fruchtbarsten landwirtschaftlichen Flächen und die bedeutendsten Städte in unmittelbarer Nähe zur indischen Grenze liegen, machte Pakistan äußerst verwundbar. In militärischem Jargon ausgedrückt: Es fehlte an strategischer Tiefe. Auf diesen Mangel reagierten Pakistans Generäle auf zweierlei Weise. Sie entwickelten die Atombombe, um sich vom Territorium relativ unabhängig zu machen, und sie versuchten im Westen Ruhe zu haben, um die Kräfte auf die östlichen Grenzen konzentrieren zu können. Pakistan brauchte aus dieser Überlegung heraus ein stabiles Afghanistan mit einer befreundeten Regierung. General Mirza Aslam Beg hatte dafür den Begriff »geostrategische Tiefe« geprägt. Das pakistanische militärpolitische Establishment unterstützte daher die Taliban. Sie garantierten scheinbar, was Pakistan suchte.

Das Interview mit General Aslam Beg war nach der ersten Frage bereits zu Ende. Der General gab seine geopolitischen Überzeugungen von sich und entließ mich, ohne dass ich die Chance gehabt hätte, ihn zu unterbrechen. Wie der ägyptische Journalist, der mich im Warteraum niedergewalzt hatte, hatte auch der General etwas unerbittlich Automatenhaftes an sich. Er wirkte wie ein ferngesteuerter Roboter, wobei ich mich fragte, wo das Fernsteuerungszentrum lag. Vermutlich war es der Koran, denn General Aslam Beg zitierte mehrmals daraus, während er mir seine Ansichten auseinandersetzte. Jeder militärpolitische Gedanke stand bei ihm auf einem religiös verbrämten Fundament.

General Aslam Beg stand auf, schüttelte mir die Hand, in seinem maskenhaften Gesicht bewegte sich etwas. Dann wandte er sich schon wieder anderen Dingen zu, Papieren, die auf seinem Schreibtisch lagen, Akten, Karten, Bauplänen, Umfragen. Wenn ich nur etwas davon hätte einsehen können, wäre es mir möglich gewesen, das dichte, engmaschige Netz des informellen pakistanischen Machtapparates zu erkennen, in das General Aslam Beg eingewebt war. Ich hätte etwas mehr erfahren können über seinen Einfluss und sein Wirken. Doch das blieb mir verwehrt. Der Assistent des Generals, der die ganze Zeit in einer Ecke des riesigen Büros gewartet hatte, stand bereits neben mir und flüsterte: »Bitte, kommen Sie! Das Interview ist zu Ende. Bitte!« Er hakte sich bei mir ein und schob mich sanft, aber bestimmt Richtung Tür. Ich trat hinaus in die schwüle Hitze Rawalpindis.

Ich war unzufrieden mit mir. Der General hatte mich abgefertigt wie einen Untergebenen. Ich war für ihn Tonband, und ich ließ es geschehen. Dabei hätte ich ihn noch vieles fragen wollen, vor allem aber nach Kaschmir, das Wort war in dem Monolog des Generals mehrmals gefallen. Es musste fallen, denn man kann nicht über Pakistan sprechen, ohne Kaschmir zu erwähnen. Es taucht immer wieder auf wie ein böses Zauberwort, das alle Übel Pakistans erklärt. Warum bringt Pakistan so viele islamistische Kämpfer hervor? Warum hat Pakistan eine so große Armee? Warum verbraucht sie zwei Fünftel des Staatshaushaltes? Warum kriegt sie immer neue, modernere, teurere Waffen? Und warum kann dieses Geld nicht für Schulen und Universitäten, für den Bau von Straßen, Brücken und Dämmen ausgegeben werden? Kaschmir, alles wegen Kaschmir. Es ist die Wunde, die nicht verheilt.

Nur ein paar Kilometer von General Aslam Begs Büro entfernt arbeitet ein Mann, der die tragische jüngere Geschichte Kaschmirs verkörpert wie kaum ein anderer: Amanullah Khan, der Vorsitzende der *Jammu and Kaschmir Liberation Front* (JKLF). Er sitzt in einem engen, schmalen Büro im dritten Stock eines wackeligen Hauses, das an einer viel befahrenen Straße Rawalpindis liegt. Ein älterer Mann mit einem Gesicht, in dem sich Schmerzen und eiserner Wille gleichermaßen spiegeln. Amanullah Khan ist einer der historischen Führer der kaschmirischen Befreiungsbewegung. Sein Schicksal zeigt, wie ein ursprünglich politischer Konflikt zu einem religiösen wurde, wie Befreiungskrieger von Religionskriegern verdrängt wurden.

Alles wegen Kaschmir

Als die Briten 1947 Indien in die Freiheit entließen, teilten sie kurz vor ihrem Abzug den Subkontinent auf. Die Teile mit muslimischer Mehrheit wurden unter dem Namen Pakistan in einen neuen Staat zusammengefasst, die Teile mit einer hinduistischen Bevölkerungsmehrheit in den Bundesstaat Indien. Kaschmir war ein Sonderfall. Der Fürst von Kaschmir, Hari Sing, war Hindu, aber seine Untertanen waren in ihrer großen Mehrheit Muslime. Hari Sing strebte die Unabhängigkeit seines Fürstentums an, aber als pakistanische Freischärler 1947 in Kaschmir eindrangen, sah er sich gezwungen, Indien um Beistand zu bitten. Die indische Armee reagierte prompt. Luftlandetruppen besetzten umgehend einen Großteil Kaschmirs. Daraus entwickelte sich der erste Krieg zwischen Pakistan und Indien. Erst nach heftigem internationalen Druck kam es zu einem durch die Vereinten Nationen vermittelten Waffenstillstand. Die *Line of Control* (LoC) wurde gezogen, eine vorläufige Grenze. Zwischen 1948 und 1949 verabschiedete der UN-Sicherheitsrat insgesamt drei Resolutionen zu Kaschmir. Wem sollte die zwölf Millionen Einwohner zählende Region gehören, Indien oder Pakistan? Die UNO unterbreitete den Kontrahenten in ihren Resolutionen folgenden Lösungsvorschlag: »Wir empfehlen ein Referendum in Kaschmir. Die Bewohner sollen selbst über ihre Zukunft entscheiden!« Dieses Referendum hat nie stattgefunden.

Die Inder behaupteten, dass die Kaschmiri durch die Tatsache, dass sie an indischen Wahlen teilnahmen, sich zu Indien bekannt hätten. Eine Abstimmung über die Zugehörigkeit Kaschmirs sei daher nicht notwendig. Die Pakistaner beharrten hingegen darauf. Das Ergebnis war Stillstand. Die Kaschmiri fügten sich in diese Lage, so gut es ging. Das war nicht einfach, denn Neu-Delhi tat wenig für die Kaschmiri. Die Zentralregierung zeigte kein Verständnis für die besonderen Bedürfnisse der muslimischen Kaschmiri. Im Laufe der Jahre vertiefte sich zwischen Neu-Delhi und den Kaschmiri der Graben langsam, aber stetig. Als die indischen Behörden 1987 Regionalwahlen massiv fälschten, brach ein separatistischer Aufstand los. Amanullah Khan gründete eine der ersten Gruppen, die den bewaffneten Kampf gegen die indische Armee aufnahmen, die JKLF.

»Wir hatten alle friedlichen Möglichkeiten ausgeschöpft, um unser Recht zu erreichen. Was sonst sollten wir tun?«

Das Recht, das er meint, ist eine Volksabstimmung über Kaschmir, wie sie die UNO-Resolution vorgeschlagen hatte. Die JKLF blieb lange Zeit die Gruppe mit dem größten Rückhalt in der Bevölkerung. Anfang bis Mitte der Neunzigerjahre hatte sie angeblich 10 000 Rebellen unter Waffen. Sie war damit die größte unter den Dutzenden Rebellengruppen Kaschmirs.

Es gelang mir nicht, mir diesen Amanullah Khan als gefürchteten, blutrünstigen Rebellenführer vorzustellen. Er sprach ein geschliffenes Englisch und wirkte alles in allem wie ein erfahrener Politiker, der es verstand, Kompromisse zu schließen und Ausgleich herzustellen. Wahrscheinlich war er selbst nicht in Kampfhandlungen verwickelt gewesen, denn er hatte viele Jahre im Exil verbracht. Amanullah lebte in London, wo er in der kaschmirischen Diaspora mit großem Erfolg für die Sache der JKLF warb. Er fuhr nach New York, nach Paris, nach Bonn, nach Brüssel, nach Sydney, wo immer er offene Ohren für sein Anliegen vermutete. Für Indien war er ein Terrorist, ein Mann, der angeblich an mehreren Morden beteiligt war. In London hatte man ihm den Prozess gemacht. Die Anklage: Planung terroristischer Attentate. Er wurde freigesprochen. Trotzdem schob ihn die britische Regierung nach Pakistan ab, wo man ihn duldete.

Aus der vielschichtigen, komplexen Szene der Befreiungsbewegung wurden Stimmen laut, wonach Amanullah Khan von den pakistanischen Geheimdiensten gesteuert würde. Pakistan, das war klar, hatte Kaschmir als Gelegenheit erkannt, dem übermächtigen Gegner Indien eine Wunde zu schlagen und sie offen zu halten. Das blutende Kaschmir war Teil der strategischen, präventiven Vorwärtsverteidigung der pakistanischen Generalität. Offiziell behaupteten die Machthaber in Islamabad, dass sie die Befreiungsbewegung in Kaschmir nur moralisch unterstützten. Das, so der Tenor, ist unsere Pflicht gegenüber unseren muslimischen Brüdern. Diese Pflicht allerdings konkretisierte sich in Ausbildung, Bewaffnung und Finanzierung zahlreicher Rebellengruppen. Wenn es das Ziel Pakistans war, Indien in Kaschmir zum Bluten zu bringen, dann ist das auf fürchterliche Weise gelungen. Die indische Armee reagierte auf die Rebellion mit grausamer Unterdrückung, bis zu 60 000 Menschen sollen bisher ums Leben gekommen sein, aber das sind nur Schätzungen. Die indische Armee stationierte in Kaschmir zeitweise bis zu 700 000 Soldaten. Männer wie Amanullah Khan haben diese ungeheure Ressourcenverschwendung provoziert.

»Hatten Sie Kontakt mit den pakistanischen Diensten?«
»Nein!«
»Sie haben also nicht mit den pakistanischen Behörden zusammengearbeitet?«
»Nein, bestimmt nicht!«

Es war sicher nicht das erste Mal, dass Amanullah Khan diese Fragen gestellt wurden. Dementsprechend routiniert klang seine Antwort. Ich insistierte nicht weiter. Es kam mir in diesem Augenblick selbstgerecht vor, diesen alternden Mann weiter mit bohrenden Fragen nach der Lauterkeit seines Kampfes zu traktieren. Ich hatte keine Beweise für seine Zusammenarbeit mit dem pakistanischen Geheimdienst, sondern nur Gerüchte aufgeschnappt. Das Milieu, in dem sich Amanullah Khan seit Jahrzehnten bewegte, war geprägt von Intrigen, Morden, Geiselnahmen und Entführungen. Es herrschten die Gesetze des Untergrunds, der Konspiration, der gnadenlosen, tödlichen Konkurrenz und des zynischen Gebrauchs von Menschen und ihren Idealen. Amanullah Khan war bestimmt kein harmloser Mann, doch sah ich ihn im Lichte des Aufstiegs der Dschihadisten, der Gotteskrieger.

Kaum waren die Sowjets im Jahr 1989 geschlagen aus Afghanistan abgezogen, suchten die Dschihadisten ein neues Betätigungsfeld und fanden es in Kaschmir. Wie schon beim Dschihad in Afghanistan spielte der Geheimdienst ISI eine Schlüsselrolle. Die Dschihadisten waren ein nützliches Instrument für die verdeckte, schmutzige Außenpolitik Pakistans. Im Vergleich zu ihnen erschien mir Amanullah Khan geradezu wie ein Vertreter der Aufklärung. Die Position, die er vertritt, dürfte Pakistans Machtapparat nicht gefallen. Das Referendum, für dessen Abhaltung Amanullah Khan kämpft, soll drei Möglichkeiten einschließen: Kaschmir zu Indien; Kaschmir zu Pakistan; Kaschmir unabhängig. Khan selbst ist für die Unabhängigkeit. Diese dritte Option lehnen Indien wie Pakistan vehement ab.

»Die beiden Länder sind sich in allem uneins, nur in diesem einzigen Punkt treffen sie sich: Sie wollen kein unabhängiges Kaschmir!«

Amanullah Khans JKLF verlor angesichts der Konkurrenz mit den Dschihadisten schnell an Gewicht und Bedeutung. Er war sich dessen bewusst und er gab es gerne zu. Doch als er sich von mir verabschiedete, tat er es mit den Worten eines grenzenlos optimistischen Berufsrevolutionärs: »Es ist eigentlich ein Wunder, dass es uns überhaupt noch gibt!«

Der 11. September 2001 brachte auch für die Kaschmirkämpfer eine tief greifende Wende. Pervez Musharraf stellte sich im Kampf gegen den Terror auf die Seite der USA. Er ließ die Taliban fallen und schränkte den Bewegungsspielraum der Dschihadisten in Kaschmir ein. Das Letztere tat er widerwillig, denn Musharraf war noch als Generalstabschef selbst ein Förderer dieser Gruppen gewesen. Er sah in ihnen eine Ressource im immerwährenden Kampf gegen Indien. Das Problem war nur, dass diese Organisationen sehr eng mit den Taliban und mit Al-Qaida verbunden waren – manchmal bis zur Ununterscheidbarkeit. Musharraf konnte sich nicht von den Taliban lossagen, gegen Al-Qaida kämpfen und dabei die Dschihadisten in Kaschmir unbehelligt lassen. Auf heftigen Druck der USA verbot er diese Organisationen.

Die Armee der Reinen

Einige Tage nachdem ich Amanullah Khan in Rawalpindi gesprochen hatte, war ich wieder in der Stadt, um einer Demonstration beizuwohnen. Tausende Menschen waren gekommen. Die Demonstranten verbrannten die US-Flagge und eine Puppe George W. Bushs. Es stank fürchterlich. Die Hitze war unerträglich. Ich war zwischen Menschenleibern eingekeilt, die heiß vor Erregung waren. Ich spürte, wie der Schweiß aus ihren Poren drang. Alles um mich herum schien zu einem kochenden Brei zu verschmelzen. Plötzlich legte sich eine schwere Hand auf meine Schulter. Ich drehte mich um und blickte in ein bärtiges Gesicht. Ein junger Mann von vielleicht 25 Jahren stand vor mir.
»Woher kommen Sie?«, fragte er mich. Ich sagte es ihm.
»Sind Sie Journalist?«
»Ja.«
»Ich möchte Ihnen jemanden vorstellen.«
»Wen denn?«
Ich war misstrauisch.
»Kommen Sie mit, Sie werden schon sehen.«
Der Mann sprach ziemlich gut Englisch. Ich zögerte, obwohl ich

sehr neugierig war. Der Mann löste sich aus der Menschenmenge. Ich folgte ihm. Wir standen auf dem Bürgersteig zwischen dem Demonstrationszug und einer Reihe von Polizisten, die mit Helm, Schild und Stock bewehrt Aufstellung bezogen hatten.
»Wen soll ich treffen?«, insistierte ich. Der Mann beugte sich zu mir und sagte sehr leise: »Jemanden von *Lashkar-e-Taiba*!«
Die »Armee der Reinen« ist eine Terrororganisation mit Sitz in Pakistan. Sie wurde in der Provinz Kunar in Afghanistan gegründet, verlegte den Schwerpunkt ihres Terrors aber sehr bald nach Kaschmir. Ihr erklärtes Ziel ist es, den ganzen Subkontinent unter das islamische Gesetz zu zwingen. *Lashkar-e-Taiba* mangelte es nicht an finanziellem noch an personellem Nachschub. Allein aus den Golfstaaten erhielt sie von der pakistanischen Diaspora rund 7,4 Millionen Dollar jährlich und in Pakistan selbst hatte sie keine Mühe, Kämpfer zu rekrutieren. Eine der Spezialitäten der *Lashkar-e-Taiba* sind Selbstmordattentate. Im Herbst 2001 kämpfte *Lashkar-e-Taiba* auf der Seite der Taliban und Al-Qaida gegen die afghanische Nordallianz, die, von den USA unterstützt, schließlich das Talibanregime stürzte. Pervez Musharraf ließ die Organisation auf Druck der USA 2002 verbieten. Die Gotteskrieger gingen daraufhin in den Untergrund. Es war eine seltene Gelegenheit, einen dieser Terroristen zu treffen. Ich willigte ein, ohne länger nachzudenken.
»Wenn Sie mir die Adresse Ihres Hotels geben, dann hole ich Sie morgen ab. 11 Uhr? Ist das in Ordnung?«
Ich gab ihm die Adresse meines Hotels, dann verabschiedeten wir uns. Der Mann schloss sich wieder dem Demonstrationszug an. Ich verlor ihn schnell aus den Augen. Am nächsten Morgen kam er in Begleitung eines etwas älteren Mannes, der ebenfalls bärtig war und dunkel im Gesicht, in mein Hotel. Die beiden setzten sich. Sie hatten es offenbar nicht eilig. Ich bestellte Tee. Der Ältere stellte sich als Pressesprecher der *Lashkar-e-Taiba* vor. Ich wun-

derte mich, dass eine verbotene Terrororganisation einen Pressesprecher hatte, ganz so, als sei diese Organisation ein legales Unternehmen oder eine Partei.
»Ich denke, Ihre Gruppe ist verboten worden!«
Der Ältere nickte und sagte: »Das stimmt. Aber das wird nicht lange so bleiben. Denn wir kämpfen für die richtige Sache. Die Regierung macht das nur, um die Amerikaner zu beruhigen.«
»Sind Sie sicher?«
»Aber ja doch!«
Er strahlte in der Tat große Zuversicht aus. Das war erstaunlich für einen Mann, der im Untergrund lebte. Oder tat er das nicht? Wie sollte man sich erklären, dass eine verbotene Organisation ihren Pressesprecher mitten am Tag zu einem Journalisten ins Hotel schicken konnte? Bedeutete dies, dass die *Lashkar-e-Taiba* von den Behörden nichts zu fürchten hatte, dass sie insgeheim geduldet wurde?

Ich war mir nicht sicher, ob das nun der Mann war, den ich treffen sollte, oder ob er nur als Türöffner fungierte. Da er so vertraulich, geradezu gesellig auf mich wirkte, fragte ich ihn: »Sind Sie der Mann, den ich treffen sollte?«

»Nein, nein Sie werden einen unserer Kommandanten treffen: Muhammad Yahya Mujahid.« Er legte eine Pause ein, blickte auf die Uhr und sagte dann in plötzlicher Eile: »Es ist Zeit, wir müssen los!«

Wir stiegen in ein klappriges, kleines Auto und rasten in Richtung Rawalpindi. Der Pressesprecher saß vorne und schwieg, während sein Kollege neben ihm das Steuer mit beiden Händen festhielt und konzentriert auf die Straße blicke. Er wirkte nicht wie ein erfahrener Autofahrer. Muhammad Yahya Mujahid erwartete mich in einem Vorort von Rawalpindi. Die Straße dorthin war nicht geteert. Staub wirbelte auf. Riesige schwarze Bullen standen am Straßenrand. Ein Junge schlug ihnen mit einem langen Stock

auf den Rücken. Die Tiere setzten sich schwerfällig in Bewegung. Schulmädchen gingen über ein Feld. Sie sprangen über Steine, wichen Müllhaufen aus und achteten darauf, dass sich ihre Kleider nicht in den vielen getrockneten Sträuchern verfingen. Sie strebten einer Reihe von ärmlichen Hütten zu, die auf der anderen Seite des Feldes lagen. Wir hielten vor einer Teestube an. Der Pressesprecher sagte mir, ich solle alleine hineingehen, sie würden aus Sicherheitsgründen gleich weiterfahren.
»Er wird Sie schon erkennen, das ist ja nicht schwer!«
Das Licht in der Teestube war schummrig, obwohl draußen die Sonne schien. In einer Ecke brannten Holzscheite an einer offenen Feuerstelle. Ein Mann in einem beschmutzten *shalwar kamiz* wusch Gläser. Die wenigen Gäste blickten auf, als ich eintrat. Ich schaute mich um. Mir fiel ein Mann auf, der alleine an der Wand saß, neben einem Fenster, das mit Pappkarton abgedeckt war. Er stand auf, als ich auf ihn zuging, und begrüßte mich freundlich. Es war Muhammad Yahya Mujahid.
Ich stellte mich vor und bedankte mich für die Bereitschaft, mich zu treffen. Er lächelte nur.
»Bitte setzen Sie sich!«
Muhammad Yahya Mujahid trug einen Bart, der ihm bis auf die Brust reichte. Er blickte mich mit durchdringenden Augen an, um seine Lippen spielte ein überlegenes Lächeln.
»Sie wollen über Kaschmir reden?«
Ich nickte.
Mujahid rief den Kellner und bestellte Tee. Ich schwieg und wartete darauf, dass er anfing zu sprechen.
»Wissen Sie, was die indischen Truppen in Kaschmir anrichten?«
Ich hatte die Berichte der Menschenrechtsorganisation *Amnesty International* gelesen, es war eine erschütternde Lektüre. Ein Satz kam mir in Erinnerung: »Wie provozierend die Aktionen der

Militanten auch sind, die Exzesse der indischen Armee können damit nicht gerechtfertigt werden.« *Amnesty International* hatte sehr detailliert die Verfehlungen beider Seiten aufgeführt.

»Ich kenne die Berichte …«

»Berichte!«, unterbrach mich Mujahid, »aber die Wirklichkeit kennen Sie nicht!«

Danach stürzte er sich in eine lange Schilderung der von indischen Truppen begangenen Grausamkeiten. Dabei verriet er – wie mir schien – eine gewisse Lust am grausamen Detail. Er beendete seine Ausführungen mit dem Satz: »Sollten wir etwa dabei zuschauen, wie die Kaschmiri auf diese Weise unterdrückt werden!«

»Nein, zuschauen nicht, aber vielleicht hätten Sie nicht mit Terror antworten müssen?«

»Terror? Was meinen Sie mit Terror?«

»Ich meine damit das vorsätzliche Töten von Zivilisten.«

»Wir zielen nicht auf Zivilisten!«

Ich ließ seine Antwort unwidersprochen, denn ich wusste, dass uns sonst eine lange, fruchtlose Debatte bevorstehen würde. Warum sollte ich mit ihm diskutieren? Ich konnte kein Entgegenkommen erwarten, auch keine Einsicht, schließlich war dies ein Mann, der seine Überzeugungen mit Blut geschrieben hatte. Ich war gekommen, um zu verstehen, was und wie er dachte, und nicht, um ihn zu bekehren. Seine Stimme blieb weich, während er mir erklärte, dass seine Gruppe das erste Selbstmordattentat in Kaschmir durchgeführt hatte.

»Wir haben diese Strategie in Kaschmir 1999 eingeführt. Es war ein voller Erfolg!«

»Was meinen Sie mit Erfolg?«

»Selbstmordattentate sind sehr effektiv. Sie zerstören ihr Ziel zu 100 Prozent. Inzwischen sind ein Viertel unserer Attentate Selbstmordattentate!«

Er war sichtlich stolz darauf. Entgegen meiner Entscheidung, mit diesem Mann nicht zu diskutieren, fing ich doch damit an.
»Aber was haben Sie damit erreicht. Die Repression ist noch größer geworden. Die Menschen in Kaschmir leiden noch mehr.«
Er lächelte.
»Sie verstehen nicht, worum es geht. Wir haben erreicht, dass kein Soldat der indischen Armee ruhig schlafen kann!«
»Und? Hat sich damit das Leben der Menschen verbessert?«
»Es ist der Anfang, der Anfang der Befreiung!«
Die Teestube hatte sich mit Menschen gefüllt. Der Nachmittag ging seinem Ende zu. Mujahid wurde unruhig. Er wollte offensichtlich aufbrechen. Bevor er aufstand, stellte ich ihm noch einmal die Frage, die mich schon die ganze Zeit beschäftigte hatte.
»Muhammad, was halten Sie von Herrn Amanullah Khan?«
Die Antwort kam prompt, freundlich und vernichtend.
»Ich habe Respekt vor ihm. Aber er ist ein Politiker. Wir interessieren uns nicht für Politik!«

3
Der General und die Macht
Allianz des Terrors

Eine Stadt für das Volk?

Als Aziz u Rehman Ende der Sechzigerjahre nach Islamabad zog, drückten ihm Regierungsbeamte am Bahnhof von Rawalpindi die Schlüssel seiner neuen Wohnung in die Hand und wünschten ihm viel Glück, so als begebe er sich auf ein gefährliches Abenteuer. Aziz wunderte sich, denn Islamabad war nicht viel mehr als 20 Kilometer entfernt, auf der Strecke waren weder Hindernisse noch Gefahren zu erwarten. Die Beamten aber wiederholten immer wieder lächelnd: »Viel Glück! Gott sei mit dir!«
Tatsächlich gehörte Aziz zu den Ersten, die in die neue Hauptstadt umzogen. Islamabad war noch im Bau begriffen und viele Pakistaner misstrauten ihr, weil sie die Stadt für eine Kopfgeburt des Staatschefs General Ayub Khan und seines Stabes hielten und nicht für einen Ort, an dem es sich angenehm leben ließ. Die Generäle hatten beschlossen, die Hauptstadt von Karachi im Süden weiter in den Norden zu verlegen. Ausschlaggebend dafür waren strategische Überlegungen. Islamabad liegt geschützt am Fuße der Margalla Hills, einer Bergkette, und sollte im Fall eines Krieges angeblich leichter zu verteidigen sein. 1959 zog die Regierung mit ihrem ganzen Apparat zunächst nach Rawalpindi und 1967 schließlich nach Islamabad. Da die Stadt auf dem Reißbrett geplant wurde, unterscheidet sie sich von den anderen pakistanischen Städten, die den wilden, unberechenbaren Gesetzen des Lebens folgen und weniger der Rationalität eines Planes. Islamabad ist klar strukturiert und in Sektoren aufgeteilt. Spötter nennen die Stadt ein riesiges Büro. Die neue Adresse von Aziz u Rehman las sich wie eine Formel: Street Nr. 1/H. Nr. 2/G6.

Die Generäle hatten Islamabad geschaffen und damit dem Land einen Stempel aufgedrückt, doch hatten sie Mühe, die Menschen davon zu überzeugen, dass diese Stadt auch eine Stadt für das Volk war. Aziz aber war jung und offen für Neues, außerdem hatte ihm die Regierung eine Arbeit gegeben. Er sollte Muezzin in der ersten Moschee Islamabads werden, einem kleinen, unscheinbaren Gebäude, das nicht konkurrieren konnte mit den gewaltigen Palästen, die sich die Staatsgewalt hatte errichten lassen. Aziz schätzte sich trotzdem glücklich. Seit er denken konnte, wollte er Gott und seinen Gläubigen dienen. General Ayub Khan ermöglichte ihm beides für ein bescheidenes Einkommen und eine winzige Wohnung. Aziz ist ein pakistanischer Patriot, Staat und Religion gehören für ihn zusammen. Wer das eine vom anderen trennt, der entzieht Pakistan in seinen Augen die Existenzgrundlage.

Mehr als 20 Jahre lang rief er die Gläubigen seines Viertels zum Gebet, bis er zum *Khattib* aufstieg, zum Freitagsprediger – ein großer Schritt für einen Mann, der über sich selbst nur in den bescheidensten Worten spricht. Anfangs bereitete ihm die neue Rolle Schwierigkeiten. Es gab Nächte, in denen er aufschreckte, weil ihm einfiel, dass er den Gläubigen in der Moschee etwas Falsches erzählt hatte. Zum Beispiel hatte er einmal behauptet, es reichten drei Verbeugungen, um einen Fehler wieder wettzumachen, doch dann stellte er nach einem Blick in die Bücher fest, dass es fünf sein müssten. Solche Dinge plagten Aziz, denn er ist ein gewissenhafter Mann. Er schonte sich nicht und sagte den Gläubigen, wenn er etwas falsch gemacht hatte. Sie schätzten diese Offenheit und sahen ihm seine Unzulänglichkeiten nach.

Ein Leben der unmöglichen Kompromisse

Als *Khattib* wurde Aziz nach und nach Teil des Lebens seiner Nachbarn, kleine Beamte zumeist, die mehr schlecht als recht von ihrem Einkommen leben können. Aziz kennt sie alle und er kennt sie mitunter bis in die intimsten Bereiche hinein. Sie kommen mit ihren Sorgen, ihren Ängsten und ihren Hoffnungen zu ihm. Aziz tut, was er kann. Er schlichtet Streit, mahnt unbotmäßige Jugendliche zur Ordnung, vermittelt Hilfe, wo Hilfe nötig ist, und er achtet vor allem darauf, dass das Leben im Viertel *halal* ist, die Menschen sich also nach den Regeln der Religion kleiden und verhalten. Freilich, Gott hat viele Wünsche an die Menschen und Aziz schafft es kaum zu überprüfen, ob sie auch erfüllt werden. Immerzu ist er beschäftigt. Er läuft von hier nach dort, er konsultiert die Bücher, denkt nach, entscheidet, redet, betet, überzeugt oder auch nicht. Und so pendelt er zwischen Gott, den Menschen und dem Staat, der auch noch ein Wörtchen mitreden will. Es ist ein Leben der unmöglichen Kompromisse.

Als ich ihn im Juni 2007 kennenlernte, sagte er zu mir: »Ich muss die Wahrheit sagen. Aber wenn ich die Wahrheit sage, kommt die Regierung zu mir und fragt: Was redest du denn da?«

Wir saßen auf dem Boden einer Moschee, die noch im Bau begriffen war. Ein halbes Dutzend Männer war gekommen, um mich zu begrüßen. Sie waren allesamt im fortgeschrittenen Alter und offensichtlich hatte jeder von ihnen eine Funktion in dieser Gemeinschaft inne. Es war wie eine Runde von Stammesältesten. Diese Männer aber waren Subalternbeamte der Regierung, sie wohnten in winzigen Wohnungen und besaßen weder Land noch Tiere. Trotzdem spiegelten sie die sozialen Verhältnisse des rauen pakistanischen Landes wider. Die Bewohner des Viertels G6 kamen aus den verschiedensten Teilen des Landes. Sie hatten sich hier neu gefunden, auf dem Boden einer Tradition, die ihnen eine gewisse Sicherheit gab. Im Laufe der Jahre hatten sich die Rollen für die verschiedenen Personen herauskristallisiert. Eine Rangfolge hatte sich gebildet, an deren Spitze eindeutig Aziz u Rehman stand und in dessen Zentrum die Moschee lag, die nun neu gebaut wurde. Diese Moschee war der ganze Stolz von Aziz und seiner Gemeinde. Der Bau wurde durch Spenden aus dem Viertel finanziert, die Männer kamen in ihren freien Stunden, um hier zu arbeiten. Für Aziz gab es keinen schöneren Beweis der Frömmigkeit in seinem Viertel. Das gab ihm das Gefühl der Sicherheit, und das brauchte er, denn seine Welt hatte sich grundsätzlich geändert, sein Pakistan war nicht mehr das Pakistan, an das er glaubte.

»Es gab Zeiten, da konnte ich die Wahrheit aussprechen, ohne Schwierigkeiten zu bekommen!«

Es waren die Zeiten des Generals Zia ul Haq. Aziz bewunderte diesen Mann, weil er Pakistan seiner Bestimmung zuführte und den Staat Schritt für Schritt islamisierte. Als er 1988 bei einem Flugzeugabsturz ums Leben kam, trauerte Aziz und hoffte, dass auch die nächsten Herrscher Pakistans die Religion in das Zentrum ihrer Politik stellen würden. Aziz' Hoffnungen wurden nicht erfüllt, trotzdem hatte er keinen Grund sich zu beklagen. Weder Benazir Bhutto noch Nawaz Sharif »verrieten« den Islam. Besonders Nawaz Sharif bewegte sich auf den Spuren des Generals Zia ul Haq. In seiner ersten Amtszeit versuchte er beispielsweise das islamische Gesetz der Scharia einzuführen, das war ganz im Sinne des strenggläubigen Aziz.

Aziz' Entfremdung von der Regierung begann erst im Jahr 2001, als Pervez Musharraf sich über Nacht auf die Seite der USA schlug, die Taliban in Afghanistan fallen ließ und nach und nach auch den islamischen Kämpfern in Kaschmir die Unterstützung entzog. Das machte aus dem braven, gläubigen pakistanischen Bürger einen scharfen Kritiker.

»Manchmal lässt mir mein Gewissen keine andere Wahl, als offen zu sein. Im Jahr 2002 zum Beispiel veröffentlichte die Regierung einen Plan, wonach sie die Medressen kontrollieren wollte. Das hatten die USA verlangt. Es wurde ja behauptet, dass die Medressen Terroristen hervorbringen. Ich protestierte beim Freitagsgebet gegen die Pläne der Regierung. Am nächsten Tag wurde ich verhaftet. Eine Nacht lang hielt man mich fest. Sie beschuldigten mich, Mitglied einer terroristischen Organisation zu sein.« Die Polizei konnte ihm nichts beweisen und ließ ihn frei. Er kehrte zurück in sein Viertel. Es war eine trügerische Sicherheit. Denn die Regierung hat überall Ohren. Aziz kennt die Agenten, die zu seinen Freitagsgebeten kommen, beim Namen. Sie wohnen in der Nachbarschaft. »Wir nennen sie die offiziellen Engel«, sagte Aziz und lachte. »Sie kommen zu mir und sagen: Was soll ich tun? Ich erfülle meinen Auftrag. Ich habe Kinder und Familie!« Er verzeiht ihnen natürlich.

»Wir müssen doch alle leben und unsere Arbeit tun.«

Aziz lächelte und zog die Schulter nach oben. Auch die anderen Männer in der Runde lächelten. Ich fragte mich, ob einer dieser offiziellen Engel unter ihnen war; vielleicht kamen diese Agenten auch manchmal zu Aziz, um geistigen Beistand zu erbitten oder die eine oder andere Gefälligkeit. Aziz' Bericht klang harmlos, so als sei Spitzeln ein selbstverständlicher, akzeptierter Teil des pakistanischen Lebens. Wahrscheinlich ist das auch so. Pakistan war immer ein autoritärer Staat gewesen, in dem die Bürger unter Beobachtung standen – und wer sich für Menschen- und Bürgerrechte einsetzte, riskierte seit jeher Verfolgung und Gefängnis. Die Militärs waren nicht zimperlich gewesen, wenn es darum ging, Opposition zu unterdrücken. General Musharraf allerdings unterschied sich von seinen Vorgängern in einem wichtigen Punkt. Er ließ eine relativ freie Presse zu. Wer in Islamabad Zeitungen las, hatte nicht den Eindruck, dass das Land von einem autoritären Herrscher regiert wurde. Die Journalisten kritisierten den General offen und hart, ohne dass sie dafür bestraft wurden. Wenn aus dem Ausland Kritik an seiner Herrschaft zu hören war, verwies Musharraf mit einem gewissen Stolz auf die Presse. »Lesen Sie die Zeitungen! Glauben Sie, ein Diktator würde es zulassen, dass über ihn auf so offene Weise geschrieben wird?« Mit dieser Botschaft pflegte der General jede Kritik aus dem Ausland abzuwehren. Erfolgreich, denn er erschien vielen im Westen als ein vergleichsweise gütiger Mann. Das lag auch daran, dass man kaum zur Kenntnis nahm, wenn er vermeintliche Islamisten verfolgen ließ. Manchmal schien es so, dass nur dann laut nach der Einhaltung der Menschenrechte gerufen wurde, wenn es Menschen betraf, die keinen langen Bart trugen und keine antiwestlichen Reden hielten. Kleine Prediger wie Aziz u Rehman aus Islamabad tauchten nicht auf dem ansonsten so empfindlichen Radarschirm westlicher Regierungen auf. Musharraf kam lange Zeit mit vielem davon, was anderen nicht verziehen worden wäre. Im Laufe des Frühjahrs 2007 aber verschlechterte sich sein Image rapide. Schuld daran war er selbst.

Der Fall des unbequemen Richters

Am 9. März 2007 lud Präsident Pervez Musharraf den Obersten Richter des Landes, Iftikar Chaudry, vor. In einer regelrechten Standpauke konfrontierte er den Richter mit Korruptionsvorwürfen und teilte ihm schließlich mit, dass er entlassen sei. Zur Überraschung des Generals weigerte sich Chaudry, zurückzutreten. Sein Argument lautete, nicht der General, sondern nur die Richter selbst könnten über seinen Rücktritt entscheiden. Chaudrys Weigerung löste die größte innenpolitische Krise aus, die Musharraf in seinen acht Jahren Amtszeit bis dahin erlebt hatte.

Zehntausende Menschen gingen wochenlang auf die Straße, um gegen die Entlassung Chaudrys zu protestieren. Als der Richter von Islamabad nach Lahore fuhr, säumten Zehntausende die Straßen und feierten ihn wie einen Volkshelden. Chaudry benötigte für die 350 Kilometer, die normalerweise in rund fünf Stunden zu bewältigen sind, mehr als 24 Stunden. Der General wurde von dieser Welle des Protestes völlig überrascht. Er hatte wie viele Herrscher, die zu lange an der Macht sind, den Blick für die Realitäten verloren.

Chaudry war dem Regime seit geraumer Zeit als unbequemer Richter aufgefallen. Er stellte Nachforschungen in Bereichen an, in denen die Generäle besonders empfindlich waren, der eine betraf die Menschenrechte, der andere die Privilegien der Armee. Die Repression im Inneren war seit dem Jahr 2001 immer stärker geworden. Die Geschichten von Menschen, die von der Polizei abgeholt worden und nicht wieder aufgetaucht waren, häuften sich. Es gab Berichte über Einschüchterung, Entführungen, Misshandlung, Folter, Exekutionen. In manchen Fällen verschleppten die Geheimdienste ihre Opfer in die Stammesgebiete. Da dort die pakistanische Verfassung nicht gilt, genossen die Entführten keinerlei Schutz. Die Klage der Regierung über die »Rückständigkeit der Stammesgebiete« klang hohl, denn sie nutzte diesen rechtsfreien Raum für ihre eigenen Zwecke. Der Willkür der Behörden waren keine Grenzen gesetzt. Richter Chaudry verlangte von den Behörden immer häufiger Aufklärung über den Verbleib pakistanischer Bürger. Das beunruhigte die Generäle, denn sie waren es nicht gewohnt, von einem Gericht bedrängt zu werden. Sie hatten sich den Staat ja unterworfen. Wie konnte es sein, dass ausgerechnet aus dem sonst so gefügigen Justizapparat ein derart hartnäckiger Widerstand kam?
Chaudry ist sicher ein mutiger Mann, doch konnte er es in diesem Augenblick auch sein. Die Zeit für einen Mann wie ihn war reif.

Paradoxerweise hatte ausgerechnet sein Widersacher General Musharraf sehr viel dazu beigetragen. Insbesondere seit 2001 war Pakistans Wirtschaft jährlich im Schnitt um rund sieben Prozent gewachsen. Das war auch eine Folge der Aufhebung der US-Sanktionen. Umschuldungen, finanzielle Zuwendungen, neue Kredite – all das wirkte sich positiv aus. Das außergewöhnliche Wirtschaftswachstum hatte viele Leute sehr reich gemacht; es hatte aber auch eine neue, selbstbewusste Mittelschicht entstehen lassen. Sie war leistungsorientiert, gut ausgebildet und säkular. Viele von ihnen blickten neidvoll nach Indien, das sich mit riesigen Schritten auf den Weg machte, ein Global Player zu werden. Es war den gebildeten Pakistanern nicht entgangen, dass die indische Armee keine Rolle in der Politik spielte. Das Geheimnis für die Stärke Indiens lag in der Freiheit, in der sich die Zivilgesellschaft entwickeln konnte. Dieses Beispiel hatten viele in Pakistan vor Augen. Die Mittelschichten hatten Musharraf viel zu verdanken, doch schlugen sie sich, als der Augenblick gekommen war, in Massen auf die Seite von Chaudry. Die Menschenrechte waren dafür der eine Grund, der andere – der wichtigere – waren die zahllosen Privilegien, die sich die Armee im Laufe der Jahre angehäuft hatte. Es war Chaudry, der den Finger in die Wunde legte. Als die Regierung im Herbst 2006 eine der größten Stahlfabriken des Landes privatisierte, erklärte er diese Privatisierung für rechtswidrig. Damit hatte er sich mächtige Feinde gemacht, denn vermutlich hatte Premierminister Shaukat Aziz persönlich ein großes Interesse an dieser Privatisierung. Das Stahlwerk war weit unter seinem Marktwert verkauft worden. Privatisierung war ein Weg, Staatseigentum an das eigene Gefolge zu verhökern. Das war eine sehr verbreitete Praxis. Die Liberalisierung der pakistanischen Wirtschaft, die nach dem 11. September 2001 verstärkt einsetzte, war auch ein gigantisches Bereicherungsprogramm für einige wenige.

Wirtschaftsmacht Militär

Im Laufe der Jahre hatten die Pakistaner mit ansehen müssen, wie die herrschende Klasse den Staat ausplünderte. Im Frühjahr 2007 erschien das Buch der Wissenschaftlerin Ayesha Siddiqa, *Military Inc.: Inside Pakistan's Military Economy*. Dieses Buch schlug ein wie eine Bombe. Siddiqa beschreibt darin detailliert, wie die Armee seit den Fünfzigerjahren ein Wirtschaftsimperium gigantischen Ausmaßes aufgebaut hat. Sie verfügt über Ländereien, Immobilienfirmen, Reiseunternehmen, Fluggesellschaften und eine ganze Reihe anderer Unternehmen. »Das Militär«, schreibt Siddiqa, »hat sich zu einer feudalen, räuberischen Kaste entwickelt.« Zeit dafür gab es genug: In der knapp 60-jährigen Geschichte Pakistans hatte die Armee 33 Jahre lang direkt regiert. Siddiqas Buch ist voller Zahlen und Beispiele, die den Pakistanern die Haare zu Berge stehen lassen. Die zahllosen Privilegien, vor allem für die hohen Offiziere, lassen sich sogar beziffern. Ein General repräsentiert nach den Berechnungen Siddiqas einen Wert von rund sechs Millionen Euro. Siddiqa ist keine Außenseiterin. Sie weiß, wovon sie spricht. Mehr als 20 Jahre arbeitete sie im Verteidigungsministerium und erlebte sehr direkt, wie das Militär sich jeder Kontrolle entzog – und zu einem »Räuber« wurde, wie sie es nannte.

Seit Musharraf an die Macht gekommen war, hatte sich das »große Fressen« der Militärs gesteigert. Führende Posten in Unternehmen, Universitäten und Bürokratie wurden an Angehörige der Armee vergeben, Qualifikation zählte dabei nicht. Die Armee besitzt Stiftungen wie die Fauji-Stiftung, die ihre Tentakeln in alle Bereiche der Wirtschaft und Gesellschaft ausstreckt, Transportunternehmen, Industriebetriebe, Dienstleistungsunternehmen, der Schriftzug der Fauji-Stiftung war immer häufiger zu sehen. Viele Offiziere sind ganz dick im Immobiliengeschäft. Sie erhalten die besten Ländereien für einen Spottpreis überschrieben, die sie dann für horrende Summen verkaufen. Wie entschlossen die Armee ihre Interessen durchsetzt, zeigte sich bei einem Konflikt, der sich im Jahr 2001 in Okara, in der Region Punjab, ereignete. Die Armee betreibt in Okara mehrere Farmen, zu der auch 22 Dörfer gehören. Das Land wurde seit Jahrzehnten von landlosen Bauern bewirtschaftet, die einen Teil der Ernte als Pacht abgaben. Das war gutes altes Gewohnheitsrecht. Zu diesem Recht gehörte auch, dass für den Fall des Verkaufs des Landes die Landlosen ein Erstkaufsrecht haben. 2001 entschied die Armee plötzlich, dass die Landlosen ihre Pacht nicht in Form von Naturalien entrichten durften, sondern in Form von Geld. Die landlosen Bauern wehrten sich dagegen. Sie fürchteten, dass dies der erste Schritt war, sie von dem Land zu vertreiben. Die Armee reagierte mit harter Hand. Sie schickte Soldaten und ließ die betreffenden Dörfer komplett abriegeln. Es wurde eine Ausgangssperre verhängt. Die Dorfbewohner wurden eingeschüchtert und misshandelt. Acht Menschen kamen ums Leben. Als Menschenrechtsgruppen protestierten, behauptete die Armee, dies sei keine Frage der Menschenrechte, sondern ein Fall von *law and order*. Schließlich setzte sich die Armee durch. Die landlosen Bauern mussten ab sofort Pacht bezahlen. Wollte die Armee Bauern loswerden, musste sie die Pacht nur hoch genug anheben.

Der Konflikt in Okara zeigte, dass die Armee sich wie ein klassischer feudaler Landbaron benimmt – sie setzt ihre Interessen zur Not mit skrupelloser Gewalt durch. Okara war kein Zufall. Die Armee behandelt die Bürger des Staates Pakistan wie rechtlose Untertanen. In den Kaderschmieden der Armee bekommen die künftigen Offiziere eingetrichtert, dass sie die Angehörigen einer besonderen Klasse sind. Sie lernen es geradezu, Zivilisten zu verachten. Viele Offiziere glauben ernsthaft, dass sie dazu berufen sind, die pakistanische Nation zu retten. Immer, wenn die Generäle gegen Regierungen putschten, taten sie es mit dem Argument, dass die Zivilisten unfähig, zerstritten und inkompetent seien. Auch Musharraf hatte seinen Putsch damit begründet. Das Tragische daran war, dass Musharraf mit vielen seiner Vorwürfe gegen Premierminister Nawaz Sharif und seine Vorgängerin Benazir Bhutto recht hatte. So jedenfalls sahen es weite Teile des Volkes. Musharrafs Putsch war populär gewesen, weil die zivilen Regierungen Pakistan in die Sackgasse geführt hatten. Große Teile der Bevölkerung glaubten an die Selbstdarstellung der Armee, eine aufrechte, ehrliche Institution zu sein, die ausschließlich im Interesse der Nation arbeitete. Die eigenen Geschäftsinteressen, ihre räuberischen Neigungen, ihre Destruktivität und Inkompetenz verbarg die Armee erfolgreich hinter dieser ideologisch aufgeladenen Nebelfassade. Musharraf tat alles ihm Mögliche, um die Ansprüche einer uniformierten, feudalen Klasse zu befriedigen. Seine Macht stützte sich ganz wesentlich auf seine Fähigkeit, den materiellen Appetit seiner Armee zu befriedigen. Da dieser Appetit unersättlich war, provozierte er die pakistanische Gesellschaft, die sich schließlich in Form des Richters Iftikar Chaudry rächte.

Ungeliebte Kooperation mit den USA

Musharrafs Großzügigkeit gegenüber den eigenen Leuten ist auch als eine Gegenleistung für ihr Stillhalten zu beschreiben. Die Wende von 2001 hin zu den USA war unter vielen Soldaten bestimmt nicht populär, besonders nicht unter den mittleren Offiziersrängen. Die Generäle, die Musharraf umgaben, waren zwar westlich orientiert. Sie waren in den USA ausgebildet worden, doch die nachfolgenden Offiziere waren das nicht mehr. Die USA waren bereits in den Fünfzigerjahren eine Kooperation mit dem pakistanischen Militär eingegangen, als Reaktion auf den Expansionsdrang der Sowjetunion, der den USA und Pakistan gleichermaßen Sorge bereitete. Aus dieser gemeinsamen Sorge erwuchs die erste Zusammenarbeit der beiden Staaten auf militärischem Gebiet. Es sollte eine Freundschaft werden, die durch extreme Hochs und extreme Tiefs ging. Als Pakistan 1965 Krieg gegen Indien führte, kühlten die Beziehungen zu den USA ab. Spätestens 1977, bei der Machtübernahme Zia ul Haqs, arbeitete man wieder zusammen. Nachdem die Rote Armee in Afghanistan einmarschiert war, erreichte die Kooperation zwischen den USA und Pakistan ihren ersten Höhepunkt. Als sich die Sowjets 1989 zurückzogen, verloren auch die USA das Interesse. Hinzu kam, dass der US-Kongress bereits 1987 Pakistan mit Sanktionen gedroht hatte, sollte es die Entwicklung von Nuklearwaffen nicht stoppen. 1990 schließlich traten die Sanktionen in Kraft. Die gesamte militärische Kooperation wurde auf Eis gelegt. Erst 2001 wurde sie wieder aufgenommen. Das bedeutet, dass die USA elf Jahre lang keinen Einfluss auf die Ausbildung pakistanischer Offiziere hatten. Aus der Sicht des Pentagons war eine ganze Generation »verloren gegangen«. In wenigen Jahren wird diese Generation die obersten Ränge der Armee besetzen. Ist sie islamistisch eingestellt? Was hält sie von der engen Kooperation mit den USA? Auf diese drängenden Fragen konnte niemand eine klare Antwort geben.

Es gab in Islamabad zwei Männer, die genau wussten, wie gerade diese Generation der pakistanischen Armee in Gewissensnöte zu bringen war: die Brüder Abdul Raschid und Maulana Abdul Aziz Ghazi, die Leiter der Roten Moschee und der beiden angeschlossenen Medressen *Dschamia Fareedia* und *Dschamia Hafza*. Die Ghazis hatten eine *Fatwa* erlassen, wonach Soldaten, die im Kampf gegen die eigene Bevölkerung gefallen waren, kein Begräbnis nach muslimischem Ritus erhalten sollten. Das war ein gezielter Schlag gegen eine Armee, die sich als Wächter des islamischen

Staates Pakistan versteht. Die *Fatwa* sollte die Soldaten in Gewissenskonflikte stürzen. Wenn sie ihre Befehle ausführten, würden sie sich gegen Allah versündigen. Die *Fatwa* war ein Coup, denn sie offenbarte, was viele Pakistaner dachten: Wir führen den Krieg gegen die eigenen Leute, weil es die USA so wollen. Das ist nicht unser Krieg. In der Tat häuften sich die Nachrichten aus den Grenzgebieten, wonach sich ganze Scharen von Soldaten gefangen nehmen ließen, um ja nicht kämpfen zu müssen. Offiziell hieß es immer wieder, Terroristen hätten Soldaten entführt – aber wer sollte das glauben, wenn plötzlich von 100 oder sogar von 300 Entführten die Rede war? Der Kampf in den Grenzgebieten demoralisierte die Armee, das war nicht zu übersehen. Und die Brüder Ghazi streuten Salz in diese offene Wunde des Regimes.

Der Konflikt um die Rote Moschee

Aziz u Rehman kannte die Brüder Ghazi recht gut, denn er hatte seine drei Töchter in deren Medresse geschickt. Es fiel mir schwer zu verstehen, warum Aziz das tat. Er machte auf mich einen außerordentlich gutmütigen, geradezu sanften Eindruck und ich konnte ihn mit den radikalen und harten Worten der Brüder Ghazi nicht in Verbindung bringen. Zu dem Zeitpunkt, als ich Aziz traf, war Abdul Raschid Ghazi bereits auf Konfrontationskurs mit Musharraf gegangen. Er hatte die Mädchen seiner Schule ausgeschickt, um eine an die Medresse angrenzende, kleine staatliche Bibliothek zu besetzen. Der Anlass für die Besetzung war ein scheinbar rein lokales Ereignis. Die Stadtverwaltung von Islamabad ließ neue, breite Straßen durch die Stadt bauen. Einige kleine Moscheen fielen den Baumaschinen zum Opfer. Moscheen, die, wie die Behörden behaupteten, illegal errichtet worden waren. Die Brüder Ghazi protestierten dagegen. In mehreren Brandreden bezeichneten sie die Zerstörung der Moscheen als einen Angriff auf den Islam. Sie schickten ihre Schülerinnen auf die Straße, die schließlich in einer spektakulären Aktion die Bibliothek besetzten. Sie forderten nicht nur den Wiederaufbau der zerstörten Moscheen, sondern gleich auch die Einführung der Scharia. Die Bilder von tief verschleierten Schülerinnen, die mit langen Stöcken bewaffnet auf der Straße demonstrierten, gingen um die Welt. Es war eines jener Bilder, die sich tief in das westliche Gedächtnis einprägen sollten. Die Brüder Ghazi wussten das sehr genau. Sie spielten meisterhaft auf der medialen Klaviatur. Ich fragte Aziz, ob seine Töchter unter den Stöcke schwingenden Mädchen waren. Er wehrte heftig ab.

»Aber nein, nein doch. Sie sind zu Hause!«

»Sie sind doch Schülerinnen der Medresse. Haben sie sich denn nicht ihren Kameradinnen angeschlossen?«

»Nein, ich habe sie nicht mehr in die Schule gehen lassen, seit dieser Streit ausgebrochen ist.«

Aziz sagte ganz bewusst »Streit«, denn er bemühte sich, mir gegenüber diese Auseinandersetzung zwischen Mullahs und Generälen möglichst herunterzuspielen – für ihn war es ja auch ein Familienstreit, denn er glaubte an beides, an die Uniform und an Allah, wenn auch nicht in gleichem Maße. Ich lenkte das Gespräch von dem aktuellen Konflikt weg, in der Absicht, über Umwegen wieder darauf zurückzukommen.

»Warum haben Sie Ihre Töchter überhaupt in diese Medresse geschickt?«

»Ich wollte, dass sie lernen, wie sie sich im Sinne unserer Religion zu verhalten haben!«

»Darf ich mich kurz einmischen?«, mit diesen Worten meldete sich ein Mann aus der Runde zu Wort. Er war klein und schmächtig, trug einen Schnurrbart und hatte sein Haar sorgfältig zu einem akkuraten Scheitel gekämmt.

»Bitte«, sagte Aziz und nickte.
»Ich heiße Mohammed Faisal und arbeite im Ministerium für Energie. Ich bin in Kaschmir geboren und vor 40 Jahren nach Islamabad gezogen. Ich bin ein pakistanischer Patriot!«
Ich unterbrach ihn.
»Was meinen Sie damit?«
Er schaute mich einen Augenblick schweigend an und ich fürchtete, dass ich ihn durch meine Frage verletzt hatte.
»Ich glaube an diesen Staat. Ich glaube, dass er uns Muslimen eine Heimat bieten soll. Ich glaube, dass unsere Kinder die Werte des Islam vermittelt bekommen müssen. Der Staat muss dafür sorgen.«
»Haben Sie denn Ihre Kinder auch in der Medresse?«
»Ja, meine beiden Töchter gehen dort zur Schule.«
»Haben sie sich an der Besetzung der Bibliothek beteiligt?«
»Nein, auch ich habe sie nicht zur Schule gehen lassen, seit es zum Streit gekommen ist.«
»Warum haben Sie Ihre Töchter in diese Schule geschickt?«
»Auch ich will, dass meine Kinder lernen, wie sie sich zu verhalten haben. Doch unsere staatlichen Schulen vermitteln ihnen das nicht. Sie geben ihnen keine Werte mit.«
Ich betrachtete ihn und dachte, dass es sicher viele Eltern im Westen gab, die in Bezug auf ihre Kinder dieselben Sorgen hatten. Nur würde im Westen der Begriff »islamische Werte« zum Beispiel durch das Wort »moralischer Kompass« ersetzt.
»Aber finden Sie nicht, dass die Brüder Ghazi Ihr Vertrauen missbrauchen?«
Auf diese Frage hin schwieg er und blickte auf Aziz u Rehman, offensichtlich wollte er ihm die Antwort überlassen. Aziz sagte bedächtig, aber bestimmt: »Wir sind auf jeden Fall gegen Gewalt!«
»Sie lehnen also die Besetzung der Bibliothek ab?«

»Wir glauben, dass dieser Streit friedlich beigelegt werden kann.« Mehr wollte Aziz offensichtlich nicht sagen. Er lächelte und fragte mich, ob ich zum Essen bleiben wollte. Das war ein Zeichen dafür, dass er das Gespräch beenden wollte. Ich stand auf, bedankte mich und fragte ihn beim Hinausgehen noch, ob ich denn mit einer seiner Töchter sprechen könne. Aziz dachte kurz nach und antwortete: »Sie sind nicht in der Stadt.«
»Aber vielleicht gibt es eine andere Schülerin der Medresse? Es wäre sehr aufschlussreich, wenn ich mit einer Schülerin sprechen könnte.«
Wir waren vor der Moschee angelangt. Aziz blieb kurz stehen. Er strich sich über seinen weißen Bart, dann sagte er: »Kommen Sie morgen wieder, wir werden sehen. Morgen am frühen Nachmittag!«
Ich verabschiedete mich. Aziz ging zurück in die Moschee und ich entschloss mich, noch ein wenig durch das Viertel zu spazieren.
Wenige Meter von der Moschee entfernt lag ein kleiner Marktplatz, ein offenes Viereck, das zu drei Seiten hin von einstöckigen Gebäuden gesäumt war. Die Planer der Stadt hatten für jeden Sektor einen Markt vorgesehen. Sie unterschieden sich fast nur in ihrer Größe voneinander. Dieser Markt hatte nicht mehr als ein halbes Dutzend Geschäfte und einen Verkaufsstand, an dem ein Händler ziemlich angeschlagen aussehende Früchte verkaufte. Ich kaufte mir in einem Geschäft eine Pepsi Cola, stellte mich in eine Ecke des Marktes und beobachtete das Markttreiben, wobei Treiben nicht der richtige Ausdruck war, denn es war wenig los. In der knappen Viertelstunde, die ich hier verbrachte, zählte ich nicht mehr als acht Personen, die hierher kamen, um etwas zu kaufen, einen kleinen Lastwagen, der Reissäcke ablud, und drei Jungen, die mit ihren klapprigen Fahrrädern Kunststücke vollführten. Man hätte den Markt als verschlafen beschreiben können, doch fand ich das Wort nicht passend. Vielleicht hätte es zu

anderen Zeiten die Stimmung treffend beschrieben, doch nicht in diesen Tagen, da die Brüder Ghazi nur einen Steinwurf von hier entfernt ihre Konfrontation mit General Pervez Musharraf vorantrieben. Es lag eine gespannte Ruhe über dem Viertel. Hier lebten viele Anhänger der Ghazis. Ich hätte nicht sagen können, ob Aziz mit den Ghazis sympathisierte. Es schien mir, dass seine Ablehnung der Gewalt aufrichtig war, doch gleichzeitig war er ein Mann, der sich mitten in einem Konflikt zwischen dem Staat und seiner Religion befand. Und in diesen Tagen war keinerlei Kompromiss möglich.

Die Rote Moschee war zu dem Ort geworden, an dem sich die Auseinandersetzung entscheiden sollte. Eine jahrzehntelange enge Verbindung war zerbrochen. Die Rote Moschee war Ende der Sechzigerjahre gegründet worden, finanziert vom Staat. Sie diente vor allem zu Zeiten des Diktators Zia ul Haq als Verbindungsglied zwischen den Behörden und radikalen Islamisten. Hinter den Mauern der Moschee wurden während des afghanischen Dschihads gegen die Rote Armee viele Kämpfer rekrutiert. Als sich Musharraf 2001 über Nacht auf die Seite der USA schlug, änderte sich das Verhältnis zur Roten Moschee grundlegend. Radikale Prediger riefen zum Widerstand gegen die Politik Musharrafs auf. Während des Krieges in Afghanistan stand die Moschee unter besonderer Beobachtung der Behörden, aber auch der Journalisten internationaler Medien – der Extremismus hatte hier seine Heimstätte, hier ließ er sich studieren, hier konnte man seine Argumente hören und seine Kraft abschätzen.

Der Duft des Paradieses

Ich hatte Abdul Raschid Ghazi mehrmals getroffen und war jedes Mal überrascht gewesen, wie offen er sprach. Ghazi bezeichnete

General Musharraf grundsätzlich nur als Diktator und als Büttel Amerikas. Er führte über die internationalen Medien eine regelrechte Hetzkampagne gegen den General. Musharraf schritt nicht gegen ihn ein. Vielleicht war dies der demokratischen Toleranz des Generals geschuldet – das jedenfalls behauptete er –, vielleicht aber fürchtete er Ghazi einfach nicht und dachte, dass es nur gut sei, wenn die radikalen Islamisten in ihm eine Art Ventil hatten, um ihre Aggressionen auszuleben. Im Sommer 2007 aber wurde klar, dass Musharraf sich verkalkuliert hatte. Ghazi war zu einer echten Bedrohung herangewachsen. Er hatte über Jahre hinweg den Konflikt systematisch zugespitzt. Und jetzt strebte dieser seinem Höhepunkt zu.

Auch diesmal empfing mich Ghazi innerhalb weniger Stunden nach meiner Anfrage. Ich ging etwas früher zur Roten Moschee, weil ich mich ein wenig umschauen wollte. Das Frappierende war, dass die Orte, an denen sich der Konflikt abspielte, so nahe beieinander lagen. An einem Ende der Straße lag die Rote Moschee, an dem anderen die Medresse und dazwischen stand ein kleines Gebäude, die Bibliothek, deren Besetzung durch die Schülerinnen die Krise ausgelöst hatte. Das Hauptquartier des allmächtigen pakistanischen Geheimdienstes ISI war gerade mal ein paar Hundert Meter entfernt und der Präsidentenpalast nicht mehr als ein paar Kilometer. Man konnte in weniger als einer halben Stunde das Feld abschreiten, in dem die Zukunft Pakistans entschieden wurde.

Die Bibliothek war mit Transparenten behängt, die zum Widerstand aufriefen und die Regierung mit harten Worten attackierten. »Wer Moscheen zerstört, der greift den Islam an« – »Wir sind zum Märtyrertod bereit« – »Wir sterben eher, als dass wir zurückweichen«. Ich wäre gerne in die Bibliothek gegangen, doch das war nicht möglich. Leute, die das Gebäude von innen kannten, erzählten mir, dass es schäbig war, dass es kaum Besucher gegeben hatte und dass kaum jemand in Islamabad die Bibliothek kannte, bis zu ihrer Besetzung, die weltweites Aufsehen erregt hatte. Ghazi war es offensichtlich gelungen, mit sehr geringen Mitteln einen sehr hohen Effekt zu erzielen.

Ich wechselte auf die andere Straßenseite. Dort hatten mehrere fliegende Händler ihre Tische aufgereiht. Sie verkauften Schals, Kappen, Gebetsketten und verschiedene Devotionalien. Ich blieb vor einem Stand stehen, der Parfüms anbot und Kajal, mit dem sich Männer die Augen schminken. Ein Junge von vielleicht 16 Jahren kaufte eine winzige Flasche Parfüm. Ich fragte ihn, wozu er das Parfüm benützte.

»Ich nehme es, bevor ich am Freitag in die Moschee gehe!«

Der Junge schaute mich mit großen, runden Augen an.

»Woher kommst du?«

»Aus Peshawar«, antwortete er.

»Aus der Stadt?«

»Nein, aus einem Dorf nicht weit von Peshawar.«

Viele Schüler der Medresse kamen aus der North Western Frontier Province (NWFP), der Region an der Grenze zu Afghanistan. Die Eltern schickten sie hierher, weil sie nichts für die Ausbildung ihrer Kinder bezahlen mussten und weil die Brüder Ghazi einen guten Ruf hatten. Ich fragte mich, ob es innerhalb der Schule zwischen denen, die vom Land kamen, und denen, die aus der Stadt kamen, einen großen Unterschied gab. Worin unterschieden sich die Töchter von Aziz u Rehman und dieser Junge aus einem Dorf bei Peshawar? Würden die einen den Islam etwas liberaler auslegen, weil sie aus der Stadt kamen, und würden die anderen einer strikt konservativen Auslegung der Religion folgen, weil sie das in ihren Provinzen so gelernt hatten? Oder war es genau umgekehrt? Gab es Meinungsunterschiede und wenn ja, wie wurden sie ausgetragen? Mir wurde klar, wie wenig wir wussten über die Welt innerhalb der Medressen. Ein dramatisches Defizit in einem

Augenblick, da aus diesen Medressen höchste Gefahr für Pakistan drohte.
»Wie heißt das Parfüm, das du dir gekauft hast?«
Der Junge neigte den Kopf zur Seite. Er nahm das Fläschchen aus seiner Tasche, las das Etikett und sagte: »Eternity!«
»Es heißt Eternity, wirklich?«
Er schaute noch einmal auf das Etikett: »Ja, Eternity!«
Ich dachte, er mache einen Scherz. Es ist bekannt, dass Selbstmordattentäter sich sorgfältig parfümieren, bevor sie sich und ihre Opfer in die Luft jagen. Abdul Raschid Ghazi hatte mit Selbstmordattentaten gedroht für den Fall, dass der Konflikt um die Rote Moschee mit Gewalt beendet würde. Würde dieser Junge sich einen Sprengstoffgürtel umschnallen und sich und andere in den Tod reißen, wenn Abdul Raschid Ghazi ihm auftrug, das zu tun?
Der Gedanke brachte mich in Verlegenheit. Ich fühlte mich wie jemand, der seinem Gegenüber, das er nicht einmal kannte, jede nur erdenkliche Tat unterstellte. Ich begriff, wie mein eingeschränktes Wissen und meine vielen Vorurteile mich zu schnellen Meinungen verleiteten. Der Junge schaute mich an und wartete offensichtlich auf weitere Fragen.
»Und am Freitag? Gehst du wieder in die Moschee?«
Es klang, als würde ein besorgter Onkel einen gefährdeten Jungen fragen, ob er sich auch gut benehmen werde. Es war peinlich und doch die einzige Frage, die mir in diesem Moment einfiel.
»Aber natürlich werde ich in die Moschee gehen«, antwortete der Junge und fragte dann nach: »Sollte ich etwa nicht?«
»Oh, doch.«
Ich verabschiedete mich und lief über die Straße. Es war Zeit, Abdul Raschid Ghazi zu treffen.

Die Talibanisierung Pakistans

Am Eingang zu der Medresse saßen zwei junge Männer. Sie sagten, ich solle kurz warten. Dann verschwand einer der beiden hinter dem Tor. Es hieß, dass die Moschee von Bewaffneten bewacht wurde, und ich nahm mir vor, sobald ich eintreten konnte, Ausschau nach ihnen zu halten. Diese Gelegenheit bot sich mir gar nicht. Als der Pförtner zurückkam, schob er mich eilig am Haupteingang vorbei und trieb mich wie ein begriffsstutziges Tier vor sich her. Wir bogen um eine Ecke und gingen durch eine sehr enge Gasse, die auf der einen Seite von der Hausmauer und auf der anderen Seite von einer unverputzten, groben Mauer begrenzt war. Die Gasse endete abrupt an einer weiteren Mauer, an der verschiedene Gegenstände lehnten, deren Nutzen sich mir jedoch auf Anhieb nicht erschloss. Vielleicht waren es Gartengeräte oder Werkzeuge. Kurz bevor wir vor dieser Mauer ankamen, öffnete sich linker Hand eine Tür. Davor lag ein halbes Dutzend Schuhe. »Bitte!«, sagte der Pförtner. Ich schlüpfte aus meinen Schuhen und trat ein. Es war das Büro, in dem Abdul Raschid Ghazi Journalisten empfing. Ich erinnerte mich, dass der Raum bei meinem ersten Besuch bis auf ein kleines, sehr niedriges Schreibpult keine Möbel gehabt hatte. Ich saß damals Abdul Raschid Ghazi auf dem mit einem abgenutzten Teppich ausgelegten Boden gegenüber. Jetzt war das Büro vollgestellt mit Stühlen und Schränken. Ghazi saß hinter einem sehr großen Schreibtisch. Er begrüßte mich herzlich, und als ich ihm sagte, dass wir uns schon mehrmals getroffen hätten, blickte er mich an und antwortete: »Ja, ja, ich kann mich erinnern.«
Ich glaubte ihm nicht, doch sicher konnte ich mir nicht sein. Ghazi hatte einen gepflegten Bart, der gleichmäßig ergraute. Er trug ein rotes Käppchen, unter dem halblange Haare hervorlugten. Auf seiner Nase saß eine Nickelbrille. Er schaute mich mit einem

durchdringenden Blick an. Noch bevor ich meine erste Frage stellen konnte, klingelte sein Telefon. Er zog es aus seiner rechten Tasche. Es war ein hochmodernes Mobiltelefon, mit allen möglichen Funktionen. Er sprach ein paar Minuten lang. Ich blickte währenddessen zu Boden und sah auf seine Füße, die unter dem Schreibtisch hervorlugten. Er hatte lange, gelb verfärbte Fingernägel. Auf den Zehen wuchsen dunkle, dichte Haare. Er wippte nervös mit den Füßen. Das würde er während des gesamten Interviews tun. Ich nahm dies als Zeichen für seine Anspannung. Grund dazu hatte er ja, denn er konnte sich nicht sicher sein, wie lange er sein Spiel mit dem General noch ungestraft treiben konnte. Vor wenigen Tagen hatten die Mädchen seiner Schule kurzerhand einen Massagesalon gestürmt und sechs chinesische Frauen für ein paar Stunden festgesetzt. Die Schülerinnen der Medresse behaupteten, der Salon sei ein Bordell. Der Betreiberin, die sie ebenfalls verhaftet hatten, wollten sie einen Prozess nach dem islamischen Gesetz der Scharia machen. Der Botschafter der Volksrepublik protestierte persönlich bei der Regierung. Das zeigte Wirkung, denn China ist einer der ältesten und engsten Verbündeten Pakistans. Vor aller Welt wurde noch einmal klar, dass die Brüder Ghazi aus der Roten Moschee einen Brückenkopf der Taliban gemacht hatten, direkt vor der Nase eines scheinbar allmächtigen Generals, der sich den Kampf gegen die Taliban auf die Fahnen geschrieben hatte.

Abdul Raschid Ghazi hatte sein Telefongespräch beendet.

»Herr Ghazi, viele Leute behaupten, Sie seien nichts anderes als ein Taliban?«

»Was meinen Sie damit?«

»Dass Ihre Ideen dieselben sind wie die der Taliban?«

»Ich denke, dass die Taliban gute Muslime sind.«

»Aber würden Sie sich als Taliban bezeichnen?«

Er lächelte und sagte dann mit seiner sehr sanften Stimme: »Das

hier ist Pakistan, Afghanistan hat andere Traditionen. Aber hier wie dort gibt es gute Muslime.«
»Ja, schon, aber Ihre Schüler und Schülerinnen ziehen mit Stöcken bewaffnet durch das Viertel und bestrafen jeden, der sich in ihren Augen unmoralisch verhält. Das erinnert mich doch an die berüchtigten Tugendbrigaden der Taliban.«
Wieder lächelte er.
»Unsere Schüler verteidigen nur den Islam.«
»Ja, aber die Mittel …«
Aus der Tasche seines *shalwar kamiz* kam ein Rauschen und Knacken. Er griff hinein und beförderte ein Walkie-Talkie hervor. Er drückte einen Knopf und aus dem Gerät war eine krächzende Stimme zu hören. Er lauschte, drückte wieder einen Knopf, hielt sich das Gerät an den Mund und sprach ein paar abgehackte Sätze hinein, dann lauschte er wieder auf die krächzende Stimme. Ich blickte in der Zwischenzeit auf den Boden, auf Ghazis behaarte Zehen, seine wippenden, zappelnden Füße. Ghazi wirkte wie ein überlasteter Manager, der drei Dinge gleichzeitig zu bewältigen hatte, drei Dinge auf ganz verschiedenen Ebenen. Ich stellte mir vor, dass er über das Walkie-Talkie Anweisungen an die Wachen gab, die es irgendwo in dem verwinkelten Gebäude geben musste, und ich dachte daran, dass er sich über sein hypermodernes Mobiltelefon vielleicht mit Gleichgesinnten in Peshawar in Verbindung setzte. Und schließlich gab er gerade einem ausländischen Journalisten ein Interview, um seine Botschaft in der westlichen Welt zu verbreiten.
Nach einigem Hin und Her ließ er das Walkie-Talkie mit einer schnellen, unmerklichen Bewegung wieder in seiner Tasche verschwinden und wandte sich mir zu. Er lächelte kurz.
»Bitte?«
»Ich war bei den Mitteln, mit denen man die Sache des Islam verteidigen kann …«

»Ach ja«, sagte er beiläufig.
»Sind Selbstmordattentate das richtige Mittel?«
»Wir haben das Recht, den Islam zu verteidigen. Es ist sogar unserer Pflicht, das zu tun!«
»Glauben Sie denn, dass Ihre Schüler den Islam verteidigen, wenn sie in den Straßen Islamabads Jagd auf Menschen machen, denen sie unmoralisches Verhalten unterstellen?«
Ghazi schaute mich mit starren Augen an.
»Dieses Land ist gegründet worden, um den Islam zu verwirklichen. Wenn es die Regierung nicht tut, dann wird es das Volk tun. Ich spiele dabei eine unbedeutende Rolle. Das Volk will den Islam. Deswegen ist er nicht aufzuhalten.«
»Aber auch Präsident Musharraf ist ein Muslim.«
»Er ist ein Sklave!«, sagte Ghazi rundheraus, »ein Sklave Amerikas! Das sehen wir jeden Tag. Er führt im Auftrag Amerikas einen Krieg gegen das eigene Volk. Er bekommt ja nahezu täglich Besuch, um Befehle zu empfangen.«
Wenige Wochen vor unserem Gespräch war tatsächlich US-Vizepräsident Dick Cheney zu Besuch nach Islamabad gekommen, um Musharraf eine sehr deutliche Botschaft zu überbringen. Entweder trete der General im Kampf gegen die Taliban härter auf, soll Cheney zu Musharraf gesagt haben, oder die USA würden ihre finanzielle und militärische Hilfe kürzen. Das kam einem Befehl ziemlich nahe. Für Ghazi war der Besuch des amerikanischen Vizepräsidenten eine besondere Genugtuung. Dass Cheney so hart mit dem General ins Gericht ging, war nämlich auch auf Ghazi zurückzuführen. Dank der Roten Moschee war die Talibanisierung Pakistans auf die Tagesordnung der Weltpolitik gekommen. Je länger Musharraf tatenlos zusah, desto konkreter schien die Gefahr, desto alarmierter war man in Washington. Die Brüder Ghazi betrieben mit der Besetzung der Bibliothek und mit ihren Tugendbrigaden, die durch die benachbarten Straßen zogen, klas-

sische Propaganda der Tat: »Seht her, wie schwach der General ist! Seht her: Der Kaiser ist nackt!« Das war ihre Botschaft, und diese Botschaft beunruhigte die USA – und nicht nur sie. Die säkularen pakistanischen Mittelschichten hatten Musharraf auch deswegen lange unterstützt, weil sie in ihm ein Bollwerk gegen den religiösen Extremismus sahen. Nun mussten sie miterleben, dass er tatenlos zusah, wie im Herzen Islamabads eine Herrschaft nach dem Muster der Taliban errichtet wurde. Das erschreckte sie, denn sie spürten in all dem auch die Angst des Generals. Er wurde die Geister, die er und seine Armee gerufen hatten, nicht mehr los. Während Musharraf aber gegenüber den Extremisten der Roten Moschee tatenlos blieb, ging er mit aller Härte gegen die demonstrierenden Anwälte vor, die sich gegen die Absetzung von Iftikar Chaudry wehrten. All das untergrub seine Popularität. Abdul Raschid Ghazi wusste das und er streute mit großem Vergnügen Salz in die Wunden des Generals.

»Er ist ein Sklave und ein Diktator!«, sagte er zu mir, während aus seiner Hosentasche wieder ein Rauschen und Knacken kam, das er dieses Mal aber unbeantwortet ließ.

»Was halten Sie von dem Protest der Anwälte?«

»Es ist alles die Schuld des Generals. Er ist ein Diktator, kein Demokrat!«

Ghazi vermied sorgfältig den Eindruck, sich offen hinter die Massenproteste der Anwälte zu stellen. Es war kein Geheimnis, dass diese Bewegung wenig mit Männern wie ihm gemein hatte. Wenn die Anwälte die Einhaltung der rechtsstaatlichen Prinzipien forderten, dann bedeutete dies auch, dass sie die Aktionen Ghazis ablehnten. Er wollte ein islamisches System errichten und die Anwälte einen Staat, in dem die Gewaltenteilung funktionierte. Das Einzige, was die beiden verband, war ihr gemeinsamer Feind Pervez Musharraf.

Ich wollte verstehen, wie weit Ghazi es in der Auseinandersetzung treiben wollte. Er musste sich darüber im Klaren sein, dass Musharraf sich diese Provokation nicht auf Dauer bieten lassen konnte. Irgendwann musste Musharraf reagieren. Je länger die Auseinandersetzung dauerte, desto wahrscheinlicher war, dass seine Reaktion harsch ausfallen würde. War Ghazi wirklich bereit, bis zum Ende zu gehen? Seit Wochen bemühte sich die Regierung darum, eine Lösung auf dem Verhandlungsweg zu finden. Sie schickte Emissäre und unterbreitete Angebote, doch er blieb hart. Ghazi sprach mit mir in einer auffallend sanften Stimme, doch unterstrich das seine Unnachgiebigkeit nur noch mehr. In ihm war ein eisenharter Kern, das war deutlich zu spüren, und manchmal, gerade wenn er lächelte, seine Augen aber starr blieben, meinte ich, diesen Kern sehen zu können wie einen dunklen Stein.

»Ist Ihnen klar, dass Ihre Schüler in Gefahr sind, wenn sie so weitermachen?«

»Sie machen das, was ihnen der Islam sagt.«

»Das mag schon ein, aber Tausende Eltern haben Ihnen ihre Kinder anvertraut. Sie tragen eine große Verantwortung.«

»Die Eltern haben ihre Kinder zu uns geschickt, weil wir ihnen islamische Werte beibringen!«

»Dieser Konflikt aber kann in Gewalt enden.«

Ghazi antwortete mit einem Satz, der ihn mehr entblößte als alles, was er bisher gesagt hatte: »Das Leben eines Einzelnen ist nicht wichtig, wenn es um die Sache geht. Das Leben Tausender ist nicht wichtig, wenn es um den Islam geht!«

Ghazi gab mir zu verstehen, dass er das Gespräch für beendet hielt. Er rutschte auf seinem Stuhl hin und her und zappelte mit den Füßen, und als ich noch eine Frage stellen wollte, klingelte das Mobiltelefon in seiner linken Tasche und gleichzeitig rauschte und knackte das Walkie-Talkie in seiner rechten Tasche. Er nickte mit dem Kopf und reichte mir die Hand. Sie war weich und fest. Dann nahm er das Telefon und drückte auf eine Taste: »Hallo!«

Da war ich schon an der Tür. Ich wusste nicht, dass Ghazi und Dutzende seiner Schüler zehn Tag später tot sein würden.

Ein Tonband aus Fleisch und Blut

Wenige Stunden nach meinem Besuch bei Aziz u Rehman ging ich wieder in das Viertel G6, um mich mit dem Mullah zu treffen. Er hatte mir ja vage versprochen, dass ich ein Mädchen, das in der Medresse der Ghazis studierte, sprechen konnte. Als ich vor der Moschee nach Aziz fragte, kam ein junger Mann auf mich zu, der sich mit dem Namen Faisal vorstellte.
»Aziz u Rehman lässt sich entschuldigen. Er ist gerade nicht da. Doch ich weiß, worum es geht. Kommen Sie mit!«
Ich folgte ihm durch die Straßen des Viertels, die alle gleich aussahen. Es war einfach, sich hier zu verirren. Gleißende Nachmittagssonne. Auf den Straßen war kaum jemand zu sehen, Kinder und Jugendliche vor allem, die Fußball spielten oder mit dem Fahrrad fuhren. Obwohl die Häuser einen ärmlichen Eindruck machten, waren sie gepflegt. Es war spürbar, dass die Bewohner von einem Leben in Sicherheit und bescheidenem Wohlstand träumten und dass sie alles taten, um dies zu erreichen. Diese Sehnsucht nach Wohlanständigkeit schimmerte durch die sehr sichtbare Ärmlichkeit hindurch. Faisal blieb vor einer schmalen Eisentür stehen und klopfte an. Die Tür öffnete sich. Der Kopf eines schmalen Jungen erschien. Faisal redete mit ihm, der Junge öffnete die Tür ganz und wir traten ein. Der Innenhof war nicht größer als ein paar Quadratmeter. Alles hier war winzig klein, die Haustür, die Fenster, und die Mauer, die das Haus schützend umgab, war so niedrig, dass ein groß gewachsener Mann mühelos darüber hinwegschauen konnte. Ein zweiter Junge kam aus dem Haus. Er war etwas älter als der andere, den ich gleich als sei-

nen Bruder erkannte, so ähnlich waren sie sich. Er begrüßte mich mit Handschlag, dann verschwand er wieder und kam mit zwei Stühlen zurück, die er einander gegenüber aufstellte. Er wies mit der Hand auf den Stuhl, den er mitten im Sonnenlicht aufgestellt hatte. Kaum hatte ich mich gesetzt, schlug mir die Sonne mit ihrer glühenden Faust auf den Nacken. Wir sprachen kaum ein Wort. Es lag eine seltsame Spannung in der Luft wie vor einer Theateraufführung, einer Premiere, die in einem Erfolg, aber ebenso in einem Desaster enden konnte. Nach wenigen Minuten kam eine tief in Schwarz gekleidete Frau aus dem Haus. Nur ihre Augen waren zu sehen, alles andere war verhüllt, auch die Hände waren von schwarzen, groben Handschuhen bedeckt. Sie setzte sich aufrecht hin, ohne mich anzusehen. Ihre Brüder stellten sich neben sie, wie zwei Leibwächter. Es war mir, als wollten sie auch meine Blicke abwehren, als wären es giftige Pfeile, die ihre Schwester töten könnten.

»Das ist Zainab Bibi, sie ist eine Schülerin der *Dschamia Hafza*«, sagte Faisal. »Sie können nun Ihre Fragen stellen.«

Ich räusperte mich. Mein Nacken brannte von der Sonne.

»Zainab, hast du dich an der Besetzung der Bibliothek beteiligt?«

»Ja, wir haben das tun müssen, weil die Regierung den Islam angegriffen hat. Sie hat Moscheen in Islamabad niederreißen lassen. Sie hat den Islam angegriffen. Sie hat uns keine Wahl gelassen. Wir mussten uns wehren. Wir sind bereit zu sterben für den Islam.«

Sie redete wie ein Automat. Ich suchte Augenkontakt mit ihr herzustellen, doch es gelang mir nicht. Sie blickte stur an mir vorbei. Wenn ich es doch schaffte, ihr kurz in die Augen zu sehen, spürte ich sofort den Argwohn ihrer beiden Brüder. Ich war mir sicher, dass sie zwischen uns springen würden, wenn meine Augen auch nur für ein paar Sekundenbruchteile auf den ihren ruhen würden. Sie waren wie eifersüchtige Männer, die über ihren Besitz wachten.

»Warum hast du dich entschieden, in diese Schule zu gehen?«
»Es ist eine gute Schule mit einem guten Ruf. Die Lehrer bringen uns bei, wie man als ein guter Muslim leben muss. Wir lernen, was Sünde ist und was nicht. Wenn die Regierung Moscheen niederreißen lässt, dann ist das Sünde. Dagegen müssen wir uns wehren. Pakistan ist ein islamischer Staat. Wir wollen den Islam. Wir werden die Scharia einführen. Das Volk will den Islam. Deswegen wird er kommen.«
Ich hatte den Eindruck, dass meine Frage wie ein Knopfdruck wirkte, der ein ganz bestimmtes Programm auslöste. Zainab Bibi war ein Tonband, sie war kein Mensch aus Fleisch und Blut. Auf diesem Tonband war die Stimme der Brüder Ghazi zu hören, nur dass sie hier so hell und unschuldig klang wie die einer 16-Jährigen, so alt nämlich war Zainab Bibi. Dieses Mädchen war einer Gehirnwäsche unterzogen worden.
»Die Regierung hat gedroht, dass sie Recht und Ordnung wieder herstellen wird.«
»Ich bin bereit, für den Islam zu sterben. Wir sind alle bereit, für den Islam zu sterben!«
Der ältere Bruder Zeinabs flüsterte Faisal etwas ins Ohr.
»Das Interview ist beendet!«, sagte Faisal. Ich hätte gerne noch ein paar Fragen gestellt, doch wollte ich nicht widersprechen, denn die Brüder wirkten ganz plötzlich feindselig. Zainab Bibi stand auf, und als sie sich erhob, sah ich für einen kurzen Moment in ihre Augen. Sie waren dunkel und bevor ich auch nur einen Eindruck bekommen konnte, blickte sie zur Seite wie ein Tier, das Angst hatte, erlegt zu werden.
Kurz vor dem Abendgebet ging ich noch einmal zu Aziz u Rehman. Ich wollte mich bei ihm für seine Hilfe bedanken. Er saß mit seinen Freunden in der neuen Moschee, in dem Teil, der schon überdacht war. Die Menschen strömten zu dieser Stunde herbei, um das Gebet zu hören. Aziz hatte daher wenig Zeit, doch ließ er

mich das nicht spüren, dazu war er zu gastfreundlich. Wir tauschten die üblichen Belanglosigkeiten aus und dann nahm das Gespräch ganz plötzlich eine Wendung ins Praktische.

»Das größte Problem für unsere Kinder«, sagte einer der Anwesenden, »ist der Mangel an Arbeit!«

Aziz nickte und ein anderer sagte:»»Wir hatten es auch schwer, als wir hierher kamen, aber es gab Arbeit. Eine bescheidene Arbeit für einen bescheidenen Lohn, aber immerhin fanden wir eine Anstellung. Aber heute? Die Jungen finden nichts, gar nichts!«

Aziz hörte zu und strich sich bedächtig den Bart. Er nahm sich die Lage der jungen Leute sehr zu Herzen. Das wusste ich, denn er hatte mir schon von seinen Bemühungen erzählt, für den einen oder anderen eine Arbeit zu finden. Doch das waren nur Tropfen auf den heißen Stein. Die große Mehrheit der Jugendlichen im Viertel blieb ohne Arbeit.

»Glauben Sie denn, dass die Medresse der Brüder Ghazi Ihre Kinder auf den Arbeitsmarkt vorbereitet?«

Es trat ein kurzes Schweigen ein. Aziz fragte mich: »Was meinen Sie damit?«

»Ich frage mich, ob die Kinder in dieser Schule Qualifikationen mit auf den Weg bekommen, die ihnen helfen, eine Arbeit zu finden.«

»Ich denke, dass ihnen dort islamische Werte vermittelt werden«, sagte Aziz.

»Aber glauben Sie, dass ihnen das bei der Suche nach Arbeit hilft?«

»Ich glaube, dass es immer hilft, ein guter Muslim zu sein.«

Aziz wich mir aus. Er wusste genauso wie ich, dass die Schüler in der Medresse der Ghazis nicht viele praktische Kenntnisse vermittelt bekamen. Freilich, Aziz betrachtete die Kenntnis des Korans als sehr praktische, weil im Alltag anwendbare, ja sogar notwendige Qualifikation – und in gewisser Weise war das auch so. In dieser frommen Gemeinschaft konnte man sich nur als

Frommer nützlich machen. Doch wusste auch Aziz, dass die Ghazis ihren Schülern über die Kenntnisse des Korans hinaus nicht viel beibrachten. Aber er äußerte sich mir gegenüber nicht weiter. Ich hatte den Eindruck, dass er mir nicht die Gelegenheit geben wollte, weiter über die Medresse der Ghazis zu diskutieren oder sie zu kritisieren. Auch wenn er eher ein aufgeschlossener Mann war, so war das offensichtlich für ihn nicht die Zeit, über derlei Dinge zu lange zu diskutieren. Die Ghazis und General Musharraf standen sich in einem tödlichen Konflikt gegenüber – da wollte Aziz die Medresse nicht mit allerlei Fragen entblößt wissen.

»Wir müssen zum Gebet«, sagte er und erhob sich. »Kommen Sie jederzeit wieder. Sie sind herzlich willkommen!«

Als ich hinausging, musste ich mich durch die Menschenmenge drängen, die in die Moschee strömte, um zu beten.

Im Rhythmus der Katastrophen

Ich ging zu Fuß zu meinem Guesthouse. Es lag nur wenige Hundert Meter von Aziz' Moschee entfernt. Der Abend war warm. Es dunkelte. Die Märkte waren voller Menschen, Lichterketten blinkten, der Geruch von gebratenem Fleisch hing in der Luft. In den Straßen toste der Verkehr und ab und zu ließ ein schneidiger junger Mann den Motor seines aufgemotzten Autos markerschütternd brüllen. Die Jahre unter Musharraf waren gute Jahre für Islamabad gewesen. In der Stadt hatten sich zahlreiche internationale Unternehmen niedergelassen, die prächtige Geschäfte machten. Sie profitierten von den niedrigen Löhnen, von Steuervorteilen, die ihnen gewährt wurden, wenn sie nur die richtigen Kontakte hatten. Der General bot politische Stabilität, die Wirtschaft wusste das zu schätzen. Mieten und Immobilienpreise stiegen rasant, Spekulanten machten in kürzester Zeit riesige Profite und überall schnitten sich die Offiziere ihren Teil ab. Wer mietete oder kaufte, stieß früher oder später auf einen pensionierten Armeeangehörigen. Das war unvermeidbar. Islamabad war zum Zentrum für humanitäre Organisationen geworden, seit Afghanistan für die internationale Gemeinschaft wieder geöffnet war. Ein Schwarm ausländischer Helfer kam in die Stadt, blieb für ein paar Tage, fuhr nach Afghanistan, kam wieder zurück, blieb und fuhr wieder los. Islamabad atmete im Rhythmus der Katastrophen. Wenn eine Krise ausbrach, blähte sich der Stadtkörper auf, wenn sie zu Ende ging, fiel er langsam in sich zusammen. Dann ähnelte die Stadt einem schläfrigen Menschen, der unter niedrigem Blutdruck litt. Manchmal erschien sie mir wie ein Süchtiger, der sich nach der nächsten Katastrophe sehnt wie nach einem Schuss Heroin. Auch das, und nicht nur ihre junge Geschichte, gab der Stadt etwas Unwirkliches. Die Villen, die Gärten, die Parks, die Marktplätze, die Paläste und Moscheen, alle hätten über Nacht verschwinden können, so flüchtig erschienen sie. Islamabads Baumeister hatten sich bemüht, die Macht Pakistans durch eindrucksvolle Größe zu repräsentieren, und doch hätte sich niemand gewundert, wenn sie in kürzester Zeit abgebaut worden wäre, zusammengefaltet wie die Zelte eines durchziehenden Heeres.

Wie viele verschiedene Träume in dieser Stadt doch geträumt wurden! Der Traum Abdul Raschid Ghazis von einem Islamabad, das sich der strengen Scharia unterwarf; der Traum des Generals von einer Stadt, die sich von ihm regieren ließ wie ein Kasernenhof; der Traum des kleinen Mullahs Aziz u Rehman, es dem Staat, Allah und den Menschen in seinem Viertel gleichermaßen recht machen zu können. Freilich, auch in anderen Städten wurden die Träume geträumt, die nicht zusammenpassten, die sich widersprachen und mitunter in einem gefährlichen Widerstreit zueinander lagen, doch in Islamabad ging es immer um das Ganze.

Sollte das Land islamisch sein oder säkular? Sollte es demokratisch sein oder autoritär? Es ging um das Entweder-oder, besonders in diesen Tagen, da Abdul Raschid Ghazi den General ganz offen herausforderte, die Anwälte auf die Straße gingen und sich von der Polizei die Köpfe blutig schlagen ließen und Mullah Aziz verwirrt zwischen den Fronten saß. Durch Islamabad lief eine Bruchlinie, an die der Staat zerbrechen konnte.

Zwischen Apathie und Zorn

Am folgenden Tag besuchte ich den Anwalt Ahmed Reza Qasuri. Er war im wahrsten Sinne des Wortes ein Einzelgänger, ein Mann, der seine Meinung offen sagte und damit nicht selten völlig falsch lag – und doch repräsentierte er die Geschichte des Landes. Qasuri hatte als sehr junger Jurist und Parlamentsabgeordneter an der neuen Verfassung Pakistans im Jahr 1973 mitgeschrieben und konnte sich daher mit einigem Recht »Verfassungsvater« nennen, was er mir gegenüber auch mehrmals tat. Qasuri war groß gewachsen, er hatte einen riesigen Kopf und einen kräftigen Körperbau. Er sah nicht aus wie ein Anwalt, eher schon wie ein Landbesitzer, der gerne selbst Hand anlegte. Er empfing mich im Untergeschoss seines Hauses, einer Villa, die Wohlstand, aber nicht Reichtum verriet. Das Untergeschoss war eine Mischung aus Arbeitszimmer, Bibliothek und Souvenirladen. Qasuri hatte eine dröhnende Stimme, die mühelos den ganzen Raum ausfüllte. Wenn ich ihm eine Frage stellte, verstand er mich manchmal nicht, weil der Nachklang seiner Stimme meine Worte überdeckte.

Qasuri war auch in diesen schwierigen Tagen seinem Ruf als einzelgängerischer Außenseiter treu geblieben. Er hatte, gemeinsam mit anderen Anwälten, die Aufgabe übernommen, General Mu-

sharraf gegen Iftikar Chaudry zu vertreten. Chaudry hatte gegen seine Entlassung geklagt und Qasuri nahm es auf sich zu beweisen, dass eben diese rechtmäßig war.
»Warum haben Sie das Mandat angenommen? Die Anwälte sind doch in ihrer übergroßen Mehrheit auf der Straße, um gegen Musharraf zu demonstrieren?«
»Ich habe das Mandat angenommen, weil ich denke, dass Musharraf recht hat!«
Auch wenn ich mit ihm nicht einverstanden war, so gefiel mir dieser Satz, denn er zeugte von einem bemerkenswerten Mangel an Konformismus. In dem Augenblick, in dem fast alle Juristen Pakistans gegen Musharraf demonstrierten, stand Qasuri auf und sagte: »Halt, ihr liegt alle falsch!« Das bedeutete nicht, dass Qasuri den General politisch unterstützte, jedenfalls ließ er während unseres gesamten Gesprächs mit keinem einzigen Wort erkennen, dass er für den Politiker Musharraf Sympathien hegte – den Mandanten Musharraf allerdings nahm er eloquent in Schutz.
»Können Sie mir erklären, warum Sie glauben, dass Musharraf recht hat?«
»Als Präsident darf er den Obersten Richter entlassen, ganz einfach!«
»Warum empören sich dann aber fast alle Juristen Pakistans?«
»Weil sie politisiert sind. Sie verfolgen politische Absichten!«
Qasuri setzte nun zu einer sehr langen Erklärung an. Er führte mich mitten hinein in den Dschungel der Paragrafen. Ich hatte Mühe, ihm zu folgen, und ich verlor mich auch. Doch ich begriff, worum es ihm ging: Er wollte die Gesetze nicht den Launen der Politik aussetzen. Er wehrte sich gegen die Aufwallung der Öffentlichkeit im Namen des Rechts.
»Aber Sie verteidigen General Musharraf, der doch selbst das Gesetz ändert, wann und wie es ihm gefällt?«
»Er ist der Präsident des Landes!«, sagte Qasuri und gab eine lan-

ge Antwort, die erneut tief in den Paragrafendschungel führte. Er kam mir vor wie ein Mann, der flüchtete, ohne dass er das bemerkte. Er wich dem politischen Problem aus, indem er so tat, als sei Pakistan ein funktionierender Rechtsstaat, in dem alle Bürger die Gesetze einhielten – und in dem vor allem die Regierung sie respektierte. Vielleicht war das der Traum, den er nicht loslassen konnte. Er schien nicht sehen zu können, dass der Rechtsstaat in erster Linie von der Armee mit Füßen getreten wurde. Es gelang mir nur selten, ihn zu unterbrechen, und wenn es gelang, dann redete er weiter, als hätte es meine Frage nicht gegeben. Ich entschied mich, ihn reden zu lassen und auf den Moment zu warten, in dem er sich gewissermaßen ausgelaufen hatte und nicht mehr weiterreden würde. Es dauerte, aber der Moment kam, in dem auch er erschöpft war und schwieg. Ich wartete noch ein paar Sekundenbruchteile, bevor ich ihm meine Frage stellte. In dieser knappen Zeit atmete er tief ein. Die Luft strömte hörbar in seine Lunge.

»In diesen Tagen erlebt Pakistan eine schwere Krise. Zum einen haben Sie die Anwälte, die gegen Musharraf auf die Straße gehen, zum anderen haben Sie Männer wie die Brüder Ghazi, die ihn von einer islamistischen Seite her kritisieren. Wie denken Sie darüber?«

Qasuri schwieg eine Weile. Dann sagte er: »Pakistan steht am Scheideweg. Es wird sich zeigen, ob sich das Lebensmodell westlich des Indus oder jenes östlich des Indus durchsetzt!« Westlich des Indus befinden sich die Stammesgebiete und die North Western Frontier Province. Dort herrscht die fundamentalistische, religiöse MMA-Koalition. Östlich des Indus sind säkulare Parteien wie die *Pakistan Peoples Party* von Benazir Bhutto in der Mehrheit. Der Indus war die Scheidelinie, an der sich entschied, ob Pakistan sich talibanisieren würde. Qasuri sah die Gefahr.

»Warum, glauben Sie, ist es dazu gekommen?«

»Es war ein Fehler, gegen die Taliban Krieg zu führen. Sie können sie nicht besiegen, weil sie eine Idee sind. Wollen Sie eine Idee mit Bomben besiegen? Das geht doch nicht!«

»Sie meinen, man hätte in Afghanistan nicht intervenieren sollen?«

»Ja, sicher nicht. Es ist Sache der Afghanen, wie sie ihre Verhältnisse regeln.«

»Aber was ist, wenn die Afghanen unter ein Regime des Terrors geraten?«

»Es ist Sache der Afghanen!«, wiederholte er. Danach sprachen wir über den 11. September 2001. Er bestritt, wie jeder pakistanische Gesprächspartner, den ich bisher getroffen hatte, dass Al-Qaida dafür verantwortlich war. Er verlangte Beweise, Beweise, Beweise – und akzeptierte doch keine. Es war das übliche Spiel. Der übliche Abgrund, der sich auftat. Es war nicht möglich, einen Konsens über die Ereignisse des 11. September herzustellen.

Ich bemühte mich, das Gespräch zu beenden. Dabei hatte ich ein sehr zwiespältiges Gefühl. Ich hätte am liebsten auf ihn eingeredet, bis er endlich verstanden hätte, dass tatsächlich Al-Qaida die Attentate ausgeführt hatte und dass Osama bin Laden eine Bedrohung für alle war und nicht nur für den Westen. Das hätte ich ihm sagen wollen, doch wusste ich, dass es sinnlos war – so wie es mit allen anderen Pakistanern sinnlos gewesen war, mit denen ich darüber gesprochen hatte. Ich war hin- und hergerissen zwischen Apathie und Zorn. Immerhin hatte dieser Mann in England studiert, er war einer der hervorragenden Juristen seines Landes, er hatte an der Verfassung mitgeschrieben – doch wenn die Rede auf die Taliban kam, wiederholte er, was alle sagten: Man muss die Afghanen so nehmen, wie sie sind. Es fiel kein Wort darüber, dass die Taliban von außen finanziert, ausgebildet und gesteuert worden waren. Die Afghanen erschienen in den Worten Qasuris wie ein Volk mit feststehenden, ewigen Eigenschaften: kriegerisch,

unbezähmbar, konservativ. Sie waren in seinen Augen ahistorische Wesen. »Man muss sie nehmen, wie sie sind« – das bedeutete auch, dass man das Schicksal Afghanistans den Pakistanern überlassen musste, dem Nachbarn mit den stärksten Interessen in Afghanistan.
»Wissen Sie, wir können uns die Nachbarn nicht aussuchen. Wir müssen mit den Afghanen leben. Sie nicht. Eines Tages werden die Ausländer weg sein und wir werden noch hier sein, in dieser Nachbarschaft.«
»Ja, ich verstehe …«
Ich koppele mich von dem Gespräch ab. Qasuri sprach noch eine Zeit lang über die Taliban. Er kannte sich aus im Dickicht der Stämme, der Unterstämme, Clans und Sippen. Ich dachte während des Gesprächs, dass er vielleicht doch recht haben konnte. Vielleicht hätte man nie in Afghanistan intervenieren sollen, weil man dort keinen Erfolg haben konnte. Aber diese Alternative, dachte ich, gab es doch nicht, denn in Afghanistan hatte Al-Qaida freie Hand gehabt, um ihre Anschläge zu planen. Genau das aber machte in den Augen Qasuris und der vielen anderen Pakistaner, die ich gesprochen hatte, keinen Sinn. Selbst wenn Al-Qaida im Afghanistan der Taliban großen Einfluss hatte, was sie bestritten, war das kein Problem. Denn Al-Qaida hatte ihrer Meinung nach die Attentate vom 11. September ja nicht ausgeführt. Osama bin Laden war ohnehin eine Schöpfung der USA.
Ich verabschiedete mich von Qasuri. Ich drückte seine Hand, die eher einer Pranke glich, und er begleitete mich bis auf die Straße. Im Tageslicht sah er noch größer und kräftiger aus als in dem schummrigen Licht des Untergeschosses. Er hielt für mich ein kleines, klappriges Taxi an. Bevor ich einstieg, umarmte er mich. Seine muskulösen Arme schlossen sich um mich wie Schraubstöcke. Qasuri roch nach einem feinen Rasierwasser.

»Kommen Sie mich im Obersten Gericht besuchen!«, sagte er zum Abschied.

»Ja, sicher«, antwortete ich und stieg in das Auto. Ich bat den Fahrer, mich ein wenig durch die Stadt zu fahren.

»Wollen Sie etwas Schönes sehen?« Der Fahrer war jung, gut gekleidet und hatte sprühende Augen.

»Warum nicht ...«

»Dann bringe ich Sie in die Berge in ein schönes Restaurant. Von dort haben Sie einen wunderbaren Blick auf die ganze Stadt.«

Ich wusste, wovon er sprach. In den Margalla Hills, keine zehn Minuten von der Stadt entfernt, gab es ein Restaurant, das am Ende eines Parks lag. Es war ein beliebtes Ausflugsziel. Abends war es voller Menschen, die über die gepflegten Wege spazierten und die frische Brise genossen, die hier oben meist wehte. Bei Nacht konnte man sehen, wie eng Islamabad und seine Zwillingsstadt Rawalpindi zusammenwuchsen. Die Lichter der Städte waren nur durch einen dunklen Streifen getrennt. Bald würden sie sich zu einem einzigen Lichtermeer vereinen.

Uniformierte des Säkularismus

Der Taxifahrer drückte aufs Gas. Es bereitete ihm offensichtlich großes Vergnügen, mit höchstmöglicher Geschwindigkeit in die Kurven der Bergstraße zu fahren. Schnell fuhren wir nicht, denn der kleine Wagen hatte einen schwachen Motor, doch war das Auto schnell genug, um mich bei jeder Kurve auf dem Rücksitz des Wagens hin- und herzuschleudern. Als wir oben ankamen, fühlte ich mich schlecht. Ich bat den Fahrer, auf mich zu warten, und ging dann in den Park, über einen leicht ansteigenden Weg hinauf zu dem Restaurant, das auf einem Vorsprung des Berges lag. Es war heiß und ich schien, bis auf ein paar Gestalten, die ich nicht zuordnen konnte, der einzige Mensch im Park zu sein. Nach wenigen Minuten erreichte ich das Restaurant. Ich setzte mich auf einen Plastikstuhl, bestellte beim Kellner eine Cola und blickte hinunter auf die Stadt. Sie lag unter diesigem Licht, ihre Konturen waren kaum zu erkennen. Alles verschwamm im Unbestimmbaren. Bei klarem Licht konnte man die einzelnen Gebäude erkennen, den Präsidentenpalast, das Parlament, das Gericht, ja selbst die Rote Moschee ließ sich mit einiger Kenntnis des Ortes ausmachen. Doch heute – nichts. Alles war zu einem Brei verschwommen, einem kochenden Brei.

Wohin sollte ich mich als Nächstes wenden in meinem Bemühen, dieses Land zu begreifen? Ich war ratlos, weil mir schien, immer wieder auf etwas zu stoßen, das ich entweder nicht verstand oder das mir entwischte, sobald ich glaubte, es verstehen zu können. Was würde in diesem Land geschehen? Würde es sich talibanisieren, wie viele fürchteten? Oder war das nur eine übertriebene Angst, die darüber hinwegtäuschte, dass das Militär alles unter Kontrolle hatte? Aber was war, wenn das Militär sich Schritt für Schritt islamisierte? Und was war mit der sogenannten Zivilgesellschaft? Hatte sie die Kraft, der Talibanisierung zu widerstehen? Würden die Anwälte stark genug sein, um Musharraf in die Knie zu zwingen?

Ich trank meine Pepsi Cola aus. Sie schmeckte süß und klebrig. Ich musste etwas Klarheit in meine Gedanken bringen und beschloss daher, in das Oberste Gericht zu fahren. Dort konnte ich die Anwälte treffen, die Protagonisten der Stunde. Der Fahrer wartete im Schatten eines Baumes auf mich. Er lächelte, als er mich sah.

»Sie waren aber nur kurz weg. Hat es Ihnen nicht gefallen?«
»Doch, doch, aber ich habe einen Termin im Gericht!«
»Vor Gericht?« Er wirkte erschreckt.
»Nein, keine Sorge, ich will mich da nur umschauen.«

»Ach, so, dann ist es ja gut.«

Wir stiegen in das Auto. Er fuhr mit demselben Vergnügen den Berg hinunter, wie er ihn hinaufgefahren war.

»Sie wollen zu den Anwälten, nicht wahr?«, rief mir der Fahrer zu, während er mit Schwung die letzte Kurve vor Islamabad nahm.

»Ja!«

Er war ungewöhnlich neugierig für einen Taxifahrer, vor allem aber sprach er gutes Englisch, was nicht viele Fahrer in Islamabad beherrschen.

»Was halten Sie von den Protesten der Anwälte?«

»Ich?« Er bremste, um an einer Ampel anzuhalten.

»Ja, Sie.«

»Ich, was soll ich sagen, ich habe mal Jura studiert.«

»Und?«

»Dann ging mir das Geld aus!«

»Ich verstehe, aber was halten Sie von den Anwälten?«

»Was soll ich schon von ihnen halten!« Die Ampel schaltete um auf Grün, er fuhr mit einem Ruck an. »Viele dieser Anwälte sind nichts weiter als Winkeladvokaten!«

»Was meinen Sie damit?«

»Ich meine, dass der Anwaltberuf in Pakistan nicht besonders angesehen ist«, und bevor ich unterbrechen konnte, hob er die Stimme ein wenig. »Ich weiß schon, dass diese Anwälte einen ganz besonderen Ruhm genießen, seit sie gegen Musharraf demonstrieren!«

»Und? Kann man dagegen etwas einwenden?«

»Nichts, natürlich. Nur, wie soll ich sagen? Sie bleiben doch Winkeladvokaten, auch wenn sie jetzt als Helden der Demokratie gefeiert werden!«

Ich fand, dass er ungerecht war, doch andererseits, was wussten wir im Westen über pakistanische Anwälte? Was wussten wir von ihren Stärken und Schwächen? Bis zu den Massendemonstrationen waren sie von den Medien praktisch nicht wahrgenommen worden. Warum auch? Sie waren als gesellschaftliche Klasse nicht in Erscheinung getreten. Als sie aber auf die Straße gingen mit ihren schwarzen Anzügen, ihren schwarzen Krawatten und weißen Hemden, brachen sie massiv in die Bilderwelt des Westens ein. Es war ein wirklicher Schock. Pakistan war seit Jahren nur durch bärtige Fundamentalisten oder durch stramme Offiziere vertreten, und nun sah man diese Anwälte, die wie Uniformierte des Säkularismus wirkten.

»Sehen Sie, da sind sie schon!«

Der Fahrer wies mit der Hand auf die andere Seite des Boulevards. Dort sah ich vor dem Eingang zum Obersten Gericht ein Grüppchen Anwälte zusammenstehen. Sie hielten Transparente hoch. Im Hintergrund standen aufgereiht Dutzende Polizisten. Mein Fahrer machte bei der nächsten Gelegenheit eine Kehrtwende. Als ich aus dem Wagen stieg, umringten mich die Anwälte sofort mit ihren Transparenten. Sie sangen ein Lied mit dem Refrain: »Musharraf down! Down Musharraf!« Einer von ihnen hatte seinen Wagen am Bordstein geparkt. Er öffnete Fenster und Türen, dann schaltete er seine Stereoanlage ein. Ein Lied donnerte aus den Lautsprechern: »Musharraf down! Down Musharraf!« Die Anwälte sangen, tanzten und jubelten. Sie feierten so überzeugend, dass ich mich schon fragte, ob ich denn, während ich auf den Margalla Hills war, vielleicht den Sturz Musharrafs verpasst hatte.

»Nein, nein!«, sagte einer der Anwälte auf meine Frage hin. »Aber bald stürzen wir ihn!« Dann lachte er auf, als sei es die einfachste Sache der Welt. Ich hielt mich noch eine Zeit lang unter den Anwälten auf. Im Laufe der Jahre hatte sich in ihnen offensichtlich einiges aufgestaut, und nun brach es sich Bahn. Ihre Ausgelassenheit war ansteckend. »Musharraf down! Down Musharraf!«

»Dem würde auch Abdul Raschid Ghazi aus der Roten Moschee zustimmen«, sagte ich zu dem Anwalt.

»Ja, sicher. Alle, die den Diktator loshaben wollen, sind uns willkommen!«

»Aber Sie wissen, dass Abdul Raschid Ghazi ein islamistischer Extremist ist?«

»Oh ja, aber solange er Musharraf stürzen will, ist er willkommen.«

»Sind Sie sicher?« Ich schaute ihn ungläubig an.

»Natürlich muss er auch den Rechtsstaat anerkennen!« Dann lachte er wieder laut und fing an zu jubeln: »Musharraf down! Down Musharraf!«

Ich ging an den Polizisten vorbei in das Oberste Gericht. In der Lobby herrschte reges Treiben. Anwälte, Richter, Staatsanwälte, Saaldiener, Polizisten gingen vorbei, manche standen in Gruppen beisammen und berieten sich, andere tauchten unvermutet aus tiefen, düsteren Gängen auf, unter dem Arm einen Packen Akten, und verschwanden ebenso leise, wie sie gekommen waren. Türen öffneten sich und schlossen sich wieder. Man hörte das eilige Trippeln von Füßen, Tuscheln und Flüstern. Fast hätte man vergessen, dass der Justizapparat trotz der politischen Krise weiter funktionierte. Menschen wollten zu ihrem Recht kommen, auch wenn der Staat am Zusammenbrechen war. Qasuri hatte mir empfohlen, in die Cafeteria zu gehen, dort würde ich mit Anwälten reden können und mit etwas Glück auch ihn antreffen. Ich könne ihn jederzeit anrufen. Das tat ich. Er klang am Telefon sehr freundlich und vertröstete mich für eine halbe Stunde. Er hätte noch etwas zu erledigen. Dann erklärte er mir den Weg in die Cafeteria. Sie lag im ersten Stockwerk hinter einer hölzernen Schwingtür. Als ich eintrat, blickten mich gleich mehrere Anwälte an, die zu meiner Linken auf einer Polstergarnitur saßen und angeregt miteinander plauderten, während sie Reis, Hühnerfleisch und Fladenbrot aßen. Einer von ihnen sprang auf und lud mich ein, mich zu ihnen zu setzen.

Musharraf gegen Chaudry

»Ich habe vor dem Gericht eine Demonstration gesehen. Waren Sie auch dabei?«, fragte ich ihn, kaum dass ich mich auf der weichen Sesselgarnitur niedergelassen hatte.
»Oh ja«, sagte einer von ihnen, »ich war auch da, mit meinen Freunden«, dabei wies er auf die anderen, die mich neugierig betrachteten.
»Und warum sind Sie nicht mehr dort?«
»Warum fragen Sie?« Er schaute mich erstaunt an. »Wir müssen doch arbeiten. Wir haben hier unsere Fälle zu betreuen. Wir können nicht den ganzen Tag demonstrieren!«
Ich hatte in diesem Augenblick ganz vergessen, dass die Anwälte ja schon seit Wochen demonstrierten, zu Tausenden im ganzen Land. Die Bilder waren so allgegenwärtig gewesen, dass man sich gar nicht vorstellen konnte, dass diese Anwälte auch noch etwas anderes taten, nämlich ihre Arbeit.
»Verzeihen Sie mir, ich war so beeindruckt …«, mit diesen Worten versuchte ich mich aus der Affäre zu ziehen.
»Machen Sie sich keine Sorgen. Möchten Sie Tee?«
Ich bejahte. Der Anwalt war vielleicht 35 Jahre alt, er trug einen Schnauzbart und hatte ein fröhliches, etwas pausbäckiges Gesicht.
»Woher kommen Sie?«, fragte er mich. Seine Freunde hatten inzwischen das Interesse an mir ein wenig verloren und widmeten sich ihren Gesprächen und ihrem Essen. Sie tunkten Fladenbrot in Fleischsoße, knabberten an Hühnerbeinen, schmatzten laut und redeten gleichzeitig in einem rasenden Tempo. Sie schienen es alle sehr eilig zu haben.
»Ich komme aus Deutschland«, sagte ich.
»Ach, aus Deutschland«, sagte der Anwalt plötzlich in einem verschwörerischen Ton.

»Ja, aus Deutschland.«
»Was halten Sie von Amerika?«
»Es ist ein großer, mächtiger Staat«, antwortete ich ausweichend.
»Ich mag Amerika nicht!«
»Ich verstehe …«
»Amerika will allen und jedem vorschreiben, was sie zu tun haben!«
»Naja, ich denke, das ist nicht ganz richtig.«
»Nicht richtig? Natürlich ist das richtig. Amerika ist arrogant!« Er machte eine Pause, schob sich ein Stück Fladenbrot in den Mund und sagte: »Aber ich mag Deutschland!«
»Das freut mich aber.«
Der Anwalt lächelte, unter seinem Schnauzbart kamen sehr weiße Zähne zum Vorschein.
»Wissen Sie, warum ich Deutschland mag?«
»Vielleicht waren Sie dort mal zu Besuch und es hat Ihnen gefallen?«
»Besuch? Wo denken Sie hin. Das kann ich mir doch nicht leisten!« Er lachte. »Nein, ich mag Deutschland!« Er lehnte sich zu mir vor und hielt sein Gesicht ganz nah an meines: »Ich mag Deutschland wegen Hitler!«
»Ach so«, antwortete ich einsilbig.
»Ja, ich weiß, das ist Ihnen peinlich.«
»Na ja, das Schlechteste an Deutschland ist zweifellos Hitler!«
»Meinen Sie das ehrlich?«
»Ehrlich!«
Wenn ich jetzt nicht aus dem Gespräch ausstieg, drohte mir ein langer Vortrag über Hitler und seine angeblichen Verdienste. Solche Gespräche kannte ich zur Genüge. Nur hatte ich das nicht von einem Anwalt erwartet, der im Westen als Held der Demokratie gefeiert wurde. Doch war das wahrscheinlich naiv. Warum sollte dieser Anwalt anders denken als viele Pakistaner? Hitler war bei

vielen hier populär, weil er die Briten bekämpft hatte, der Tod von Millionen Juden erschien in diesem Zusammenhang für viele Pakistaner nicht von großer Bedeutung zu sein.
»Also Hitler …«, der Anwalt setzte zu einem Vortrag an. Ich wehrte entschieden ab.
»Ich möchte nicht über Hitler reden, danke! Lassen Sie uns doch über Pakistan reden, über die Proteste, die Demokratie …«
»Musharraf ist auch ein Diktator. Aber Sie regen sich wegen Hitler auf, wegen Musharraf hat sich im Westen kaum jemand aufgeregt!«
Diese Wendung überraschte mich. Schon war ich in der Defensive.
»Aber Musharraf ist nicht so schlimm wie Hitler!«
»Das denken Sie, er ist aber ein Diktator. Oder stimmt das etwa nicht?«
Der Anwalt schaute mich treuherzig an. Ich wusste nicht, was ich ihm antworten sollte. Mein Schweigen interpretierte er dahingehend, dass mich sein Argument überzeugt hatte.
»Na, sehen Sie!«, sagte er nur und klopfte mir auf die Schulter. Ich schwieg weiter. Als ich aufblickte, sah ich auf der anderen Seite der Cafeteria den Anwalt Qasuri sitzen. Er war mit seinem weißen Haarschopf und seiner imposanten Figur unübersehbar. Ich winkte ihm zu, er machte mir ein Zeichen, dass ich mich zu ihm setzen sollte. Ich nahm diese Gelegenheit gerne war. Als ich aufstand und mich von dem Anwalt verabschiedete, sagte er mit leichter Empörung in der Stimme: »Sie gehen zu diesem Mann?«
»Warum nicht?«
»Er verteidigt Musharraf!«
»Ja, und?«
»Musharraf ist ein Diktator!«
»Das mag sein, aber auch er hat ein Recht auf einen Verteidiger.«
Mit diesen etwas steif und formell klingenden Worten verab-

schiedete ich mich und ging zu Qasuri. Während ich den Saal durchquerte, spürte ich die argwöhnischen Blicke der Anwälte. Es war, als schritt ich durch eine unsichtbare Front und würde zum Feind hinüberwechseln. Qasuri stand auf. Er umarmte mich demonstrativ und stellte mich zwei seiner Kollegen vor: »Sie gehören zum Team der Verteidiger!« Sie hatten ungefähr das Alter von Qasuri.

»Wie war es bei den Anwälten da drüben?«, sagte einer der beiden, ein großer, elegant aussehender Mann.

»Interessant«, antwortete ich beiläufig.

»Sie sind alle politisiert.«

»Das ist das Problem«, pflichtete Qasuri bei, »sie sind politisiert!« Das Essen, das sie bestellt hatten, kam. Während er sehr schnell aß, berichtete er mir von den Details des Prozesses Musharraf gegen Chaudry, den er und seine Kollegen vorbereiteten. Seine Argumente klangen überzeugend, doch hatte ich nicht die Möglichkeit, sie zu überprüfen. Die Stoßrichtung Qasuris allerdings war klar. Er wollte nachweisen, dass Chaudry sich eine Rolle angemaßt hatte, die ihm nicht zustand, nämlich die eines politisch intervenierenden Richters.

»Kann man ihm das vorwerfen?«, fragte ich Qasuri.

»Natürlich, er überschreitet seine Kompetenzen!«

»Das mag sein, aber er füllt eine Rolle aus, die sonst niemand ausfüllt.«

»Was meinen Sie?«

»Es fehlt in Pakistan die politische Opposition. Die beiden wichtigsten Oppositionellen sind im Exil. Es gibt ein Vakuum, das die Richter jetzt ausfüllen.«

Qasuri wischte dieses Argument beiseite. Chaudry habe nun einmal seine Kompetenzen überschritten. Das sei nicht gut, dabei bleibe er.

Die Versuchung der Macht

Auch wenn Qasuri recht haben sollte, übersah er doch die Tatsache, dass aus Chaudry eine politische Figur geworden war. Das Besondere daran war, dass Chaudry aus keiner traditionellen Partei kam, sondern aus den grauen Tiefen staatlicher Institutionen. So überraschend das sein mochte, so beruhigend war es. Denn es zeigte, dass trotz der jahrzehntelangen autoritären Herrschaft der Armee in manchen rechtsstaatlichen Institutionen eine Art demokratisches Gewissen lebendig geblieben war. Als die Zeit gekommen war, wuchs aus diesen Institutionen der Widerstand, nicht aus dem Parlament, nicht aus den Parteien. Es war so, als hätten widerständige Geister im Schutze des Beamtentums überwintern können, während die Macht des Militärs die Zivilgesellschaft atomisierte und korrumpierte. Wie weit fortgeschritten die Schwächung der Zivilgesellschaft war, ließ sich an der Parteienlandschaft ablesen. Pakistan hat zwei große Volksparteien, die *Pakistan Muslim League* (PML) und die *Pakistan Peoples Party* (PPP) und eine traditionsreiche islamistische Partei, die *Jamiat-u-Islami* (JUI). Diese Parteien unterlagen einem permanenten Spaltungsprozess. Immer neue Splitterparteien gründeten sich, ohne sich allerdings ganz von der Wurzel zu trennen. Die PPP zum Beispiel brachte folgende Kürzel hervor: PPPP, PPPPP, PPP-Sherpao. Die *Pakistan Muslim League* spaltete sich in: PMLQ, PMLZ, PMLJ, PMLF. Aus der *Jamiat-u-Islami* gingen hingegen folgende Parteien hervor: JUIF, JUIS, JUIPP, JI, JA. Es wäre müßig, jedes einzelne Parteienkürzel aufzuschlüsseln. Zumeist waren diese Parteien nichts weiter als die Gründung einzelner Politiker, die der Versuchung der Macht erlegen waren. Das Militär beförderte die Abspaltung nach Kräften. »Teile und herrsche« war ihr erfolgreiches Herrschaftsprinzip. Sie agierten wie Kolonialherren, nur dass ihre Kolonie das eigene Land war und die Kolonisierten die eigenen Landsleute. Die Generäle hatten leichtes Spiel, denn sie hatten sehr viel anzubieten, Posten, Pfründe, Einfluss. Im Gegenzug dafür bekamen sie Gehorsam und den Anschein von demokratischer Legitimation. Während der Anwalt Qasuri weiter über die politischen Verfehlungen des Richters Iftikar Chaudry dozierte, erinnerte ich mich an einen Besuch, den ich vor einiger Zeit dem Senat abgestattet hatte und der für mich in Sachen Versuchung der Macht sehr lehrreich gewesen war.

Senator Ahmad Khan Sherpao hatte mich zum Interview gebeten. Sherpao hatte die *PPP-Sherpao* gegründet, seine eigene Splitterpartei der PPP. Er war danach in die Regierung des Generals Musharraf als Innenminister eingetreten. Viele seiner Parteifreunde nahmen ihm das sehr übel. Die PPP hatte nämlich ein sehr gespanntes Verhältnis zur Armee, seit General Zia ul Haq den Gründer und charismatischen Führer der Partei, Zulfikar Ali Bhutto, 1979 hatte hängen lassen. Sherpao war in den Augen mancher ein Verräter, in den Augen anderer schlicht ein Beispiel für die Verführung der Macht.

Sherpao hatte mich in den Senat zum Gespräch geladen. Es war ein kühler Winterabend. Die Dunkelheit war rasch gekommen und Islamabad fiel schnell in tiefen Schlaf. Die Polizisten am Tor winkten mich durch. Ich parkte den Wagen hinter dem Gebäude. Das Parlament war Anfang der 1980er-Jahre jahrelang geschlossen gewesen und so war auch der Parkplatz nicht benutzt worden. Der Asphalt des Platzes war an verschiedenen Stellen aufgebrochen, Gras wuchs aus den Spalten, überall lagen Glasscherben herum, Flaschen und Konservendosen. Es war ein Bild der Trostlosigkeit.

Ich ging durch eine unterirdische Garage in das Gebäude und kam über eine enge Treppe in den ersten Stock. Kein Licht drang von außen herein, und wo es ein Fenster gab, hatte man es mit dicken Vorhängen verschlossen. Als sitze draußen ein Feind. Ich ging in den Sitzungssaal des Senats. Die Senatoren sollten tagen und der Senator hatte mir versprochen, dass er danach für mich Zeit habe. Der Saal war leer. Auch die Zuschauerränge waren leer. Nachdem ich mehr als eine Stunde im Schimmer des Neonlichtes gewartet hatte, kamen die Abgeordneten. Sie schlurften in den Saal und nahmen ihre Plätze ein. Alles ging in vollkommener Stille vor sich. Der Präsident hob würdevoll die Schöße seines *shalwar kamiz* und nahm auf seinem erhöhten Sitz Platz. Die Karakulmütze auf dem Kopf des Präsidenten schwankte dabei wie ein haariges Kamel. Der Präsident sprach ein paar Worte ins Mikrofon, klopfte mit einem Holzhammer auf den Tisch. Die Sitzung war geschlossen, bevor sie überhaupt begonnen hatte. Ein Minister hatte an diesem Tag einen Herzinfarkt erlitten und war verstorben. Aus diesem Anlass hatte der Präsident die Sitzung des Senats vertagt. Der Saal war binnen Minuten leer.

Ich machte mich auf die Suche nach Senator Sherpao, der Minister geworden war. Ich sprach einen Parlamentsdiener an.

»Minister Sherpao?«

Der Mann wiegte den Kopf hin und her.

»Minister Sherpao?«

»Ja!?«

Er wiegte wieder mit dem Kopf.

»Alle Minister sind so neu!«, sagte er entschuldigend und dachte dann lange nach.

»Vielleicht im sechsten Stock, wenn Sie vorne rechts gehen, dann noch mal links, da finden Sie den Lift oder die Treppen!«

Ich bedankte mich und ging in die mir angesagte Richtung. Bald schon erreichte ich den Lift. Die Türen öffneten sich. Im Inneren saß ein Diener in Parlamentsrobe auf einem Hocker. Sonst war niemand da. Der Diener bediente die Knöpfe. Wir hielten in jedem Stock, immer stiegen Abgeordnete zu. Man grüßte sich, man kannte sich. Der Lift kreischte und krächzte, als wäre er jahrelang nicht gewartet worden. Die Abgeordneten trugen edles Schuhwerk und rochen nach Parfüm.

Im sechsten Stock stieg ich aus und fragte einen der Männer, der mit mir ausgestiegen war.

»Können Sie mir sagen, wo ich Minister Sherpao finden kann?«
»Aber natürlich. Kommen Sie mit. Ich bringe Sie hin!« Ich folgte dem Mann um ein paar Ecken und durch zwei große Türen. Schließlich kamen wir in einen Raum, der nicht allzu groß war. Mehrere Männer saßen im Halbkreis um einen Schreibtisch, dahinter Minister Sherpao.

»Das sind Sie ja!«, sagte er freundlich, stand auf und schüttelte mir die Hand. »Sie entschuldigen mich noch ein paar Augenblicke. Ich habe noch eine kleine Besprechung!« Er wies mir einen Stuhl an der Wand zu. Minister Sherpao setzte sich wieder und führte das Gespräch mit den Männern fort. Neben mir saß eine Frau. Ich grüßte sie und fragte sie flüsternd, wer diese Leute denn seien.

»Minister, alles Regierung!«, sagte sie.

Ich staunte über die informelle Atmosphäre, die hier herrschte. Es ging so jovial zu, als handle es sich um ein Treffen alter Schulkameraden. Sie lachten, wechselten in einen ernsteren Ton und lachten dann wieder. Sie sprachen, soweit ich es verstehen konnte, über Regierungsgeschäfte, über den einen oder anderen Senator und über den Minister, der an einem Herzinfarkt gestorben war. Der Raum war völlig schmucklos. Auf dem Schreibtisch des Ministers lagen keine Papiere, kein einziges Dokument, nicht einmal ein Kugelschreiber war zu sehen. Minister Sherpao hatte ein melancholisches Gesicht, in dem zwei große, ausdruckslose Augen lagen. Er war Großgrundbesitzer in einer Grenzregion, ein Feudalherr. In seinem Wahlkreis würde er gewählt werden, ganz gleich, welche Politik er auch immer machte. Er blieb der Patron seiner Bauern und Tagelöhner.

Nach rund einer halben Stunde verabschiedeten sich die Männer.

Minister Sherpao bat mich zu sich heran. Er stellte die Ellenbogen auf den Schreibtisch und legte die Hände ins Gesicht. Er wirkte jetzt sehr müde.
»Herr Minister, Sie haben sich entschlossen, der Regierung des Generals beizutreten. Warum?«
Er gab mir eine Antwort, die aus lauter Sentenzen bestand:
»Der General hat nach dem 11. September Pakistan aus der internationalen Isolation geführt.«
»Der General hat die falsche Politik seiner Vorgänger gegenüber den Taliban beendet.«
»Der General hat alle Verbindungen mit den Terroristen gekappt.«
»Der General hat Pakistan entschlossen in die Weltgemeinschaft zurückgeführt.«
»Der General hat einen Friedensprozess mit Indien in Gang gesetzt.«
»Der General hat das Wirtschaftswachstum ausgelöst.«
»Der General hat eine Vision für Pakistan.«
Ich unterbrach ihn nicht. Ich hörte ihm zu. Je länger er sprach, desto mehr kam er mir vor wie ein alter Papagei, der vor langer, langer Zeit gefangen worden war. In der Gefangenschaft hatte man ihm Sätze eingetrichtert, die er nun immerfort wiederholte. Ich verabschiedete mich bald. Zurück im Hotel, blätterte ich in der Zeitung *Dawn*. Mir fiel das Inserat einer Immobilienfirma auf, das General M. gewidmet war:

Zu neuen Höhen des Glücks
alle Hürden überwinden
immer höher fliegen
höher
es braucht einen Führer, damit die Nation fliegt und fliegt
Danke, dass Sie uns neue Höhe gezeigt haben

Hinter diesen Zeilen war das Konterfei des Generals abgebildet. Er hatte die rechte Hand erhoben. Er winkte wahrscheinlich einem Publikum zu, oder er zeigte die Richtung an.

Daran erinnerte ich mich jetzt und ich hätte dem Anwalt Qasuri gerne davon berichtet, doch war ich im Zweifel, ob er mich verstanden hätte. Er war auf seine Weise ein pakistanischer Patriot, doch war er so sehr an die Herrschaft der Generäle gewöhnt, dass ihm eine Alternative zu der Herrschaft von Generälen nicht mehr möglich schien. Es war mir, als hätte er den Glaubenssatz der Armee, dass sie, nur sie, die Interessen der Nation verteidigte, in sich aufgesogen. Es war allerdings möglich, dass ich mich täuschte, dass die Dinge viel einfacher lagen. Bevor ich mich verabschiedete, fragte ich Qasuri noch einmal, warum er diese doch recht undankbare Aufgabe übernommen habe, Musharraf zu verteidigen. »Immerhin«, versuchte ich seine Eitelkeit zu reizen, »immerhin scheint die ganze Welt auf der Seite der Anwälte zu sein!«

Qasuri lachte auf: »Aber hören Sie. Wenn ich den Prozess gewinne, dann bin ich einer der bekanntesten Anwälte des Landes!«

Von der Standhaftigkeit der Gläubigen

Als ich aus dem Obersten Gericht kam, stand die Sonne tief. Es war mein letzter Tag in Islamabad. Ich hatte viele Menschen getroffen, und doch hatte ich das Gefühl, dass mir etwas fehlte, etwas, das mir noch einmal ganz grundlegend Aufschluss geben konnte über dieses Land. Ich nahm mir ein Taxi und bat den Fahrer instinktiv, mich zu einer der Moscheen zu fahren, die im Zuge der Bauarbeiten für neue Straßen in Islamabad abgerissen worden waren. Diese Moscheen waren der Anlass für die Brüder Ghazi gewesen, auf die Barrikaden zu gehen. Was die Verhaftung

Chaudrys für die Anwälte war, das war für die Islamisten der Abbruch dieser Moscheen. Ich nahm an, dass der Taxifahrer mich schnell zum Ziel führen konnte, doch das war nicht so. Ich musste ihm zuerst klarmachen, worum es ging. Es schien, als hätte er noch nie von dieser Geschichte gehört, und es dauerte lange, bis er endlich sagen konnte: »Ach ja, das meinen Sie, die illegalen Moscheen!« Er wusste vage von einer, die am Stadtrand lag, Richtung Rawalpindi. Wir fuhren in die Abenddämmerung hinein. Die Hitze des Tages stieg aus dem Boden hoch. Der Fahrer schwieg. Durch das offene Fenster hielt ich meine Hand in den warmen Fahrtwind. Die Straßenlichter gingen an und auf den Straßen flammten die ersten Autoscheinwerfer auf. Schließlich, wir waren bereits jenseits der Stadt, kreuzten wir eine breite Schotterpiste, die sich quer durch die Landschaft zog. Es war eine der im Bau befindlichen Ausfallstraßen, denen die Moscheen zum Opfer gefallen waren.

»Hier muss es sein«, sagte der Fahrer. »Irgendwo da vorne.« Tatsächlich kamen wir an eine kleine Moschee, die mitten auf der Straße stand. Die Schotterpiste teilte sich kurz vor der Moschee und schloss sich hinter ihr wieder. Wir hielten an. Die Moschee hatte weder Fenster noch Türen. Die Ziegelmauern waren unverputzt. Sie war noch im Zustand eines Rohbaus. Es sah so aus, als sei sie erst vor Kurzem errichtet worden. Es roch nach frischem Zement, an einer Seite der Moschee stand eine kleine Mischmaschine. Daneben lagen Bauwerkzeuge, und etwas weiter weg lag ein Haufen Ziegel. An der Außenmauer der Moschee hing ein Transparent, auf dem geschrieben stand »Wer uns angreift, der greift den Islam an!« Wir waren an der richtigen Stelle. Ich blickte mich um, aber niemand war zu sehen. Inzwischen war es dunkel geworden. Die Autos, die vorbeifuhren, wirbelten Staub auf. Das Licht ihrer Scheinwerfer drang gedämpft zu uns. Plötzlich sah ich einen Jungen auf uns zukommen, ein kleines, schmächtiges

Kerlchen mit ernstem Gesicht. Der Fahrer wechselte mit ihm ein paar Worte. Dann sagte er zu mir: »Kommen Sie, er bringt uns zu seiner Medresse!«
Wir überquerten die Schotterpiste und stiegen dann über einen schmalen Pfad einen Graben hinunter. Ich hielt mir meinen Schal vor den Mund, um nicht den Staub einatmen zu müssen, der von dem plötzlich angeschwollenen Verkehr in dichten Wolken aufgewirbelt wurde. Lastwagen donnerten vorbei, Busse dröhnten, Autos brummten, Motorräder knatterten. Es war ein Höllenlärm.
Als wir am Grund des Grabens ankamen, sah ich zwei kleine Ziegelhütten, die zwischen ein paar Bäumen standen. Ein Mann kam aus einer der Hütten. Er stellte sich als Leiter der Medresse vor. Ich hatte noch nie eine so kleine Schule gesehen, auch noch nie eine, die so ärmlich aussah wie diese, am Straßenrand, am Grund eines Grabens, eingehüllt vom Staub und Lärm des Verkehrs. Der Schulleiter trug einen langen, schwarzen Bart. Er hatte ein sehr ernstes Gesicht und blickte mich misstrauisch an.
»Ich habe hier 30 Schüler«, sagte er auf meine Frage, wie viele Kinder in seiner Obhut waren. Er führte mich zu einer der Hütten. Ich blickte hinein. Eine nackte Glühbirne hing an der Decke. Sie warf weißes, unsicheres Licht über mehr als 20 Kinder, die den Koran auswendig lernten. Ihr Gemurmel erfüllte den Raum wie das Summen von Bienen. Der Boden war mit einer grünen Filzdecke ausgelegt. Wenn oben an der Straße ein Lastwagen vorbeidonnerte, zitterte die Glühbirne leicht. Die Schüler ließen sich davon nicht irritieren. Ich zog mir die Schuhe aus und setzte mich in den Raum. Ich schloss die Augen und lauschte dem Gemurmel. Nach wenigen Minuten kam der Lehrer auf mich zu. Er sagte, wenn ich Fragen an ihn hätte, sollte ich sie lieber draußen vor der Tür stellen. Das war seine Art, mir zu bedeuten, dass ich störte. Ich ging hinaus.
»Die Moschee auf der Straße da oben, ist das Ihre Moschee?«

Er bejahte und sagte dann: »Wir haben sie den Behörden abgetrotzt!«
Er machte auf mich einen sehr strengen Eindruck. Ich hatte ihn offensichtlich aufgeschreckt. Er konnte seine Unsicherheit nicht verbergen, auch nicht eine latente Feindseligkeit. Warum kommt dieser Mann zu mir? Was will er hier? Diese Fragen standen ihm ins Gesicht geschrieben.
»Werden Sie die Moschee fertigstellen?«
»Aber natürlich!«
»Was ist mit der Straße? Die Moschee steht doch mitten auf der Straße?«
»Die Straße wird um die Moschee herum gebaut werden.«
»Sind Sie sicher?«
»Die Moschee stand 30 Jahre lang dort. Dann sind sie eines Morgens mit Bulldozern gekommen und haben sie abgerissen.«
»Das heißt, Sie haben sie am selben Ort wieder aufgebaut?«
»Ja, wir haben geklagt und das Gericht hat uns recht gegeben. Wir haben das Recht, die Moschee genau dort wieder zu errichten, wo sie vorher stand. Das haben wir getan! Das war ein wichtiges Zeichen.«
Ich war mir nicht sicher, ob ich ihm glauben sollte. Die Geschichte klang mir zu sehr nach einer Legende von der Standhaftigkeit der Gläubigen. Tatsache aber war, dass die Moschee mitten auf der noch nicht fertiggestellten Straße stand. Das ließ sich nicht bestreiten.
»Beten Sie auch in der Moschee?«
»Wo denn sonst?!«
Ich verabschiedete mich bald von diesem dunklen Ort, ging aber in der festen Absicht, bei Tageslicht wiederzukommen. Am nächsten Morgen, als ich bereits meine Sachen für die Weiterreise im Wagen verstaut hatte, fuhr ich noch einmal zu den beiden Hütten. Ich stieg den Pfad hinunter bis auf den Grund des Grabens.

Dabei rutschte ich aus und fiel hin. Ich war sofort umringt von den Kindern. Sie verzogen keine Miene, als sie mich so hingestreckt vor sich liegen sahen. Als ich mich wieder aufgerappelt hatte, gab ich ihnen die zwei Tüten Bonbons, die ich für sie gekauft hatte. Sie zögerten und nahmen sie schließlich doch mit misstrauischen, ernsten Gesichtern an. Wir gingen bis zu den Hütten hinunter. Ich sah, dass es dort, zwischen zwei Bäumen, eine offene Feuerstelle gab. Ein Junge briet Eier in einer Pfanne. Ein paar andere lungerten herum. Ich fragte die Kinder nach ihrem Alter. Sie waren zwischen sechs und zwölf Jahren alt. Ihr Lehrer war nicht da, und so gruppierten sich die jüngeren um die älteren. Sie waren alle sehr schmächtig und für ihr Alter klein gewachsen. Keines von ihnen lächelte. Ich versuchte es mit Scherzen, doch es gelang mir nicht, sie aufzuheitern. Es war trostlos.
Ich fragte die Kinder nach ihrer Herkunft. Kaschmir, sagten sie, wir kommen aus Kaschmir.
»Nach dem Erdbeben sind wir gekommen«, sagte einer der Älteren. Im Jahr 2005 hatte ein Erdbeben, dessen Epizentrum im pakistanischen Kaschmir lag, 70 000 Menschen das Leben gekostet.
»Wo sind eure Eltern?«
»Meine sind tot«, dann machte er eine Pause, »viele von uns sind Waisen.«
Sie waren nach Islamabad geschickt worden und waren in dieser Medresse gelandet, in der sie Lesen und Schreiben lernen konnten und die Verse des Korans – nicht mehr. Sie waren ihrem Lehrer ausgeliefert, weil es sonst niemanden gab, der nach ihnen schaute. Sie waren verletzlich, verlassen und unglücklich. Als ich ging, dachte ich, dass man die Einsamkeit dieser Kinder begreifen müsste, um Pakistan näherzukommen.

Ein Ende mit Schrecken

Musharraf gab schließlich den Befehl, den Konflikt um die Rote Moschee in Islamabad mit Gewalt zu beenden. Er ließ das Gelände um die Moschee abriegeln und sie umstellen. Kurze Zeit danach gelang den Soldaten ein Überraschungscoup. Sie verhafteten Maulana Abdul Aziz Ghazi, als er mit einem Schleier verhüllt zu fliehen versuchte. Die Regierung präsentierte ihre Beute im Fernsehen, samt Schleier. Für Ghazi war das äußerst peinlich. Denn er hatte für den Fall einer Erstürmung der Roten Moschee mit Tausenden Selbstmordattentätern gedroht. Und nun war dieser Mann in einem Frauenschleier zu sehen, mit dessen Hilfe er versucht hatte zu flüchten. Seine Anhänger behaupteten, dass er in eine Falle gelockt worden sei. Die Armee habe Ghazi Verhandlungen angeboten, auf dem Weg zu einem ersten Treffen sei er entgegen den Abmachungen verhaftet worden. Was auch immer geschehen war, die Verhaftung seines Bruders machte es für Abdul Raschid Ghazi mit Sicherheit schwerer, den Kampf aufzugeben – wenn er je daran gedacht haben sollte. Er hatte während der Monate andauernden Krise nie Kompromissbereitschaft gezeigt. Als die Soldaten versuchten, auf das Gelände der Moschee vorzudringen, wurden sie beschossen. Die Armee verstärkte den Belagerungsring. Nach tagelangen Scharmützeln sprengten sich Spezialeinheiten den Weg in die Moschee frei. Sie kämpften sich durch den labyrinthischen Gebäudekomplex vor und räucherten die dort verschanzten Studenten buchstäblich aus. Ghazi starb in den Kellergewölben der Medresse. In einem letzten Interview mit einem pakistanischen Fernsehsender hatte er wiederholt, dass er bereit sei, den Märtyrertod zu sterben. Sein Tod und der seiner Anhänger würde eine islamische Revolution auslösen. Tatsächlich nahmen nach seinem Tod die Selbstmordattentate im ganzen Land zu. Eine islamische Revolution war das nicht, aber die Destabilisierung Pakistans schritt fort – trotz der von Musharraf zur Schau gestellten Entschlossenheit. Der General hatte auf die Provokation so reagiert, wie man es von einem autoritären Herrscher erwartet: mit harter Hand. Doch kam die Reaktion zu spät. Ghazi hatte genug Zeit gehabt, seinen Mythos zu begründen.

4
»Ihr liebt das Leben, wir lieben den Tod«
In der Hochburg der Gotteskrieger

Die Schule der Taliban

Zakaria spielt leidenschaftlich gerne Federball. Wann immer er kann, geht er ans Netz, verliert, geht wieder ans Netz, verliert, nur selten gewinnt er. Aber Siege sind ihm nicht wichtig. Er spielt aus Begeisterung. Das liegt an diesem Surren, das der Federball hinter sich herzieht, wenn er übers Netz fliegt. Zakaria liebt dieses Geräusch. Wenn er es hört, wird ihm auch bewusst, welch treffendes Wort seine Muttersprache Paschto für dieses Spiel gefunden hat: *Chirri Chikka* – Netzspatz.
Es klingt tatsächlich wie das Flattern eines Spatzes, wenn der Ball hin und her fliegt, und es ist gut möglich, dass Zakaria oft verliert, weil er diesem Flügelschlagen lauscht und darüber vergisst, den Gegenspieler im Auge zu behalten. Zakaria, ach Zakaria, sagen seine Kommilitonen oft, wenn er wieder einmal zu langsam war, du träumst!
Zakaria lächelte ein sehr weiches Lächeln, als er mir von dieser seiner Leidenschaft erzählte. Er blickte zu Boden und schüttelte den Kopf, als wollte er sagen: »Wie kindisch ich doch bin!« Tatsächlich hatte Zakaria etwas Kindliches an sich, ja er wirkte auf eine geradezu sonderbare Weise unschuldig wie jemand, der noch lernen muss, dass die Welt nicht allein mit guten Menschen bevölkert ist. Diese Unschuld war umso irritierender, als ich Zakaria in der Haqqania traf. Diese Religionsschule hatte eine ganze Generation von Taliban ideologisch indoktriniert.
Als die Taliban 1996 die Macht in Kabul übernahmen, konnten sich die Lehrer der Haqqania freuen. Viele führende Köpfe der neuen Regierung in Kabul waren durch ihre Hände gegangen.

Sami ul Haq, der Leiter der Schule, brüstete sich damit, auch noch nach dem 11. September 2001. Die Medien verbreiteten Bilder von den verschlossenen, bärtigen, niemals lächelnden Schülern der Haqqania. Man glaubte, jeder Einzelne sei ein Terrorist. Und nun stand dieser 27 Jahre alte Zakaria im Hof der Haqqania vor mir und erzählte mir verlegen von seiner Leidenschaft, Federball zu spielen.

Es war früher Nachmittag, die Sonne stand hoch am Himmel und Zakaria bat mich, unter die Torbögen des Gebäudes zu treten.
»Es ist sehr heiß heute. Sie sind das sicher nicht gewohnt!«
Ich stellte mich in den Schatten eines Torbogens. Die Wände waren unverputzt und es roch nach feuchtem Zement.
Zakaria streckte die Hand aus und wies mir den Weg.
»Lassen Sie uns zu meinem Lehrer gehen. Ich würde Sie ihm gerne vorstellen.«
Ich willigte ein. Zakaria lächelte, dann gingen wir weiter. Ich hätte nicht mehr sagen können, wo der Eingang der Haqqania war, durch den ich wenige Minuten zuvor getreten war, so labyrinthisch war die Haqqania. Ich hatte dort einen sehr jungen Portier gefragt, ob er mich mit einem jungen Studenten bekannt machen könnte. Der Portier verschwand und kurze Zeit später war Zakaria zu mir gekommen. Ich erklärte ihm mein Anliegen und er entschuldigte sich, dass er mich hatte warten lassen, erklärte es aber damit, dass die Ferien gerade begonnen hatten und die meisten Studenten bereits nach Hause gefahren waren.
»Ich selbst fahre morgen!«, sagte er und lud mich in die Haqqania ein.
Ich war überrascht über diese Offenheit, denn als ich die Haqqania das erste Mal Ende September 2001 besucht hatte, war ich von den Schülern mit Steinen verjagt worden. Der bevorstehende Krieg in Afghanistan wühlte die Studenten auf. Wer aus dem Westen kam, war nicht willkommen. Egal mit welchen Absichten er hier

war, er wurde als Mitglied einer aggressiven Macht gesehen. Sami ul Haq, der Leiter der Haqqania, goss Öl ins Feuer. Er hielt Brandreden gegen Amerika, gegen den gottlosen Westen und überhaupt gegen alle, die nicht seinen Vorstellungen entsprachen. Haqqania, das war ein Symbol des antiwestlichen Ressentiments, des Dschihads gegen den Westen. Sami ul Haq verstand es meisterhaft, auf der Klaviatur der Medien zu spielen. Zu Beginn des Afghanistankrieges im Oktober 2001 empfing er reihenweise Journalisten und machte sich mitunter über die plötzliche Furcht des Westens vor den Gotteskriegern lustig. Sein mit Henna gefärbter, feuerroter Bart gab seinem zur Schau getragenen Fanatismus die passende, lodernde Umrahmung. Die Politik der USA? Antimuslimisch, prinzipienlos, suizidal. Sami ul Haq hatte eine sehr lange Liste an Vorwürfen und trug sie süffisant vor. Zu genau wusste er, wovon er sprach. Auch seine Schüler, wie Zehntausende andere in Pakistans Medressen, hatten ihr ideologisches Rüstzeug in Büchern gelernt, die mit Geldern der CIA in den USA gedruckt worden waren. Zwischen 1984 und 1994 erhielt das »Zentrum für Afghanische Studien« an der Universität von Nebraska von USAID insgesamt 51 Millionen Dollar, um Schulbücher zu entwickeln, welche den Heiligen Krieg als zentrale Tugend eines jeden Muslims propagierten.

Die Sowjets hatten Afghanistan 1979 besetzt und die USA waren entschlossen, hier ihren Erzfeind zu bekämpfen – über Stellvertreter freilich. Insgesamt sind 13 Millionen Exemplare solcher »Dschihad-Schulbücher« in Flüchtlingslagern und Medressen verteilt worden. Das Ziel der USA war es, möglichst viele junge Afghanen und Pakistaner dazu zu bringen, über die Grenze zu gehen, um dort dem sowjetischen Imperium eine Niederlage beizufügen. Dafür zahlten die USA und vor allem Saudi-Arabien Milliarden von Dollar. Empfänger der Gelder war der pakistanische Geheimdienst ISI (Inter-Services Intelligence). Die geradezu unerschöpflichen Finanzquellen steigerten die Macht des ohnehin schon mächtigen ISI. Er wurde zum Staat im Staate. Die CIA hatte keinen direkten Kontakt zu den *Mudschaheddin*. Der ISI übernahm die militärische Ausbildung und die Bewaffnung der kampfeswilligen Gotteskrieger. In den Medressen entlang der Grenze bekamen die Taliban das ideologische Rüstzeug geliefert.

Operationsbasis Afghanistan

In den Achtzigerjahren kamen Tausende junge Männer aus arabischen Staaten nach Pakistan, Saudis, Ägypter, Jordanier, Algerier. Peshawar wimmelte nur so von bärtigen Männern, die darauf brannten, gegen die gottlosen Russen ins Feld zu ziehen. Unter ihnen befand sich ein stiller, junger Mann, der gerade erst an der saudischen König-Abdul-Aziz-Universität sein Studium abgeschlossen hatte: Osama bin Laden. Der Spross der steinreichen bin-Laden-Familie hatte sein Leben in Luxus gegen den Dschihad eingetauscht. Damals knüpfte Osama bin Laden die ersten Verbindungen zu den afghanischen Mudschaheddin und den pakistanischen Radikalen. Nicht einmal 20 Jahre später mündete diese »Kooperation« in den Anschlägen vom 11. September. Das von den Taliban beherrschte Afghanistan war zur Operationsbasis für Osama bin Ladens Al-Qaida geworden. Anfang der Achtzigerjahre allerdings verhielt sich Osama bin Laden in Peshawar nicht besonders auffällig. Es war ein offenes Geheimnis, dass Saudi-Arabien den Krieg gegen die Sowjets mit immensen Summen finanzierte. Ein reicher saudischer Prinz unter den Gotteskriegern Peshawars fiel da nicht weiter auf.
Der Krieg in Afghanistan prägte das alltägliche Leben in den Grenzregionen Pakistans und er veränderte die lokalen Macht-

verhältnisse. Geschickt warf sich der ISI zum Patron der Mudschaheddin auf. Er kontrollierte den Zugang zu ihnen und manipulierte sie nach Kräften. Er hatte eine Schlüsselrolle übernommen, die den gesamten afghanischen Widerstand gegen die Sowjetunion entscheidend prägen sollte. Die afghanischen Mudschaheddin bestanden zu Beginn des Krieges aus vielen Dutzenden von Gruppen, die nur ihrem eigenen Kommandeur gehorchten. Diese Zersplitterung spiegelte Afghanistans Realität wider, doch schwächte sie den Kampf gegen die sowjetischen Besatzer. Der ISI erkannte diese Schwäche sofort. Er zwang die Afghanen dazu, sich in sieben großen Widerstandsgruppen zu organisieren. Die afghanischen Flüchtlinge mussten sich einer dieser Gruppen anschließen, wenn sie vom pakistanischen Staat unterstützt werden wollten. Diese Rationalisierung des Widerstandes gegen die Sowjets zeigte, welchen Einfluss der ISI auf die Afghanen besaß. Jahre später, nachdem die Sowjets bereits vertrieben waren und Afghanistan im Bürgerkrieg versank, sollte der ISI eine weitere »Rationalisierung« der afghanischen Krieger durchsetzen. Er formte die Taliban und machte sie zu der unheimlichen Kraft, die innerhalb kürzester Zeit 90 Prozent Afghanistans unter ihre Kontrolle brachte.

Die Männer vom ISI waren nicht die Einzigen, die sich in den Achtzigerjahren den Krieg zunutze machen wollten. In Peshawar gingen Agenten, Schmuggler, Kriegsherren, Glücksritter ihren Geschäften nach, während Hunderttausende Flüchtlinge ums Überleben kämpften. Drei Millionen Afghanen flüchteten insgesamt vor der Roten Armee. Knapp außerhalb der Stadtgrenze Peshawars, Richtung Khyberpass, zogen sich die Flüchtlingslager Kilometer über Kilometer dahin, es war ein einziges, riesiges Rekrutierungsfeld für die Mudschaheddin. Manchmal schlossen die Medressen, die sich an der Grenze zu Hunderten gebildet hatten, für eine gewisse Zeit ihre Tore, damit ihre Schüler kämpfen

gehen konnten. Die Stadt Peshawar hatte sich von einem verschlafenen, staubigen Grenzstädtchen zu einer pulsierenden, lärmenden Millionenstadt gewandelt, Tag und Nacht geschüttelt vom unruhigen, fiebrigen Rhythmus des Krieges.
Der von den USA und den arabischen Staaten finanzierte Heilige Krieg war schließlich siegreich. 1989 zogen sich die letzten sowjetischen Truppen zurück. 1992 stürzte die von Moskau gestützte Regierung Mohammed Najibullahs in Kabul. Die Gotteskrieger zogen aus der Niederlage der Sowjetunion eine Lehre, die sie nicht vergessen sollten: Auch einer militärisch völlig unterlegenen Gruppe war es möglich, eine Supermacht auszubluten. Die Islamisten waren überzeugt, dass ihr Sieg in Afghanistan das Ende des Kalten Krieges eingeläutet hatte. Die Überzeugung, Weltgeschichte geschrieben zu haben, ist in Pakistan und Afghanistan weit verbreitet.

Das Grab von Imperien

Im Haus Hamid Guls kann man diese Überzeugung förmlich besichtigen. Gul war zwischen 1987 und 1989, auf dem Höhepunkt des afghanischen Dschihads, Chef des Geheimdienstes ISI. In seinem Wohnzimmer hat er ein Podest stehen, auf dem unter Glas ein Stück der Berliner Mauer ausgestellt ist. Gästen aus Deutschland zeigt er dieses Souvenir mit besonderem Stolz.
»Wir haben den Fall der Mauer eingeleitet!«, sagte er zu mir, als ich ihn in seiner Villa in Rawalpindi besuchte. Gul lebte hier wie viele andere pensionierte, ranghohe Offiziere.
»Ja, ich denke ...«, ich suchte nach einer diplomatischen Formel, denn ich wollte Gul nicht sagen, dass ich seine These für, gelinde gesagt, übertrieben hielt, »... ich denke, dass das ein großer Schlag ...«

Er unterbrach mich. »Der entscheidende Schlag! Der entscheidende Schlag gegen dieses Imperium. Bitte setzen Sie sich!«
Ich versank in einem weichen Sofa, das sich über die ganze Wand des Zimmers streckte. Hamid Gul setzte sich mir gegenüber. Er hatte eine laute, dröhnende Stimme. Er schien nie auf Fragen zu antworten, sondern ein Programm abzuspulen, das er in seinem Kopf gespeichert hatte. Einer seiner Standardsätze war: »Warum waren alle Abwehrsysteme abgeschaltet gewesen, als die Passagierflugzeuge auf das World Trade Center zurasten? Warum? Darauf möchte ich Antworten haben!«
Gul sprach offen aus, was viele in Pakistan dachten. Eine Diskussion war überflüssig, denn die duldete er nicht. Er fungierte als eine Art Lautsprecher der Islamisten, weil er besondere Glaubwürdigkeit besaß. Er war ein führender Kopf des pakistanischen Sicherheitsapparates gewesen und hatte jahrelang aufs Engste mit den amerikanischen Geheimdiensten zusammengearbeitet. Was auch immer er über die CIA sagte, man glaubte es ihm. Westliche Journalisten suchten ihn gerne auf. Unter dem Glas seines Wohnzimmertisches lagen Dutzende Visitenkarten.
»Alle diese Leute haben mich schon interviewt! Alle!«
Nach einer schnellen Durchsicht stellte ich fest, dass das gesamte Who's who der westlichen Korrespondentenszene bei Gul zu Besuch gewesen war. Das hatte gute Gründe, denn er war eine seltene Ausnahme. Kein anderes Mitglied des ISI, schon gar nicht ein ehemaliger Kommandeur dieses Geheimdienstes, sprach so offen über seine Ansichten. Gul gab dem ISI ein Gesicht.
»Sie werden schon sehen, dass Millionen Muslime gegen die USA aufstehen werden!«, sagte Gul und gab mir – ohne dass er es deutlich aussprach – zu verstehen, dass es den USA in Afghanistan ebenso wie der Sowjetunion ergehen werde.
Der Glaube, dass die Mudschaheddin das sowjetische Imperium zu Fall gebracht haben, ist eine Verzerrung historischer Tatsachen,

doch bestimmt er das politische Denken und das Handeln der Islamisten. Wenn wir die eine Supermacht zu Fall gebracht haben, warum sollte es uns dann bei der zweiten, der noch verbleibenden, nicht auch gelingen? So denkt Osama bin Laden. So handelt er – und so indoktriniert er seine Anhänger.

Al-Qaida bewegt sich in diesen von ihr selbst so entworfenen historischen Dimensionen. Wer sich einen Augenblick auf diese Logik einlässt, erkennt ihre verführerische Kraft. Hat Afghanistan nicht den Ruf, das Grab von Imperien zu sein? Das britische Weltreich, die Sowjets waren hier geschlagen worden.

»Ihr liebt das Leben, wir lieben den Tod«

In den westlichen Medien erschienen – besonders nach dem Beginn der Intervention in Afghanistan – zahllose Geschichten über die angeblich unbesiegbaren afghanischen Krieger. Selten nur war davon die Rede, dass die Afghanen kriegsmüde waren, dass das Land nach 30 Jahren Krieg darniederlag und dass seine Bewohner sich deshalb in ihrer übergroßen Mehrheit nach Frieden sehnten. Im Zentrum der Berichterstattung stand der Mythos der afghanischen Kriegerkaste, die sich mit Erfolg gegen alle militärischen Eingriffe widersetzte. Es schwang darin das Bild des edlen Wilden mit, der seine Freiheit mit Klauen und Zähnen verteidigte. Wenn es um die Bereitschaft zum Sterben ging, waren – wenn man den Berichten glaubte – die Afghanen dem Westen überlegen. Ihr liebt das Leben, wir lieben den Tod. Dieser Slogan der Selbstmordattentäter wirkte vor diesem Hintergrund wie eine zutreffende Beschreibung der Wirklichkeit. Spiegelbildlich erzeugte sie das diffuse Gefühl, dass der Westen in diesem Kampf unterlegen war und ihn nur verlieren konnte. Wenn Gul von »Millionen Muslimen« schwadronierte, die »aufstehen würden«,

zielte er auf dieses Gefühl ab, weil er darin eine Schwäche erkannte.
Al-Qaida arbeitete mit denselben martialischen Drohgebärden. Das Leben zu lieben – das erschien in dieser pervertierten Weltsicht wie der entscheidende Nachteil des Westens im Kampf gegen die Terroristen. Unmerklich vermischten sich dabei Al-Qaidas terroristische Absichten mit dem Freiheitskampf der Afghanen gegen Invasoren. Die Todesbereitschaft der Afghanen war anders motiviert als die der Attentäter des 11. September, doch das geriet in Vergessenheit. Al-Qaida war es gelungen, den afghanischen Befreiungskrieg gegen die Sowjets zu usurpieren. Der Krieg der Afghanen wurde zu einer Etappe eines ewigen Kampfes des Islam gegen die Gottlosen.
Für Osama bin Laden begann der Krieg gegen die USA wenige Jahre nach dem Ende der sowjetischen Besatzung Afghanistans. 1991 zogen die USA gegen Saddam Hussein ins Feld, um Kuwait aus seinen Klauen zu befreien. Auf Bitten des saudischen Königshauses stationierten sie Zehntausende Soldaten in Saudi-Arabien. In den Augen Osama bin Ladens war dies ein Verbrechen, das Strafe verlangte, Strafe für das saudische Königshaus, Strafe für die USA. Er nahm den Kampf auf. Seine Anhänger lehrte er, dass die USA nur ein Papiertiger seien. Wann immer sie empfindlich getroffen würden, liefen sie davon. Man müsste sie nur an der richtigen Stelle erwischen. Osama bin Laden zitierte mit Vorliebe zwei Beispiele für seine These. Im Jahr 1984 sprengte sich ein Selbstmordattentäter vor einer Kaserne amerikanischer Soldaten in Beirut in die Luft. 241 Amerikaner starben. Kurze Zeit später erhielt die US-Armee den Befehl, den Libanon zu verlassen. Im Jahr 1993 schleiften somalische Milizionäre die Leichen von 18 amerikanischen Soldaten durch die Straßen Mogadischus. Die Bilder gingen um die Welt. Der damalige Präsident der USA, Bill Clinton, zog seine Truppen in einer Nacht- und Nebelaktion aus

Somalia zurück. Die USA waren ein zahnloser Tiger – das lehrte Osama bin Laden seinen Leuten. Und doch spekulierte er darauf, dass die USA irgendwann reagieren mussten, der Schlag, den man ihnen versetzte, musste nur groß genug sein. Die Attentate vom 11. September waren dieser Schlag. Die Intervention in Afghanistan war die Antwort, auf die Osama bin Laden gewartet hatte.

Wahrscheinlich haben Planer im Pentagon mit einer gewissen Verwunderung festgestellt, dass Afghanistan und Pakistan wieder in ihr Visier gerieten. Sie hatten damit kaum gerechnet. Als die Sowjets sich nämlich 1989 geschlagen zurückzogen, sahen die USA keinen Grund mehr für ein weiteres Engagement in Afghanistan und Pakistan. Sie hatten beileibe andere Sorgen: der Fall der Berliner Mauer, die deutsche Wiedervereinigung, der erste Golfkrieg gegen Saddam Hussein 1991. Pakistan rutschte in den Halbschatten der Weltpolitik. Das ideologische Gedankengut des Heiligen Krieges jedoch verschwand nicht so schnell, genauso wenig wie die Schulbücher. Die Taliban benutzten diese auf amerikanische Initiative und mit amerikanischen Geldern gedruckten Bücher weiter. Was man sich in Nebraska ausgedacht hatte, entsprach durchaus den rigiden Vorstellungen der Taliban.

Als die USA die Taliban angriffen, war es daher für Sami ul Haq ein Leichtes, die Doppelmoral der westlichen Supermacht bloßzustellen. Er und seine Verbündeten schlugen daraus schon bald politisches Kapital. Bei den Wahlen im Jahr 2002 gewann die Koalition religiöser Parteien MMA genügend Stimmen, um in der North Western Frontier Province (NWFP) die Regierung zu stellen. Zum ersten Mal in der Geschichte Pakistans waren – wenn auch nur in einer Region – Männer an der Macht, die nahezu ausschließlich in den Medressen Pakistans ausgebildet worden waren.

Die Religion alleine erklärt diesen Wahlsieg allerdings nicht. Es kommt noch ein ethnischer Faktor hinzu. Die Haqqania ist fast ausschließlich eine Schule von Paschtunen, wie die meisten Medressen in der Grenzregion. Die Paschtunen leben auf beiden Seiten der Grenze und sind durch verwandtschaftliche Bande und Stammeszugehörigkeit eng miteinander verbunden. Bomben auf die Taliban in Afghanistan waren auch Bomben auf ihre paschtunischen Brüder in Pakistan. Dementsprechend reagierten sie, an der Wahlurne und mit der Waffe in der Hand. Mehr als sechs Jahre nachdem die Taliban Kabul fluchtartig verlassen haben, halten sie die westlichen Truppen mit einem hartnäckigen Guerillakrieg in Atem. Sie kämpfen in offener Schlacht, sie stellen Hinterhalte, sie legen Bomben, sie entführen, köpfen ihre Opfer. Terror ist ihr Geschäft.

Verantwortungslose Unschuld

Zakaria führte mich immer tiefer in den verwinkelten Gebäudekomplex der Haqqania hinein. Er ging neben mir her und mir fiel auf, dass er dabei kein Geräusch machte. Seine Sandalen schwebten über dem Boden, als seien sie mit Luftkissen ausgestattet. Wir kamen an Schlafräumen vorbei, in denen Schüler auf dem Boden saßen und entspannt miteinander plauderten. Sie waren nach dem großen Auszug in die Ferien zurückgeblieben, weil sie entweder kein Zuhause hatten oder weil es zu teuer und zu weit gewesen wäre, ihre Eltern zu besuchen. Wir kamen vorbei an verschlossenen Türen, vergitterten Fenstern, unverputzten, feucht riechenden Wänden, an zwei Studenten, die miteinander tuschelten und sofort verstummten, als sie uns sahen. Die Medresse war in sich versunken. Es war, als erholte sich das unübersichtliche Gebäude selbst von dem Gemurmel der Schüler, die hier während des Jahres zu Hunderten die Suren des Korans tagein, tagaus rezitierten. Ich fragte mich, wie viele Studenten nicht in den Ferien, sondern in Afghanistan waren, um mit der Waffe in der Hand gegen die Ungläubigen zu kämpfen. Obwohl wir uns erst vor einer halben Stunde getroffen hatten, beschloss ich, Zakaria diese Frage zu stellen. Ich traute ihm. Er würde sich nicht verstecken und würde mir seine Meinung geradeheraus sagen und mir meine Fragen, auch die unverschämten, nicht übel nehmen.

»Zakaria, glaubst du, dass viele deiner Kommilitonen in Afghanistan sind, um im Dschihad gegen die Ungläubigen zu kämpfen?«

Zakaria verlangsamte seinen Schritt. Er blickte zu Boden und antwortete: »Dschihad bedeutet viele verschiedene Dinge!«

»Bestimmt, aber glaubst du, dass viele Studenten in Afghanistan kämpfen?«

»Dschihad ist der Kampf darum, sich selbst zu bessern.«

Er lächelte.

»Ja sicher, doch was ist für dich der Dschihad?«

»Für mich ist er mein inneres, tägliches Ringen darum, ein besserer Muslim zu sein.« Er machte eine Pause und sagte dann: »Wir sind bald da. Dort, sehen Sie, da ist der Eingang!« Er wies mit der Hand auf eine grün gestrichene Flügeltür. Ein Flügel stand offen und gab den Blick auf einen dunklen Gang frei. Schon aus dieser Distanz war zu erkennen, dass die Tür in einem erbärmlichen Zustand war. Die Farbe blätterte ab. Das Holz sah so aus, als wäre es mit einem Hammer gründlich malträtiert worden. Zakaria verlangsamte seinen Schritt weiter. Er war in Gedanken versunken.

»Aber wie ist es mit jenen, die mit der Waffe in der Hand gegen die Ausländer in Afghanistan kämpfen. Ist das auch Dschihad?«

Zakaria blieb stehen. Er blickte auf die Tür, die nur mehr ein paar Meter von uns entfernt war. Er schwieg.

»Ich meine, ist es legitim und recht, eine Waffe in die Hand zu nehmen, um zu kämpfen? Sind diese Leute nicht Terroristen?«

Mit einem leichten Fußtritt beförderte Zakaria einen klei-

nen Stein vom Gang in den staubigen Hof. Er blickte mich nicht an, als er sagte: »Warum ist jemand ein Terrorist, der sein Land verteidigt? Warum ist der, der dieses Land angreift, kein Terrorist?«
Er sprach das ganz ruhig aus, ohne auch nur die leiseste Spur von Aggression. Ich begriff sofort, dass ich mit ihm sehr lange über den Terror und seine Ursachen reden könnte, ohne dass wir uns einigen würden. Und doch begannen wir nun, da wir vor dieser Tür standen, ein Gespräch, das länger dauern sollte. Ich fragte ihn nach den Attentaten des 11. September, nach Al-Qaida, nach den Taliban und nach seinem eigenen Dschihad. Er antwortete mir geduldig und schien dabei zu vergessen, dass wir seinen Lehrer aufsuchen wollten.

Zakaria, das wurde bald klar, konnte sich gar nicht vorstellen, dass die Anschläge vom 11. September von gläubigen Muslimen ausgeführt wurden. Er hatte sich nicht näher damit beschäftigt, wer was warum getan haben könnte. Er wusste wahrscheinlich nicht einmal, was denn die Zwillingstürme des World Trade Centers waren, wo sie standen und was genau dort geschehen war. Er wusste, dass viele Menschen in den USA durch einen Anschlag ums Leben gekommen waren. Doch ein solches Verbrechen konnte kein Muslim verantworten. Das war in seinen Augen schlicht nicht möglich. Auch deshalb blieb Al-Qaida für ihn etwas Unwirkliches, vielleicht von den Amerikanern Erfundenes. Doch Zakaria würde das nicht behaupten. Er schien sich dazu erzogen zu haben, niemandem Schlechtes zu unterstellen, nicht einmal den USA, die für die Schüler der Haqqania ja der Erzfeind sind. Zakaria erhob in unserem Gespräch auch nicht anklagend oder wütend den Finger. Gleichzeitig gab er mir nicht das Gefühl, auf der Suche nach der Wahrheit zu sein. Er hatte kein Bedürfnis zu diskutieren. Die Antworten auf die Fragen, die ich ihm stellte, kannte er schon. Sein Weltbild war festgezurrt, es kannte keine

Lücken. Das heißt aber nicht, dass er verschlossen und unzugänglich gewesen wäre. Im Gegenteil, er wirkte sehr durchlässig, doch blieb nichts von dem, was ich ihm sagte und entgegenhielt, an ihm haften. Es rauschte gewissermaßen durch ihn hindurch wie das Geräusch aus einer völlig fremden, weit entfernten Galaxie. Mag auch die ganze westliche Welt denken, dass hier in der Medresse Fanatiker oder gar Terroristen herangezogen werden, Zakaria käme nie auf den Gedanken, dass er etwas verbergen müsste. Er redete wie ein Mensch mit reinem Herzen. Wenn ihn jemand beschuldigte, dass er die Verbrechen von Terroristen rechtfertige, hätte er diesen Vorwurf nicht begriffen.

Für einen kurzen Moment, während er diese seine Unschuld so irritierend zur Schau stellte, malte ich mir aus, was mit einem Menschen wie diesem geschehen würde, wenn er verhaftet und nach Guantanamo geschickt würde oder wenn er und seine Familie aus der Luft bombardiert würden. Was würde dann in ihm vorgehen, wenn die verantwortungslose Unschuld mit der Rachsucht des Imperiums zusammentraf? Die Frage war naheliegend. Schließlich musste man annehmen, dass sich Zehntausende junger Männer in derselben Gedankenwelt wie Zakaria bewegten. In dieser Welt war das Leiden Amerikas nur das ferne Echo einer Welt, die ihnen durch und durch fremd war. Zakaria, das glaubte ich deutlich zu spüren, war zum Hass nicht fähig. Doch bedeutete dies, dass er die verbrecherischen Taten hasserfüllter Menschen verurteilte?

Ich bekam Zakaria nicht in den Griff. Obwohl er mir bereitwillig antwortete, obwohl ich glaubte, seine Worte zu verstehen, gab es etwas an ihm, das mir entglitt. Um dieses Unbegreifliche begreifbar zu machen, fragte ich ihn nach etwas ganz Konkretem, nach Musik. Das war kein unverfänglicher Gegenstand, denn Musik galt den Taliban als blasphemisch. Sie hatten sie während ihrer Herrschaft in Afghanistan schlichtweg verboten. Vielleicht, das

hoffte ich, ließ sich Zakaria durch sein Verhältnis zur Musik besser einordnen. Es war mir nicht gelungen, ihn auf einem politischen Spektrum anzusiedeln. Er war ein Gläubiger reinen Herzens, doch machte ihn das zu einem radikalen Islamisten? Immerhin stand er mir bereitwillig Rede und Antwort, immerhin hatte er mir, dem Ungläubigen, die Hand geschüttelt und mich freundlich in der Religionsschule als Gast aufgenommen.
»Wie hältst du es mit der Musik? Ist es dir erlaubt, Musik zu hören?«
Zum ersten Mal reagierte er so, als hätte ich ihm eine unangenehme Frage gestellt. Er rang um eine Antwort.
»Es ist so … es ist so, dass ich sie nicht vertrage. Musik bereitet mir Unbehagen.«
Er zog die Schultern nach oben und verzerrte das Gesicht, als würde er in etwas Saures beißen. Ich schwieg und betrachtete ihn. Er verstand, dass ich diese Antwort etwas seltsam fand, und bemühte sich nun, mir sein Verhältnis zur Musik aufs Neue zu erklären.
»Wenn ich in einen Bus steige und Musik ertönt, dann frage ich den Fahrer, ob er sie denn nicht ausschalten könnte. Ich sage ihm: Musik hören ist unislamisch!«
»Und? Hören die Fahrer auf dich?«
»Nein, eigentlich niemals.«
Das konnte ich mir gut vorstellen, denn es mochte ja sein, dass Pakistan qua Verfassung ein islamischer Staat war, aber jeder Bus war nach guter alter Tradition eine fahrende Diskothek, ein Sündenpfuhl auf vier Rädern.
»Die Fahrer«, berichtete Zakaria weiter, »schauen mich nur mit großen Augen an. Ich glaube, sie verstehen gar nicht, was ich meine.«
»Und was machst du, wenn die Fahrer sich weigern, deinem Ansinnen Folge zu leisten?«
»Was soll ich schon machen. Alle haben ihre Fahrkarte bezahlt.

Alle haben die gleichen Rechte. Ich kann nichts machen. Ich setze mich weit nach hinten, irgendwohin, wo ich die Musik nicht so deutlich höre.«

»Aber es gibt nicht nur Musik. Es gibt in manchen Bussen doch auch Filme?«

Ich dachte an die Bollywoodstreifen, die in den Überlandbussen Pakistans zu sehen sind. Halb entblößte Frauen, die ihre Hüften schwingen, Paare, die sich aneinanderschmiegen, Tanzgruppen, die sich im Rhythmus einer rasenden Musik bewegen. All das war in diesen Bussen zu sehen. Pakistan und Indien waren sich in tiefer Feindschaft verbunden, doch Bollywood liebten sie auf beiden Seiten der Grenze, in Pakistan vielleicht sogar noch mehr, denn hier hatten diese Filme den Geschmack des Verbotenen.

»Was machst du, wenn ein indischer Film im Bus zu sehen ist?«

Seine Antwort fiel knapp und bestimmt aus: »Ich schaue aus dem Fenster und bete!«

Zakaria und die Musik, man könnte sein Leben entlang dieses Verhältnisses beschreiben. In ihm war offensichtlich die Überzeugung gewachsen, dass er meiden musste, was ihn von Gott ablenkte, und hier in der Haqqania hatten sie ihn gelehrt, dass Geräusche, Töne aller Art einen von Gott entfernen. Egal ob es Lärm ist oder melodische Musik. Die Geschichte Zakarias war die Geschichte des Verstummens, um Gott zu gefallen. Natürlich war ihm die Idee von der Musik als Übel nicht von alleine gekommen, er war ja nicht etwa eines Morgens aufgewacht und hatte sich gesagt: »Musik ist verführerisch. Alle Verführung bringt mich vom rechten Weg ab.« In dieser Schule hatten sie es ihm beigebracht.

Zwischen der Innenwelt der Haqqania und der Welt »draußen« klaffte ein Abgrund. Das äußerte sich in dem harmlosen Zusammenprall zwischen Zakaria und den geradezu bacchantischen Gewohnheiten pakistanischer Busfahrer. Er wurde aber vor allem sichtbar, als die Taliban in Afghanistan an die Macht kamen.

Sie überbrückten diesen Abgrund zwischen der Welt »drinnen« und der Welt »draußen«, indem sie ihn mit ihren Grausamkeiten füllten. Ihre Vorstellung von der Welt, wie sie sein sollte, hat Tausende das Leben gekostet. Es wäre ein Leichtes gewesen, nun über Zakaria den Stab zu brechen, denn immerhin, sagte er zu mir, waren »die Taliban ein gutes Regime, weil sie dem Land Sicherheit brachten und die islamischen Gesetze beachteten«. Das kam ihm mit einem Lächeln über die Lippen, ohne dass er sich dessen bewusst zu sein schien, welchen Schrecken er damit auch guthieß – ohne dass er den Terror, den die Taliban in Afghanistan verbreiteten, überhaupt hätte sehen können.
»Warst du schon einmal in Afghanistan?«, fragte ich Zakaria.
»Ja, einmal, nur für einen Tag und eine Nacht. Wir waren in Spin Boldak.«
Das ist ein Grenzstädtchen, das man vom pakistanischen Quetta aus erreicht. Ein unansehnlicher Ort, bevölkert von Schmugglern, Drogenhändlern, Taliban, Spionen und gewöhnlichen Kriminellen. Spin Boldak ist kein Ort, an dem man gerne länger verweilt, und so war es auch Zakaria ergangen.
»Ich habe mich dort nicht wohlgefühlt. Es hat mir im Herzen wehgetan, weil ich überall diese Unsicherheit gespürt habe, die Gewalt war allgegenwärtig.«
Die Menschen in Spin Boldak hatten ihm gesagt, dass es zu Zeiten der Taliban sicher gewesen sei. Er glaubte ihnen, fraglos. Schließlich ist das bis heute die Meinung vieler Menschen in Afghanistan: Die Taliban haben Sicherheit und Gerechtigkeit gebracht. Sie hätten in Afghanistan der Macht der kleinen und größeren Warlords ein Ende bereitet, den Wegelagerern, den Vergewaltigern, den Erpressern. Straftäter hätten sie schnell und unfehlbar einem Urteil zugeführt. Das alles schwang in Zakarias kurzen Eindrücken von Afghanistan mit. Es war das Bild von einer gerechten Ordnung, das ihm vorschwebte. Freilich entsprang dieses »sein« Afgha-

nistan einem Wunschdenken. Mit der Wirklichkeit hatte es wenig zu tun, denn die »Sicherheit« der Taliban galt nur für jene, die ihren Vorstellungen genau entsprachen – die anderen bekamen ihre Grausamkeit schnell und mit aller Wucht zu spüren.
Gewalt war nicht Zakarias Sache, auf keinen Fall, das sagte er immer und immer wieder. Wie er da vor mir stand, bemüht, jede Frage mit einem liebenswürdigen Lächeln zu beantworten, glaubte ich ihm das gerne. Die Gewalt der Taliban sah er nicht als solche an, denn sie fand im Namen einer Gerechtigkeit statt, die er verstand, oder es war Selbstverteidigung gegen einen ungläubigen Aggressor.
»Wollen wir nicht endlich meinen Lehrer aufsuchen? Salman ul Haq ist einer der besten Lehrer der Schule«, sagte Zakaria und bat mich, in den dunklen Gang einzutreten.
»Sicher, lass uns gehen!«

»Fabrik des Terrors«

Ich schritt voran und hörte, wie Zakaria hinter mir mit leiser Stimme sagte: »Immer geradeaus, immer geradeaus, am Ende des Ganges dann nach rechts!«
An den Wänden des engen Ganges stapelten sich Bücher und Papiere. Es roch wie auf einer Baustelle, staubig. Zakaria ging sehr nahe hinter mir her. Ich hörte ihn atmen.
»Immer geradeaus, geradeaus!«
Er flüsterte. Ich kam mir wie ein Tier vor, dem man gut zuredete, um es zu beruhigen. Schließlich erreichten wir eine Tür. Sie war farblos, grau und in der Düsternis des Ganges kaum von der Wand zu unterscheiden. Zakaria schlüpfte geschickt an mir vorbei, öffnete sie und verschwand mit den Worten: »Nur einen Augenblick.«

Meine Augen hatten sich inzwischen an die Dunkelheit gewöhnt. Ich sah, dass der gesamte Gang zu beiden Seiten mit Papieren, Akten und Büchern gesäumt war. An manchen Stellen reichten mir die Stapel bis zur Brust. Vielleicht war einer der Lehrer der Haqqania gerade im Begriff umzuziehen, wahrscheinlicher aber war, dass der Gang einfach als Lager verwendet wurde. Dies war ein Archiv ohne Heimstatt. Doch um was für Papiere handelte es sich hier? Um Zeugnisse? Konnte ich vielleicht unter den Stapeln die Abschlussarbeiten prominenter Talibanführer finden? Gab es so etwas überhaupt? Der Gedanke, dass hier eine Arbeit Mullah Omars begraben liegen könnte, weckte Neugier in mir und ich beugte mich nach vorne, um in den Papieren zu blättern, da fiel mir ein, dass Mullah Omar nach den meisten Berichten des Schreibens nicht mächtig war. Und wenn er doch schreiben konnte, war es äußerst unwahrscheinlich, dass er schriftliche Zeugnisse hinterließ. Mullah Omar war ein Mann des gesprochenen Wortes. Bücher verachtete er, weil es für ihn und die Seinen nur ein Buch geben konnte, den Koran. Dort steht alles, was der Mensch wissen muss. Andere Bücher braucht man nicht mehr. Sie verwirren nur den Geist und bringen einen vom rechten Pfad ab.

Ich wollte gerade nach einem Aktenbündel greifen, da öffnete sich die Tür.

»Bitte, kommen Sie herein!«

Zakaria lächelte. Ich ging an ihm vorbei. Hinter einem Schreibtisch saß ein kleiner Mann, der mir auf den ersten Blick gar nicht aufgefallen war. Das Büro war vollgestellt mit Möbeln aller Art, Eisenschränke wechselten sich mit Regalen aus Holz ab, Sessel, Stühle und Hocker säumten die Wand, dazwischen türmten sich Papiere, Akten und Bücher, am Boden, unter dem Tisch lagen leere Flaschen der Marke Pepsi Cola, in einer Ecke standen Plastiktüten, die mit unbestimmbaren Dingen prall gefüllt waren.

»Willkommen! Willkommen!« Salman ul Haq stand auf und

reichte mir die Hand. Dann setzte er sich wieder. Neben ihm, auf einem Hocker hinter dem Schreibtisch, saß ein etwa zehnjähriger Junge und hielt einen Steuerknüppel in der Hand. Er fuhr ein Autorennen, aus den Lautsprechern des Computers tönte das Heulen und Grollen der Motoren. Ich blickte überrascht auf den Jungen. Salman ul Haq bemerkte das. »Mein Neffe, er liebt das Spiel!«, sagte er entschuldigend. Während des gesamten folgenden Gesprächs sollte der Junge weiterspielen und sein Onkel immer wieder auf den Bildschirm schauen und mir den Eindruck vermitteln, er sei mehr an dem virtuellen Autorennen interessiert als an meinen Fragen. Ich hatte nicht erwartet, dass ein Lehrer der radikalen Haqqania für solch profane Dinge eine derart große Neugier entwickeln könnte. Das war überraschend und beruhigend zugleich.
Zakaria hatte sich in eine Ecke gesetzt und schwieg. Bevor ich überhaupt eine Frage stellten konnte, kamen ein Mann und ein Junge in das Büro. Sie grüßten, indem sie sich leicht verneigten. Dann setzten sie sich ebenfalls auf ein Sofa, das an der Wand stand, und starrten mich unverwandt an. Ich nahm noch einmal Anlauf, wieder öffnete sich die Tür. Ein großer, schmaler junger Mann mit einem tiefschwarzen Bart kam herein. Er grüßte Salman ul Haq mit großer Ehrerbietung.
»Zakaria wird noch ein Jahr hier studieren, dann wird er uns verlassen«, sagte Salman ul Haq ganz unerwartet. Zakaria rutschte, als er seinen Namen hörte, unruhig auf dem Stuhl hin und her. Es war ihm offensichtlich unangenehm, so offen genannt zu werden. Verwunderlich war das nicht, denn die anderen Anwesenden starrten ihn mit großen Augen an. Ich hatte das Gefühl, dass sie meine Anwesenheit hier nicht guthießen und Zakaria dafür die Schuld gaben. In der Hoffnung, ihr Misstrauen zu zerstreuen, beschloss ich, ihnen Fragen zu stellen. Sie antworteten schleppend, ohne dass sie dabei unwillig wirkten. Sie waren eher dar-

über verwundert, dass ich sie nach ihrem Leben fragte, ihrer Herkunft, ihrem Beruf und ihrem Verhältnis zur Haqqania. Es stellte sich heraus, dass die beiden Erwachsenen ehemalige Schüler Salman ul Haqs waren, während der Junge noch hier studierte. Wie Zakaria waren die beiden Männer hier jahrelang um vier Uhr morgens aufgestanden, um zu beten, sie lernten die vorgeschriebenen Teile des Korans auswendig und vertieften sich in das Studium des islamischen Rechts. Salman ul Haq unterwarf sie einem strengen Reglement. Und als ich sie danach fragte, ob sie mit ihrem Lehrer denn zufrieden waren, lachten sie verlegen und blickten auf Salman ul Haq, der ihnen mit einem Kopfnicken zu verstehen gab, dass sie ruhig erzählen sollten. Sie hätten, so verstand ich ihn, nichts zu befürchten. Was nun folgte, war eine Lobeshymne, die mich nach wenigen Minuten peinlich berührte, während Salman ul Haq sie offensichtlich genoss. Er lehnte sich in seinem Bürosessel zurück, zog die Füße an und begann, während ihn die ehemaligen Studenten wie eine Lichtfigur priesen, sich mit den Fingern die Fußnägel zu säubern. Vorsichtig versuchte ich sie von diesem Thema abzubringen.
»Was hat Ihr Lehrer Ihnen beigebracht?«
»Er hat uns gelehrt, wie wir gute Muslime sein können«, antwortete der älteste der drei. Er hieß Mohammed Umr und kam aus dem Ort Jhelozai, das in den Stammesgebieten liegt.
»Und was machen Sie heute? Sie sind Mullah geworden?«
»Nein, ich bin Zementhändler.«
»Laufen die Geschäfte gut?«
»Danke, ich bin zufrieden, die Menschen bauen viel hier und ich habe gute Preise!«
»Wollten Sie denn nicht Mullah werden?«
»Doch, ja, aber meine Familie braucht auch Menschen, die ins Geschäftsleben gehen. Mein Bruder hier, er wird Mullah werden. Das ist Raschid!«

Der Junge blickte zu Boden.

»Zementhändler? Das ist ein weiter Weg von der Haqqania …«

»Warum ein weiter Weg?«, unterbrach mich Salman ul Haq.

»Ich dachte, dass Sie hier vor allem religiöse Unterrichtung erteilen und sie nicht auf ein Geschäftsleben vorbereiten.«

»Warum dachten Sie das?«

Auf diese Frage war ich nicht vorbereitet. Ich musste zugeben, dass ich nicht genau wusste, ob in den religiösen Schulen auch eine Unterrichtung in weltlichen Dingen stattfand. Ich konnte mir nicht vorstellen, dass man hier zum Beispiel lernte, einen Businessplan zu erstellen.

»Ich dachte, dass hier …«

»Sehen Sie! Sie dachten! Aber Sie wussten es nicht!« Salman ul Haq setzte ein triumphierendes Lächeln auf.

»Ja, ich dachte …«

»Dabei ist die Sache ganz einfach. Das Wichtigste ist, ein gottgefälliges Leben zu führen. Alles anderes folgt daraus.«

Ich traute mich nicht mehr zu fragen, ob es denn in der Haqqania Unterrichtsstunden in Betriebswirtschaft gab.

»Wer Gott gefällt, den belohnt das Leben!« Salman ul Haq warf einen Blick auf den Bildschirm seines Computers. Sein Neffe hatte das Rennen gewonnen. Dann pulte Salman ul Haq weiter an seinen Zehen. Zakaria, der in der Ecke saß, schaute mich an und lächelte sein Kinderlächeln. Der Neffe Salman ul Haqs setzte zu einem neuen Rennen an. Die Motoren der Formel-1-Wagen brummten so durchdringend, dass die Lautsprecher des Computers zitterten.

Ich fühlte mich entlarvt und suchte nach einer Möglichkeit, mich aus diesem Gespräch ehrenvoll zurückzuziehen. »Raschid also wird Mullah werden«, sagte ich und blickte den Jungen freundlich an.

»Wenn Gott es will!«, antwortete Salman ul Haq. »Er ist acht Jahre alt, da kann noch sehr viel geschehen.«

»In der Tat, sein Leben liegt in Gottes Hand!«
Dieser Satz klang aus meinem Mund nicht überzeugend, denn ich äffte damit eine Sprache nach, die ich nicht beherrschte. Alle Anwesenden schienen das zu spüren. Zakaria rutschte auf seinem Stuhl hin und her. Salman ul Haq setzt eine strenge Miene auf. Die anderen blickten in alle möglichen Richtungen, nur nicht auf mich.
»Raschid ist bestimmt ein guter Schüler«, mit dieser belanglosen Bemerkung suchte ich weiter nach einem Ausweg. Doch man entließ mich nicht so schnell. Salman ul Haq hatte, angestachelt durch meine unbedachte Bemerkung über die Haqqania und das Berufsleben, Gefallen daran gefunden, mich weiter zu entblößen.
»Sie denken, dass hier Terroristen ausgebildet werden, nicht wahr?«
»Nein, das denke ich nicht.«
»Die Medien im Westen schreiben doch immer über uns: Fabriken des Terrors!«
Ich versuchte ihm zu widersprechen, aber meine Entgegnung blieb matt und kraftlos. Ich dachte an den amerikanischen Verteidigungsminister Donald Rumsfeld und seinen berüchtigten Satz: »Die Frage ist, ob wir mehr Terroristen töten, als diese Medressen sie hervorbringen!« Dieses Zitat schwächte mich in diesem Gespräch. Ich wurde in diesem Raum als Vertreter des Westens wahrgenommen. Was auch immer im Westen gesagt wurde, was Männer aus dem Westen getan oder unterlassen hatten, ich musste dafür geradestehen. Es half nichts, dass ich Salman ul Haq entgegnete: »Ich bin ein einzelner Mensch, ich kann nicht für alle Menschen aus dem Westen sprechen.«
Es half nichts, weil er so nicht dachte, weil er mich als Individuum nicht wahrnehmen konnte – und vielleicht auch nicht wollte. Warum sollte er auch? Immerhin hatten die USA den Krieg gegen den Terror als einen Krieg zur Verteidigung der Zivilisation aus-

gegeben, gemeint war damit freilich die westliche Zivilisation. Salman ul Haq hatte also guten Grund, mich in eins zu setzen mit dieser Zivilisation und mich deshalb an den Pranger zu stellen. Das Bombardement Afghanistans, der völkerrechtswidrige Überfall auf den Irak, die Folter in Abu Ghraib, das Gefangenenlager Guantanamo – was konnte ich Salman ul Haq da entgegenhalten. Sicher, ich hätte ihm berichten können, wie umstritten all dies war, wie Millionen Menschen sich gewehrt hatten gegen den Irakkrieg, wie zumindest einige Folterer aus Abu Ghraib verurteilt worden waren, wie Gerichte und Menschenrechtsorganisationen das Unrecht von Guantanamo anprangerten, wie all die begangenen Grausamkeiten bei vielen Menschen ein tiefes Nachdenken über den Wert der eigenen Zivilisation ausgelöst hatten. Ich hätte ihm sagen können, dass der Westen Selbstheilungskräfte besitzt und dass ich darauf vertraue, dass die Demokratie in der Lage ist, die eigenen Irrwege zu korrigieren. All das hätte ich sagen können, doch tat ich es nicht, weil es mir sinnlos erschien. Salman ul Haq hatte keinen Begriff davon, er nahm »uns« so wahr, wie unsere Propaganda »sie« wahrgenommen hatte, als monolithischen Block.

Dieses Denken in Kollektiven hatte auch eine Ursache, die jenseits des aktuell geführten Krieges gegen den Terror lag. Das sich mühsam fortsetzende Gespräch machte mir das klar. Mohammed Umr, der Zementhändler, berichtete, dass nicht nur sein Bruder Raschid in der Haqqania zur Schule ging, sondern dass auch ein Onkel und eine Reihe von Cousins hier ihre Ausbildung absolviert hatten.

»Der Onkel war viele Jahre lang Bürgermeister in meinem Heimatort!«

Und so – das war der Kern der Botschaft – vereinten sich in dieser Familie alle wesentlichen Tätigkeiten des Menschen. Der Zementhändler symbolisierte die Wirtschaft, der Onkel die Politik, der junge Raschid die Religion. Natürlich waren sie alle Individuen, doch war diese Individualität durch ihre Rolle überdeckt. Sie hatten eine Funktion im Kollektiv. Weil dies ihre tägliche Lebenserfahrung war, mussten sie auch von mir denken, dass auch ich eine Funktion in einem Kollektiv namens Westen einnahm. Es schien mir, als könnten sie mich als Einzelnen gar nicht wahrnehmen. Die Haqqania selbst ist ein Familienunternehmen, ein vielgliedriges Wesen mit einem einzigen Körper.

Staatsreligion Islam

1947 kam Abdul ul Haq nach seinen Studien in der berühmten Medresse des indischen Dorfes Deoband nach Khora Attak zurück, seinen Geburtsort. Er gründete die Haqqania und orientierte sich dabei an der strengen, puristischen Auslegung des Korans, wie man sie in Deoband lehrte. Die Medresse von Deoband hatte seit dem 19. Jahrhundert eine prägende Rolle in dem Erziehungswesen des Subkontinents eingenommen. Zur Zeit der muslimischen Herrscher Indiens waren die Medressen offen für Muslime wie für Nichtmuslime. Diese Offenheit galt auch für den Unterricht, Mystik, Philosophie, Naturwissenschaften, alles fand seinen Platz. Das Ziel dieser Schulen war, Personal für den Hof auszubilden, Bürokraten, Verwalter und natürlich auch Mullahs. Die Studenten wanderten von Lehrer zu Lehrer, um in unterschiedlichen Fächern unterrichtet zu werden. Dem Land fehlte eine klare Organisation und eine solide Infrastruktur. Die sollte erst kommen, als die Briten die Herrschaft auf dem Subkontinent übernahmen. Das traditionelle Schulsystem wurde tief greifend verändert.
Die britische Erziehung, welche die neuen Herren einführten, forderte die Medressen heraus. Während sich manche anpassten und

Änderungen vornahmen, ging die Medresse von Deoband in die entgegensetzte Richtung. 1867 gegründet, setzte sie den britischen Vorstellungen die Reinheit der Lehre entgegen und hielt alles von ihr fern, was sie beschmutzen könnte. Die Deobandis, wie die Anhänger dieser Schule bis heute genannt werden, standen von deren Gründung an im Zeichen des Antiimperialismus, der Ablehnung westlicher Werte. Sie wandten sich gegen anglophile Reformisten unter den Muslimen. Am härtesten aber attackierten sie die Schiiten, und ihre größten Konkurrenten innerhalb der sunnitischen Sekte waren die Barelvis. Der Unterschied zwischen Deobandis und Barelvis lässt sich am besten an ihrer Haltung gegenüber der Verehrung von Heiligenschreinen erkennen. Die Barelvis ermutigen die Menschen, die Schreine heiliger Männer aufzusuchen und sie zu verehren. Ausgehend von der mystischen Tradition der Sufis, sehen die Barelvis in dieser Verehrung eine Möglichkeit, mit dem Propheten zu kommunizieren und Erlösung zu finden. Die Deobandis sehen darin eine Verirrung, denn nur der Koran, die Schrift, kann Gültigkeit haben, alles andere ist nach Auffassung der Deobandis eine Beschmutzung des reinen Glaubens.

Eine große Mehrheit der Pakistaner steht in der mystisch-toleranten Tradition der Sufis, doch nach der Staatsgründung Pakistans 1947 begann der zuerst zögerliche, aber dann immer rasantere Aufstieg der Deobandis. Dabei spielte die Politik eine entscheidende Rolle. Sie nämlich sah in den Medressen eine Ressource, die je nach Bedarf für unterschiedliche Ziele eingesetzt werden konnte, und umgekehrt sahen die militanten Medressen in der Politik den Hebel, um ihre Vorstellungen gegenüber den Konkurrenten durchzusetzen. Eine entscheidende Rolle spielte der Führer der *Pakistan Peoples Party* (PPP), Zulfikar Ali Bhutto, der Vater von Benazir Bhutto. 1971 spaltete sich Ostpakistan (Bangladesch) mithilfe Indiens in einem blutigen Krieg von Westpakistan ab. Die demütigende Niederlage führte zum Rücktritt des Militärherrschers, General Yahya Khan. Bhutto wurde der erste demokratisch gewählte Ministerpräsident. Er war eine charismatische, populäre Figur, die es verstand, die Massen zu mobilisieren. »Islam ist unser Glaube, Demokratie unsere Politik, Sozialismus unsere Wirtschaft! Alle Macht dem Volk!« – mit dieser Botschaft war er vor seiner Wahl durch das Land gezogen. Als er an die Macht kam, befand sich Pakistan in der tiefsten Krise seiner erst jungen Geschichte. Amputiert, gedemütigt und innerlich zerrissen, wie es war, musste Bhutto das Land zuerst einmal stabilisieren. Via Radio sagte er bei seiner Amtsübernahme: »Liebe Landsleute, liebe Freunde, meine lieben Studenten, Arbeiter und Bauern und alle, die für Pakistan gekämpft haben. Wir stehen vor der schlimmsten Krise in unserer Geschichte. Es ist eine tödliche Krise. Wir müssen die Scherben wieder zusammensetzen, es sind sehr kleine Scherben, doch werden wir daraus ein wohlhabendes und fortschrittliches Pakistan bauen!«

Bhutto nationalisierte alle wichtigen Industrien, ließ Land an Landlose verteilen, entließ mehr als 2000 Bürokraten wegen Korruption und schickte unliebsame Generäle in den Ruhestand. Das Parlament verabschiedete 1973 auf Bhuttos Veranlassung hin eine neue Verfassung. Pakistan wurde auf dem Papier zu einer islamischen Theokratie. Artikel 2 der Verfassung besagt: »Alle existierenden Gesetze sollen an die Vorschriften des Islams angepasst werden, so wie sie im Heiligen Koran und in der Sunna niedergelegt sind … Kein Gesetz darf verabschiedet werden, das mit diesen Vorschriften nicht übereinstimmt.« Formell wurde also die Islamisierung zum obersten Ziel erklärt und gleichzeitig zur Legitimitätsgrundlage des Staates gemacht.

Dieser erste Islamisierungsschub brachte eine innere Säuberung der muslimischen Gemeinschaft mit sich. Auf Drängen der Deobandis und anderer radikaler Muslime ließ Bhutto die Ahmadis per Gesetz zu einer unislamischen Sekte erklären. Die Ahmadis sind Anhänger von Mirza Ghulam Ahmad. Er kam 1838 im Punjab zur Welt und starb ebendort 1908. Ahmad predigte eine synkretistische Version des Islam. Seine Anhänger sind eine relativ kleine, aber politisch einflussreiche Gruppe innerhalb des Islam. Mit dem Verbot erfüllte Bhutto einen alten Traum der Radikalen. Sie hatten schon kurz nach der Gründung Pakistans versucht, die Ahmadis zu Nichtmuslimen zu erklären. 1952 forderten die Ulema, die Religionsgelehrten, den Rücktritt des damaligen Außenministers, Sir Zafarullah Khan, weil er ein Ahmadi war. Als das nicht gelang, riefen sie zu Demonstrationen auf. Es kam zu pogromähnlichen Ausschreitungen. Das Militär sah sich 1953 gezwungen, den Ausnahmezustand zum ersten Mal zu verhängen. Die Regierung setzte eine Kommission aus Richtern ein. Sie sollten die Ursachen für die Ausschreitungen untersuchen. Die Richter luden die Vertreter der Ulema vor, die zu den Demonstrationen aufgerufen hatten. Sie sollten definieren, wer ihrer Meinung nach ein Muslim war und wer nicht. In dem abschließenden sogenannten *Munir*-Bericht hielten die Richter fest: »Nachdem wir uns die verschiedenen Definitionen, die uns die Ulema gegeben haben, angehört haben, müssen wir feststellen, dass nicht zwei der Gelehrten sich auf eine Definition einigen konnten. Sollten wir selbst eine Definition versuchen, so wie es die Gelehrten getan haben, dann unterscheidet sich unsere von allen anderen, die gegeben worden sind. Und wenn wir eine Definition eines einzelnen Vertreters der Ulema akzeptieren, sind wir Muslime, aber in den Augen aller anderen sind wir Ungläubige.« Das Ergebnis: Es war selbst den Gelehrten, welche die Ahmadis verbieten wollten, nicht möglich zu sagen, wer denn nun genau ein Muslim sei. Das war angesichts der Ereignisse nicht etwa nur eine akademische Übung. »Was jetzt passiert«, schrieben die Richter, »ist ein warnendes Zeichen an der Wand. Wenn wir das nicht stoppen, dann werden sich die Menschen weiter die Kehlen durchschneiden.« Eine Antwort auf die Frage, wer ein Muslim war und wer nicht, konnte nur mit Blut geschrieben werden.

Heiliger Zorn

Der demokratisch gewählte Bhutto also, nicht das Militär, öffnete den Radikalen das Tor zur Politik. Die Deobandis strömten herein, in der Absicht, Pakistan in ihrem Sinne zu verändern – und sie begannen mit dem Verbot der Ahmadis. Die Islamisierung wütete als Erstes innerhalb der islamischen Gemeinschaft. Die Deobandis waren führend. Sie richteten ihren heiligen Zorn gegen alle, die anders waren. In erster Linie gegen die Schiiten, aber auch gegen die Muslime, die in der mystischen Tradition standen, wie die Barelvis. In dem Glauben, seine eigene Macht stabilisieren zu können, ließ sich Bhutto für den innerreligiösen Konflikt missbrauchen. Der Hunger der islamischen Radikalen nach politischer Macht war mit dem Verbot der Ahmadis nicht gestillt. Das war natürlich, denn da sie einen absoluten Wahrheitsanspruch erhoben, mussten sie das Absolute anstreben, die Totalität.

Als Bhutto im Jahr 1977 von General Zia ul Haq gestürzt wurde, fanden die Deobandis einen willigen Partner. Der General war ein frommer Muslim und gleichzeitig ein ausgebuffter, rücksichtsloser Politiker. Da es ihm, dem Putschisten, an demokratischer Legitimation mangelte, nahm er sich die Islamisten als Partner. Sie sollten ihm den fadenscheinigen Mantel religiöser Legitimation umhängen. Zia ul Haq trieb die Islamisierung des Landes entschieden voran – und beförderte dabei vor allem die Deobandis. Er setzte einen Rat für islamische Ideologie ein, der ausschließlich aus Konservativen bestand; er veränderte die Verfassung, um Scharia-Gerichte einführen zu können; er führte die *Hudood*-Gesetze ein, die Frauen diskriminierten; er ließ ein Gesetz gegen Blasphemie verabschieden; Spielcasinos, Alkoholkonsum wurden verboten; die Regierungsangestellten mussten fünf Mal am Tag zum vorgeschriebenen Gebet antreten. Die Islamisierung Pakistans erhielt nach dem Einmarsch sowjetischer Truppen noch einen kräftigen Schub von außen. Milliarden Dollar aus den USA und Saudi-Arabien flossen in Zia ul Haqs freudloses Reich.

Der Gebrauch der Religion zu innen- wie außenpolitischen Zwecken führte dazu, dass unter den verschiedenen Sekten des Islams eine intensive Konkurrenz um die Gunst der Politik ausbrach. Die Deobandis waren eindeutig die Profiteure. Das lässt sich auch an den Zahlen feststellen. Heute gehören 80 Prozent der Moscheen in Pakistan zu der Deobandi-Sekte. Das Gefühl der Macht, das die Deobandis zu Zeiten Zia ul Haqs richtig auskosten konnten, förderte die Ausgrenzung, Diskriminierung und Gewalt gegen andere Gläubige, besonders die Schiiten. In einem Kommentar der *Al-Haq*, einer Publikation der Haqqania aus dem Jahr 1979, steht: »Wir dürfen nicht vergessen, dass die Schiiten es zu ihren religiösen Pflichten zählen, die Sunniten zu schädigen und sie auszumerzen. Die Schiiten haben sich seit jeher dazu verschworen, Pakistan in einen Schiitenstaat umzuwandeln. Sie haben sich mit unseren ausländischen Feinden und den Juden verschworen. Durch solche Verschwörungen ist es ihnen gelungen, die Abspaltung Ostpakistans zu bewerkstelligen. Sie taten es, um ihren Durst nach sunnitischem Blut zu stillen!«

Abdul ul Haq, der Gründer der Haqqania, war eine charismatische Figur. Vier Mal hintereinander wurde er in den pakistanischen Senat gewählt und nicht einmal hat er die Haqqania verlassen, um auf Wahlkampf zu gehen. Das brauchte er nicht. Die Leute kamen zu ihm, so wie sie bis heute zu allen Mitgliedern der Familie ul Haq kommen, um sich Rat zu holen, Hilfe zu erbitten, oder Angebote zu machen. Die ul Haqs sind ein machtvoller, gut organisierter Clan. Das Familienoberhaupt, Sami, ist Senator und Vorsitzender der Partei *Jamiat-e-Islami* (S), sein Sohn Hamid sitzt im Parlament, der zweite Sohn Raschid verwaltet die Haqqania und so geht es weiter den Stammbaum entlang, jede Verästelung eine Funktion in dem Konzern Haqqania, einer Machtmaschine, die befeuert wird von der Religion.

Die Botschaft der Hässlichkeit

Salman ul Haq, der vor mir saß und immer wieder auf seinen Computerbildschirm blickte, weil sein Neffe ein neues Autorennen begonnen hatte, war vermutlich kein besonders bedeutender Lehrer. Dennoch bleibt er ein ul Haq. Deshalb auch kommen die Menschen zu ihm in sein ärmliches Büro, das wie eine Rumpelkammer aussieht. Die Geschichte des Aufstiegs der ul Haqs zu einer der einflussreichsten politisch-religiösen Familien Pakistans kontrastierte auf seltsame Weise mit den zerschlagenen, wackeligen Möbeln, mit den leeren Flaschen, mit den von Feuchtigkeit aufgequollenen Kartons, mit den blassen Büchern auf staubigen Regalen – und doch war dieser Anblick stimmig. Schimmelige Ärmlichkeit war hier nicht etwas, das übertüncht werden musste, Salman ul Haq trug sie zur Schau wie ein Symbol. Das war der Stil der Haqqania. Sie will gar nicht besser aussehen. Schönheit bereitet Vergnügen, Vergnügen verwirrt den Kopf und das lenkt von Gott ab. Hässlichkeit ist in der Haqqania eine Botschaft mit politischer Wirkung.

Zakaria schwieg während des Gesprächs, das ich mit Salman ul Haq führte. Wenn ihn sein Lehrer etwas fragte, dann lächelte er in seiner bewährten Manier und gab ein paar einsilbige Worte von sich. Manchmal glaubte ich auf seinem Gesicht einen vorbeihuschenden Schatten zu erkennen. Wahrscheinlich hatte er Sorge, dass ich seinem Lehrer missfiel und dass sein Lehrer ihm später vorwerfen würde, mich hierher gebracht zu haben. Es schien mir, dass Salman ul Haq Gefallen an dem Gespräch fand, nicht an mir, aber an dem Gespräch. Er genoss es, mich vor seinen Schülern zur Rede zu stellen, auf eine sehr freundliche und doch entschiedene Art. Wir redeten noch eine Weile, aber er verlor das Interesse an mir. Er signalisierte dies, indem er immer länger den Fortschritten seines Neffen in den Formel-1-Rennen zuschaute und gleichzeitig die anderen Anwesenden nach ihrem Befinden fragte. In wenigen Minuten fiel ich aus dem Kreis seiner Aufmerksamkeit. Es war Zeit, zu gehen.
Zakaria begleitete mich an das Tor der Haqqania.
»Dein Lehrer ist sehr freundlich.«
»Er ist ein bescheidener Mann. Er ist ein Vorbild für seine Gemeinschaft.«
Keine Musik, kein Luxus, nichts Erfreuliches für das Auge, keine wie auch immer gearteten weltlichen Freuden. Ich fragte mich, ob Zakaria immer schon streng gewesen war.
»Hast du nie Musik gehört?«
»Doch, früher. Als ich klein war. In unserem Dorf. Damals wusste ich noch nicht, dass dies Gott nicht gefällt.«
Er erzählte mir dies, als müsste er sich für eine unbedachte Jugendsünde entschuldigen. Nichts Schlimmes, aber eine Sünde, immerhin.
»Wie heißt dein Dorf?«
»Takht Abad.«
»Ist es weit von hier?«

»Nicht weit, eineinhalb Stunden mit dem Bus. Ich fahre morgen hin. Ich bin ja schließlich auch in den Ferien.«

Er zuckte mit den Schultern. Wir standen am Tor. Ich blickte über seine Schulter hinweg auf den leeren, staubigen Innenhof. »Fehlt dir deine Heimat?«

»Oh ja, natürlich. Ich denke jeden Tag an mein Dorf. In einem Jahr werde ich mein Studium abgeschlossen haben, dann kehre ich zurück nach Takht Abad. Ich will als Erstes in der Medresse des Dorfes Unterricht geben.«

Ohne nachzudenken, fragte ich ihn: »Darf ich dich morgen hinfahren? Ich habe ein Auto, einen Fahrer …«

Zakaria wehrte ab: »Nein, das kann ich nicht annehmen.«

»Aber ich würde dich sehr gerne hinfahren.«

»Nein, nein.«

»Doch, doch, ich mache das gerne. Ich bin sehr neugierig.«

So ging das eine Weile hin und her, und dieses Spiel, so sinnlos und umständlich es erschien, brachte uns näher. Ich lud ihn ein, er lehnte ab, ich lud ihn ein, er lehnte ab, es war wie ein Tanzschritt, und bevor wir es bemerkten, bewegten wir uns auch schon im Takt einer aufkeimenden Freundschaft.

Wir kamen, so wie Zakaria es sich gewünscht hatte, in der Morgendämmerung an der Haqqania an. Wir waren ein paar Minuten zu früh, und so warteten wir vor dem Tor der Religionsschule. Die Sonne war noch nicht aufgegangen, auf der Straße vor der Haqqania donnerten die ersten Lastwagen über den Asphalt, hinter dem Steuer saßen schlaftrunkene Fahrer. Wann immer ihnen jemand im Weg war, ein Fahrradfahrer, ein Eselskarren, ein Fußgänger, drückten sie auf die Hupe und ein Heulen und Fauchen erfüllte die Luft wie von einer Granate, die gleich einschlagen und einen riesigen Krater in den Asphalt reißen würde. In den kurzen Pausen zwischen dem einen und dem anderen Lastwagen erhob sich das Zwitschern der Vögel, die zu Hunderten in den Baumkronen saßen und der aufgehenden Sonne entgegenfieberten. Diese idyllische Geräuschkulisse zerbarst in dem Augenblick, da der nächste Lastwagen heranbrauste. Die Welt vor der Haqqania war eine zerbrechliche Angelegenheit.

Als ein besonders großes Ungetüm auftauchte und schlingernd heranpreschte, kam Zakaria aus dem Tor der Haqqania. Ich bemerkte ihn, hörte aber seine Begrüßungsworte nicht, denn der Lastwagen gab einen markerschütternden Ton von sich. Ich bedeutete Zakaria, dass er einsteigen sollte. Das nächste rollende Monster sollte mich hier nicht mehr vorfinden. Wir fuhren eilig los.

Auf der Suche nach religiöser Orientierung

Nachdem wir einige Minuten lang geschwiegen hatten, nachdem draußen die Sonne aufgegangen war und begann, sich das Land ihrer gnadenlosen Herrschaft zu unterwerfen, erzählte mir Zakaria beiläufig, dass er überlegte, sich für ein paar Jahre den *Tablighi* anzuschließen. Das war eine Bewegung von Wanderpredigern. Jeder Muslim konnte mit ihnen für eine gewisse Zeit auf Wanderschaft gehen. Die Tablighi schwärmten in die ganze Welt aus, um die anderen Muslime zu ermahnen, die Wurzeln des Glaubens nicht zu vernachlässigen. Sie gingen mit gutem Beispiel voran. Sie waren angehalten, bescheiden und zurückhaltend aufzutreten und doch unbeirrbar in ihrem Glauben zu bleiben. Das Hauptquartier der Tablighi ist Rai Wind, ein Dorf in der Nähe von Lahore. Während ihres jährlichen Treffens kommen dort Hunderttausende Männer zusammen. Die Tablighi sind in Pakistan nicht unumstritten. Die militanten religiösen Parteien kritisieren ihre apolitische Haltung. Tatsächlich halten sich die Tablighi von der Politik fern, obwohl sie durch ihre massenhafte Anhängerschaft durchaus Einfluss ausüben könnten. Trotzdem sind die Tablighi nach den Attentaten des 11. September 2001 in das Blickfeld westlicher Geheimdienste geraten. Eine muslimische Bewegung, die weltweit Millionen Anhänger hat und bei ihrem jährlichen Treffen in Rai Wind Hunderttausende Männer versammeln kann, erregte Verdacht.

Im Jahr 2001 kam auch ein Mann aus Deutschland nach Rai Wind. Es war Murat Kurnaz, der Bremer Türke, wie er später genannt werden sollte. Kurnaz war in Pakistan verhaftet und den Amerikanern übergeben worden. Sie verschleppten ihn zunächst in ein Lager nach Afghanistan und sperrten ihn dann im Gefangenenlager Guantanamo ein. Kurnaz wurde in einem fragwürdigen militärischen Scheinverfahren als »feindlicher Kämpfer« eingestuft und blieb vier Jahre lang in Haft. Während dieser Zeit wurde er misshandelt und gequält. Nach seiner Freilassung im August 2006 setzte der deutsche Bundestag einen Ausschuss ein, der ein eventuelles Versagen der Bundesregierung untersuchen sollte. Kurnaz hatte schwere Vorwürfe gegen die deutschen Behörden erhoben. In den Anklageschriften der US-Behörden, die nun zumindest teilweise zur Einsicht freigegeben wurden, tauchten die Tablighi auf. Sie wurden als Organisation mit Verbindungen zu »terroristischen Gruppen« eingestuft. In den Augen der amerikanischen Ermittler war es eine Art Rekrutierungsstelle für Al-Qaida, was angesichts der traditionell völlig apolitischen Haltung der Bewegung als zumindest gewagte Mutmaßung erschien.

Kurnaz war auf der Suche nach religiöser Orientierung nach Rai Wind gekommen. Er war ein junger Mann, der seinen Platz im Leben noch nicht gefunden hatte. Ich konnte mir gut vorstellen, wie Zakaria, der neben mir im Auto saß, nach Rai Wind ging, um sich dort weiter in die Studien und Praktiken seiner Religion zu vertiefen. Über Kurnaz hieß es, dass er sich mit einer gewissen

Naivität im Herbst 2001 nach Pakistan aufgemacht hatte, und Zakaria traute ich ebenfalls zu, dass er sich in eine schwierige Lage begeben konnte, ohne es zu wollen oder überhaupt zu merken. Mangelndes Wissen über die Welt, Unfähigkeit, dem anderen, wer auch immer dieser andere war, Böses zu unterstellen, Unvermögen einzusehen, dass wir in gefährlichen Zeiten leben – das alles lag offen zutage.
Der Verkehr auf der Straße wurde dichter, lauter und chaotischer. Wir näherten uns dem Stadtrand von Peshawar. Zakaria schwieg. Er schaute kurz durch das Fenster auf das Gewimmel der Menschen, dann wandte er den Blick ab und sagte dem Fahrer, er solle nach rechts auf eine schmale Landstraße abbiegen: »Dort … ja genau. Noch 20 Kilometer, dann sind wir in Takht Abad!« Wir streiften Peshawar nur und spürten die fiebrige Hitze der Stadt wie einen flüchtigen Schauer. Erst später sollte mir klar werden, wie erleichtert Zakaria darüber gewesen war.
Nach nicht einmal einer halben Stunde erreichten wir Takht Abad. Das Dorf schien für pakistanische Verhältnisse relativ wohlhabend. Die Straße war asphaltiert, die Felder grün und die Häuser waren, soweit man es nach den Umfassungsmauern schließen konnte, großzügig angelegt.
»Wir haben hier eine Krankenstation, eine staatliche Schule und zwei kleine Moscheen und eine Medresse. Da! Sehen Sie?«
Auf der rechten Straßenseite stand ein niedriges Lehmgebäude, das weiß gefärbt war. Es war die Medresse, in der Zakaria Kindern zwischen sechs und zwölf Jahren Lesen und Schreiben beibringen würde und die Lehren des Korans. Zakaria war offensichtlich stolz auf sein Dorf. Er redete, während wir uns seinem Haus näherten, über seine Heimat wie einer, der bald Verantwortung für diese Gemeinschaft übernehmen konnte. Das war der natürliche Lauf der Dinge, denn Zakarias Familie gehörte zu den größeren Grundbesitzern im Dorf. Sie hatte genug Land, um allen Famili-

enmitgliedern einen bescheidenen Wohlstand zu sichern, was schon sehr viel ist. Denn allein hinter den Lehmmauern des Familienansitzes lebten 42 engere Angehörige Zakarias und im ganzen Dorf verstreut waren es an die 300 Familienmitglieder.
»Aber genau weiß ich es nicht!«, sagte er lachend, als sich ein hölzernes Tor öffnete und wir in den großen Innenhof des Hauses seiner Familie fuhren. Mehrere Männer hatten auf uns gewartet. Sie empfingen uns mit ausgesprochener Herzlichkeit. Wir begaben uns in den Schatten eines Wellblechdaches, über dem sich ein mächtiger Baum dem Himmel entgegenstreckte. Zakaria und die anderen baten mich um Verständnis, denn es war die Stunde des Gebets. Ich solle mich inzwischen ruhig hinsetzen und etwas trinken. Ein Junge hatte mir eine Flasche Pepsi Cola gebracht. Ein weißer Strohhalm steckte darin. Ich setzte mich auf einen wackligen Holzstuhl, traute mich jedoch nicht, aus der Cola zu trinken, denn Zakaria und die anderen hatten in der Ecke einen Gebetsteppich ausgerollt. Es war sehr still. Nur das Rascheln der Kleider war zu hören, wenn sich die Männer hinknieten. Zakaria würde der erste Mullah der Familie sein. Das hatte er mir erzählt. Während ich sah, wie seine Lippen sich bewegten und aus seinem Mund unhörbar die Anrufung Gottes kam, dachte ich, dass er gewiss ein guter Mullah werden würde, ein geduldiger Mann mit unerschütterlichem Gottvertrauen.
Wenige Minuten später, als sie das Gebet beendet hatten und wir im Schatten rund um einen niedrigen Tisch saßen, sagte Zakaria zu mir: »Alle unterstützen mich. Alle wünschen sich, dass ich Mullah werde.« Dann beschrieb er das Verhältnis seiner Familie zu ihm mit dem schönen Satz: »Ihre Gefühle fließen mir zu.«
Er wird bald der Mann sein, zu dem die Menschen des Dorfes kommen, um nach Rat zu fragen, ob ihnen Gott dieses oder jenes erlaubt, ob sie dieses oder jenes Geschäft eröffnen können. Zakaria wird für alle Fragen des Lebens eine Antwort finden müssen,

er wird in seinen Büchern blättern, er wird nachdenken, abwägen und dann seine Meinung kundtun. Wenn er überzeugend auf die Menschen des Dorfes wirkt, wächst seine Macht und seine Familie wird ihren Besitz krönen können mit dem Ansehen eines allseits verehrten Mullahs namens Zakaria. Für ihn kann das der Beginn einer großen Laufbahn sein.

Der Boden in Takht Abad jedenfalls ist gut vorbereitet für einen Mann wie Zakaria. Er muss niemanden von seiner strengen Interpretation des Islam überzeugen, denn das Dorf selbst hat sich der Strenge verschrieben. Ein Onkel Zakarias, ein kleiner, freundlicher Mann, brachte ein Beispiel für die in Takht Abad herrschende Weltanschauung: »Letzte Woche hat unser Nachbar seinen Fernseher vor die Moschee gebracht. Er hat ihn mit einem Vorschlaghammer zertrümmert. Das war recht so!« Zakaria nickte zustimmend und fügte später hinzu, dass er in diesem Dorf leben will, weil »die Menschen sich hier umeinander kümmern. In der Stadt denkt jeder nur an seinen eigenen Vorteil.«

»Was meinst du damit?«

»Ich meine, dass jeder sich selbst der Nächste ist.«

»Bist du dir sicher?«

»Ja, ganz sicher. Die Stadt verdirbt die Menschen. In Takht Abad kümmern wir uns noch umeinander. Hier kennt jeder jeden.«

Ich begriff, dass das Dorf Zakarias Denken geprägt hatte, mehr als alles andere. Oder besser: die Idealisierung des Dorfes. Für ihn war Takht Abad die heile Welt, eine heile Welt, die tödlich bedroht war. Die Gefahr kam aus dem Moloch Stadt, der in Zakarias Fall Peshawar hieß. Ich fragte ihn, was er denn von Peshawar halte. Er führte eine lange Klage darüber. Zum ersten Mal, seit ich ihn getroffen hatte, wirkte er wie ein ängstlicher Mann. Für ihn, das wurde nach wenigen Minuten klar, ist die Stadt voller Versuchungen, voller Gewalt, Zerstörung und Hoffnungslosigkeit. An jeder

Ecke lauert das Verderben. Sein strenger Glaube war ein Versuch, sich gegen den Moloch Stadt zu verteidigen. Wenn es ginge, würde Zakaria am liebsten aus der ganzen Welt ein Takht Abad machen.
Freilich, auch im Dorf lauert das Verderben. Schamschad zum Beispiel, ein Jugendfreund Zakarias, singt gerne und er lässt sich dabei nicht stören. Zakaria erzählte mit einem Lächeln auf den Lippen von seinem Freund. »Ich ermahne Schamschad, in meiner Anwesenheit nicht zu singen, aber er lacht nur. Das kümmert ihn nicht! ›Ach, Zakar‹, sagt er nur, ›sei nicht dumm!‹«
Zakaria geht dann einfach weg, die staubige Straße entlang, über den mit hohem Gras bewachsenen Friedhof. Nach wenigen Minuten kommt er an das Ufer des Kabulflusses. Hier kann er den Gesang Schamschads nicht mehr hören. Hier ist es still, so still, wie es Zakaria braucht, um Gott zu gefallen. Ab und zu nur zwitschert ein Vogel in den Bäumen.

5
Im Auge des Sturms
An der Grenze zu Afghanistan

Die mythische Schwelle

Wie jeder Offizier, der etwas auf sich hält, verachtete General Tariq Unpünktlichkeit, und ich war fünf Minuten zu spät bei ihm erschienen. Das war meiner Unerfahrenheit zuzuschreiben. Ich war zum ersten Mal in das Innere der Bila Hissar gekommen, der Festung von Peshawar, und hatte ihre Weitläufigkeit unterschätzt. General Tariq residierte auf der Spitze des Festungshügels hinter zwei machtvollen Ringmauern, die jedem Feind das Fürchten lehren und den tosenden Verkehrslärm von Peshawar mühelos fernhalten. Ich brauchte länger als vermutet, um zum Hauptquartier des Generals vorzustoßen. Die diensthabenden Offiziere, die mich erwarteten, ermahnten mich mit eindeutigen Worten. Die Zeit des Generals sei eng bemessen, sehr eng. Dann führten sie mich in sein großes Büro, wo er mich bereits auf einem Sessel sitzend erwartete. Er begrüßte mich knapp. Ich setzte mich ihm gegenüber.
»Es ist eine sehr eindrucksvolle Festung«, sagte ich, um ihn zu besänftigen. Er verzog seinen Mund zu einem kurzen Lächeln, rief seinen Pagen und bestellte Tee.
»Ich danke Ihnen für Ihre Bereitschaft, mich zu empfangen!«
General Tariq schaute etwas freundlicher. Der Page kam und brachte den Tee, ich nahm einen Schluck.
»Das ist der beste Tee, den ich je getrunken habe!«
General Tariq lehnte sich in seinen Sessel zurück und musterte mich.
»Es ist ein sehr aromatischer Tee!«
Der General lächelte jetzt.

»Sind Sie zum ersten Mal hier?«, fragte er mich.
»In Peshawar war ich schon oft, in der Festung bin ich zum ersten Mal. Ich dachte nicht, dass sie so groß ist.«
Er trank etwas Tee.
»Es ist sehr still hier, man hört nichts von Peshawars Straßenlärm.«
»Die Mauern sind dick«, antwortete er.
»Es sind die dicksten Mauern, die ich je gesehen habe!«
Er lächelte jetzt etwas breiter. Die Abzeichen an seiner Brust blinkten und schimmerten.
»Man muss sich sehr sicher fühlen hinter solchen Mauern!«
Er schwieg.
»Wer soll einem da schon gefährlich werden?!«
Ich hob die Stimme ein wenig, um ihn endlich für mich zu gewinnen. Er konnte mich nicht ewig so zappeln lassen.
»Ich meine, hier oben, da haben Sie sicher eine phantastische Sicht auf die Stadt, nicht wahr?«
Er schüttelte sich ein wenig, wie jemand, der von einem kurzen, aber heftigen Schauer erfasst wird. Dann lehnte er sich nach vorne und sagte leise: »Willkommen! Sie sind hier herzlich willkommen!«
Er hatte mir meine Unpünktlichkeit verziehen. In dem folgenden Gespräch sollte ich einen humorvollen, selbstbewussten Mann mit jenem Hang zur Eitelkeit kennenlernen, der viele pakistanische Offiziere auszeichnete. General Tariq war Kommandeur des 36 000 Mann starken *Frontier Corps*, dessen bekanntester Teil die *Khyber Rifles* sind. Die Khyber Rifles waren von den Briten gegründet worden, um die Bahnlinie auf den Khyberpass zu sichern, die britische Ingenieure 1925 fertiggestellt hatten. Die Rifles waren eine Miliz von Stammesangehörigen. Der Name Khyber verlieh ihr eine mythische Aura, denn der 1087 Meter hohe Khyberpass ist einer der wichtigsten Pässe des gesamten

Subkontinents, ein Pass mit Symbolcharakter. Jahrtausendelang war er das Einfallstor nach Indien. Große Eroberer der Weltgeschichte kamen über den Khyberpass: Alexander der Große auf seinem Zug nach Indien, Babur, der Begründer der Moguldynastie, der persische Eroberer Nadir Shah, der 1739 Delhi einnahm. Die britischen Truppen sind 1839 über den Khyberpass gezogen, um Afghanistan unter Kontrolle zu bekommen, und als sie sich 1842 zurückzogen, kam von den 17 000 Mitgliedern des Expeditionsheeres nur einer lebend über den Pass zurück. Alle anderen hatten die afghanischen Krieger ums Leben gebracht. Der Khyberpass diente auch als Kulisse für ein zentrales Symbolbild des Kalten Krieges. 1980 präsentierte sich der damalige Sicherheitsberater des amerikanischen Präsidenten, Zbigniew Brzezinski, auf dem Pass. Eine Kalaschnikow im Anschlag, zielte er auf das von den Sowjets besetzte Afghanistan. Der Khyberpass ist ein mythisch aufgeladener Ort.

Kampf um die Grenze

General Tariqs Truppen haben die Aufgabe, 1200 Kilometer der insgesamt 2450 Kilometer langen Grenze zu Afghanistan zu überwachen. Das ist schwierig, genau genommen unmöglich, denn die Grenze, die zu bewachen ist, besteht nur auf dem Papier, im wirklichen Leben gibt es sie nicht. Auf beiden Seiten nämlich leben Paschtunen, die nur der Zufall der Geschichte trennte – oder besser: das Bedürfnis der britischen Kolonialherren, ihre Untertanen zu beherrschen. Den Briten war es 1893 gelungen, ihre indischen Besitzungen gegenüber Afghanistan, gegen das sie drei Kriege geführt hatten, abzugrenzen. Sie zogen eine Linie, die nach dem damaligen Außenminister der britischen Verwaltung Sir Henry Mortimer Durand benannt wurde. Die *Durand-Linie* führte mit

Absicht mitten durch die Paschtunengebiete. Die Briten folgten damit dem guten alten Prinzip jedes Kolonialherren: »teile und herrsche«. Die unbotmäßigen Afghanen, das war die Hoffnung, ließen sich besser kontrollieren, wenn ihre Gebiete geteilt waren. Als die Briten 1947 ihr Empire aufgaben und sich überstürzt von dem Subkontinent zurückzogen, wurde die Durand-Linie zur Grenze des neuen Staates Pakistan. Eine afghanische *Loya Dschirga*, eine große Ratsversammlung, erklärte 1949 die Durand-Linie jedoch für ungültig. Der Widerstand ging so weit, dass Afghanistan 1947 gegen die Aufnahme Pakistans in die UNO stimmte. Bis heute hat noch keine afghanische Regierung die Grenze anerkannt. Für Afghanistan sind die Paschtunen auf der pakistanischen Seite Teil des eigenen Volkes, das heimgeholt werden muss. Dieser Standpunkt erklärt sich auch aus der Tatsache, dass die Paschtunen in Afghanistan mit etwas mehr als 40 Prozent der Bevölkerung die überwiegende Mehrheit bilden und in seiner Geschichte immer die Politik des Landes an führender Stelle bestimmt haben. Keine afghanische Regierung kann es sich leisten, die Durand-Linie als endgültige Grenze anzuerkennen, sie würde diesen Schritt nicht überleben.

Pakistan freilich fürchtet solche Ansprüche. Der größte Teil des paschtunischen Volkes nämlich lebt auf pakistanischem Staatsgebiet, insgesamt 20 Millionen, das sind zwar »nur« 13 Prozent der pakistanischen Gesamtbevölkerung, doch haben sie erhebliches Sprengpotenzial. Neben den Ansprüchen Afghanistans gab es auch paschtunische Nationalisten, die den Traum eines unabhängigen Paschtunistans träumten. Das ist ein Albtraum für den Staat Pakistan. Er lebt ohnehin seit seiner Gründung in der ständigen Furcht, sich in seine Einzelteile aufzulösen. Diese Furcht ist nicht unbegründet, einmal schon hat Pakistan eine seine Existenz bedrohende Abspaltung erlebt. 1971 machte sich Ostpakistan, das heutige Bangladesch, unabhängig. Das war besonders für die

Armee eine traumatische Erfahrung. Indien hatte in den Konflikt militärisch eingegriffen und in einem entscheidenden Sieg 90 000 pakistanische Soldaten gefangen genommen. Diese unvergessene Niederlage stärkte das Misstrauen Pakistans gegenüber allen nationalen Bewegungen, sei es jene der Balutschen oder der Paschtunen. Wie heikel die Frage des paschtunischen Nationalismus ist, zeigt allein schon die Namensgebung der Region. Die North Western Frontier Province ist die einzige der insgesamt vier Regionen Pakistans, die nicht nach ihrer Mehrheitsbevölkerung benannt ist. Die anderen Regionen heißen *Sind*, nach den Sindi, *Balutschistan* nach den Balutschen, und *Punjab* nach den Punjabis. *NWFP* klingt dagegen wie ein bürokratisches, blutleeres Kürzel. Die Absicht ist klar: Selbst der Name soll nationalen Leidenschaften keinerlei Raum lassen.

Nun könnte man das alles als Streitigkeit zwischen Staaten abtun, wie es sie auch in anderen Gegenden der Welt gibt – doch dieser Streit hat globale Implikationen. Nach dem 11. September 2001 wurden die paschtunischen Stammesgebiete zu einem entscheidenden Schlachtfeld im Krieg um Afghanistan und damit auch im Kampf gegen den Terror. Wer diesen Kampf gewinnen will, muss die Paschtunen für sich gewinnen, auf afghanischer wie auf pakistanischer Seite. Das Vertrackte daran ist, dass Afghanistan und Pakistan, die beiden Kontrahenten, seit 2001 zu den engsten Verbündeten der USA zählen. Kabul hat die neue, von den USA geliehene Stärke dazu benutzt, seinen Anspruch auf die paschtunischen Gebiete selbstbewusst zu vertreten, während Pakistan, ebenfalls mit der Sicherheit im Rücken, ein enger Verbündeter der USA zu sein, dieses Ansinnen ablehnt und darauf pocht, dass die Durand-Linie eine Staatsgrenze sei. Der afghanische Präsident Hamid Karzai wohnte im März 2006 zusammen mit einer 40 Mann starken Delegation demonstrativ dem Begräbnis des pakistanischen paschtunischen Nationalisten Abdul Wali Khan bei, der ihm afghanischen Jalalabad begraben wurde. Während einer Pressekonferenz, die er an diesem Tag abhielt, sagte Karzai: »Wenn sie nicht aufhören (mit ihren Interventionen – U.L.), dann wird die ganze Region genauso leiden wie wir. In der Vergangenheit haben wir allein gelitten. Diesmal aber wird jeder mit uns leiden. Jeder Versuch, Afghanistan ethnisch zu teilen oder es zu schwächen, wird dieselben Konsequenzen in den Nachbarländern haben. Alle Nachbarn haben dieselben ethnischen Gruppen, die wir auch haben. Darum sollten sie wissen, dass diesmal ein anderes Spiel ist.«

Das waren ziemlich deutliche Worte, die sich gegen Pakistan richteten. Karzai warf den Pakistanern vor, die Grenze bewusst nicht zu überwachen und damit den Taliban die Möglichkeit zu geben, frei zu operieren. Islamabad freilich wies die Vorwürfe empört zurück und wies etwas süffisant auf den Umstand hin, dass Afghanistan die Überwachung einer Grenze verlange, die es selbst nicht anerkenne. Der Streit um die Grenze findet also auch nach dem 11. September 2001 kein Ende.

Die paschtunische Frage

General Tariq war deshalb in einer recht seltsamen Lage. Er musste eine Grenze bewachen, die eine Seite als nicht legitim bezeichnete. Gleichzeitig wurde er dafür kritisiert, wenn paschtunische Taliban über die Grenze nach Afghanistan einsickerten oder von dort kamen, um sich hier aufzufrischen, bevor sie wieder in den Kampf zogen.

»Sie sind um Ihre Arbeit nicht zu beneiden«, sagte ich zu ihm.
»Ja, das ist wahr. Aber wir sind darauf vorbereitet. Es ist unsere Aufgabe, und die erfüllen wir schon seit langer Zeit!«
»Seit dem Jahr 2004 ist auch die Armee mit Zehntausenden Sol-

daten in den Stammesgebieten präsent. Glauben Sie, dass es sinnvoll ist, die reguläre Armee zu schicken? Werden diese Soldaten von den Stämmen akzeptiert?«
»Es gab natürlich die Befürchtung, dass die Armee als Besatzungsmacht gesehen werden konnte. Die Stämme sind sehr auf ihre Unabhängigkeit bedacht.«
»Ist es Ihnen gelungen, diesem Eindruck entgegenzuarbeiten?«
»Sicher, auch in den Stammesgebieten sieht man ein, dass es für alle von Vorteil ist, gegen die Terroristen zu kämpfen!«
Es war klar, wen General Tariq mit Terroristen meinte: ausländische Kämpfer, Araber, Usbeken, Tschetschenen, aber auch Muslime aus europäischen Staaten. Die Stammesgebiete waren nach dem 11. September 2001 zum Sammelpunkt einer muslimischen internationalen Brigade geworden, so wie sie es schon einmal, während der Achtzigerjahre des 20. Jahrhunderts, gewesen waren. Das wusste der General, und er wusste auch, dass sich diese Kämpfer nicht ohne Duldung der Stämme in diesen Gebieten hätten niederlassen können. Ob man überhaupt sorgfältig, wie es die Pakistaner gegenüber dem Westen vorgaben, zwischen ausländischen Terroristen und Einheimischen unterscheiden konnte, war nicht klar. Viele Ausländer lebten schon seit Jahren in dieser Gegend. Sie waren in den 1980er-Jahren gekommen, um gegen die Sowjets zu kämpfen. Sie hatten hier geheiratet und Familien gegründet. Die Trennlinie zwischen Ausländern und Einheimischen war längst verwischt.
Pakistan verfolgte zwar Al-Qaida, aber es ging mit den Taliban recht pfleglich um. Das war bekannt. Auch das Warum für diese Unterstützung ließ sich relativ leicht erklären. Pakistan wollte den Einfluss auf seinen Nachbarn Afghanistan behalten. Je schlechter das Verhältnis zu der Regierung in Kabul war, desto mehr Einfluss suchte Pakistan über andere Kanäle. Der beste Weg führte über die Paschtunen, die sich von der neuen Regierung in Kabul nicht

vertreten fühlten, und solange die Taliban die Repräsentanten der Paschtunen waren, genossen sie die Sympathie Islamabads – auch wenn sich diese aus Rücksicht auf die Bündnispartner im Verborgenen konkretisierte. Die Frage war also nicht, ob, sondern in welchem Ausmaß Pakistan die Taliban unterstützte.
Ich entschloss mich, General Tariq direkt danach zu fragen.
»Es ist immer wieder die Rede davon, dass Pakistan die Taliban unterstützt. Wie sehen Sie das?«
»Früher einmal haben wir sie unterstützt«, sagte er in einem sehr selbstverständlichen Ton. »Heute aber hat sich das internationale Umfeld geändert. Darauf haben wir dementsprechend reagiert.«
Er sprach völlig leidenschaftslos. Ich konnte mir vorstellen, wie er und seine Kollegen vor einer Generalstabskarte standen, kühl die Kräfteverhältnisse abwogen und sich dann entschieden, die eine oder die andere Gruppe zu unterstützen. Ideologie war hier nicht im Spiel, auch nicht religiöse Überzeugungen, allein die Abwägung der Interessen bestimmte die Politik.
»Damals waren einfach andere Zeiten!«
Der General hatte etwas Technokratisches an sich. Er vermittelte den Eindruck, als ließe sich die Wirklichkeit beliebig dem jeweiligen Strategiewechsel anpassen – wie eine formbare Masse. Diese Haltung war typisch für einen pakistanischen General. Wenn er einen Befehl gab, gehorchten selbst die störrischen Esel des Landes. Der General wollte, dass ich das glaubte, auch wenn ich mir nicht sicher war, ob er selbst daran glaubte. Er führte wahrscheinlich ein kleines Schauspiel auf, denn er musste ja wissen, dass die Lage weitaus weniger kontrollierbar war, als er mir zu sagen versuchte. Die Nachrichten waren nicht beruhigend. Seit die Armee in die Grenzprovinzen einmarschiert war, waren Hunderte Soldaten ums Leben gekommen. Ganze Teile der Region waren nicht mehr unter der Kontrolle der Armee. Der General musste wissen, dass die Welt etwas komplizierter war, als eine

Generalstabskarte es suggerieren konnte. Doch vielleicht war er auch ein Opfer seiner Überheblichkeit.
Als ich später, nachdem ich mich von ihm verabschiedet hatte, auf der Mauer der Festung stand und auf die Stadt blickte, verstand ich sofort, dass man von hier oben aus betrachtet das Gefühl entwickeln konnte, die Welt nach dem eigenen Willen formen zu können. Ich hatte einen Glaskasten unter den Arm geklemmt, in dem ein prächtiger Krummsäbel lag. General Tariq hatte ihn mir zum Abschied geschenkt. Er war eine Trophäe aus dem wilden, fremden Land, das zu meinen Füßen lag, das Land der Paschtunen. Es streckt sich von Peshawar bis nach Quetta und tief hinein nach Afghanistan – es ist das Schlachtfeld im Kampf gegen den Terror.

»Kriegerisch, archaisch, unbeugsam«

Wahrscheinlich hätten vor den Anschlägen des 11. September wenige im Westen sagen können, wo genau denn die Paschtunen lebten. Der Einsturz des World Trade Centers wirkte wie ein Türöffner zu einer bis dahin kaum bekannten Welt. Sie schrieb sich rasch ein in das Bewusstsein des Westens, archaisch, rückständig, kriegerisch. Das waren die Attribute, die am häufigsten über die Paschtunen zu hören waren. Im Paschtunen erlebte das Bild des edlen Wilden seine Wiederauferstehung, unbezähmbar, grausam, aber eben auch großzügig und selbstlos gegenüber Gästen. Diese Klischees passten wunderbar in das nach dem 11. September weitverbreitete Bedürfnis, einen klar umrissenen Gegner zu haben, der über unveränderliche Eigenschaften verfügte.
Kriegerisch, archaisch, unbeugsam – diese Beschreibung des paschtunischen Charakters hätte genauso gut aus dem Munde eines englischen Kolonialoffiziers des 19. Jahrhunderts stammen

können. Sie verdeckte allerdings die Tatsache, dass Paschtunen eine politische Geschichte haben, die nicht immer zum Bild des wilden Stammeskriegers passte. Da gab es zum Beispiel einen gewissen Khan Abdul Ghaffar Khan, der besser unter dem Namen Badsha Khan bekannt war. Als er 1988 im Alter von 98 Jahren starb, wurde er in den Nachrufen als »Ghandi der Grenzprovinzen« gefeiert. Ganz entgegen ihres Rufes hatten die Paschtunen nämlich zwischen 1930 und 1947 nicht mit dem Gewehr gegen die Briten gekämpft, sondern mit den Mitteln der Gewaltlosigkeit. Sie folgten diesem Gandhi der Grenzprovinzen in absoluter Loyalität. Badsha Khan war das leuchtende Beispiel, dass es auch »andere« Paschtunen gab, kämpferisch und unnachgiebig, das ja, aber gewaltlos. Wer konnte sich das jetzt noch vorstellen, da die Paschtunen mit dem Talibanführer Mullah Omar identifiziert wurden? Wer konnte sich angesichts des Krieges, den sich Paschtunen mit der Nato und mit der pakistanischen Armee lieferten, noch vorstellen, dass sie auch eine Tradition der Gewaltlosigkeit kannten? Niemand. Paschtunen waren die Krieger, die es brauchte, um die Welt nach dem 11. September zu ordnen – diese Unübersichtlichkeit provozierte die Eindeutigkeit.

Während ich von der Festungsmauer auf die Stadt blickte, auf ihr mit Smog und Staub verschmiertes Gesicht, während ich über die selektive Wahrnehmung des Westens nachdachte, stellte ich mir die Frage, warum es eigentlich so schwierig war, Osama bin Laden zu fassen. Sicher, das Gebiet, in dem man ihn vermutete, war unzugänglich und wer sich verstecken wollte, fand dort unendlich viele Möglichkeiten. Doch andererseits war Osama bin Laden der meistgesuchte Mann der Welt. Er wird gejagt von den hoch technisierten Spürhunden der USA. Sie haben auch den gestürzten Diktator Saddam Hussein, der als Meister der Verstellung dargestellt wurde, im Dezember 2003 aus einem irakischen Erdloch gezogen. Warum konnten sie Osama bin Laden nicht finden? Wenn man Agentenberichten Glauben schenken durfte, ist Osama bin Laden nicht besonders beweglich. Angeblich leidet er unter einer Nierenkrankheit, die ihn dazu zwingt, sich in regelmäßigen Abständen einer Dialyse zu unterziehen. Eine Dialysemaschine lässt sich nicht einfach so über unwirtliche Berge schleppen. Und doch – nichts. Seit Dezember 2001 gibt es keine Spuren mehr von ihm, damals war noch gesehen worden, wie er aus den afghanischen Tora-Bora-Bergen nach Pakistan flüchtete und seinen Jägern buchstäblich durch die Hände schlüpfte. Der Mann konnte sogar in regelmäßigen Abständen seine Videobotschaften absetzen, in denen er seine Anhänger zum Kampf aufrief. Und es gelang nicht, das zu unterbinden. Wie war das möglich?

Die Antwort, die mir als Erstes einfiel, war einfach und erschreckend zugleich. Osama bin Laden ist für die meisten Pakistaner kein Verbrecher. Im Laufe meiner Reise hatte keiner meiner Gesprächspartner sich je dazu durchgerungen, Osama bin Laden als Verantwortlichen für die Anschläge vom 11. September zu bezeichnen. Wer ihn als Verbrecher benannte, sagte gleich dazu, dass die USA es gewesen seien, die ihn geschaffen hätten. Manche behaupteten sogar, dass Osama bin Laden zu dem Zwecke erschaffen wurde, um dem Islam zu schaden. Für die Mehrheit, so schien es mir, war Osama bin Laden nicht kriminell. War das der Grund dafür, dass man ihn nicht finden konnte? Die Frage konnte man noch präziser stellen: War die Tatsache, dass Osama bin Laden frei war, ein Zeichen für die Talibanisierung Pakistans?

Peshawar war ein geeigneter Ort, um Antworten zu suchen. Wenn es eine fortschreitende Talibanisierung des Landes gab, dann musste sie in der Hauptstadt der Region NWFP sehr gut zu beobachten sein. Der Khyberpass, die Grenze zu Afghanistan, ist gerade mal 60 Kilometer entfernt, die Stadt grenzt direkt an die Stammesgebiete, Peshawar ist eine Stadt der Paschtunen. Hier gewann die MMA, die Koalition aus religiösen Parteien, 2002 zum ersten Mal in der Geschichte des Landes die Regierungsmehrheit. Hier ließen sich die Kräfte messen, die im Spiel waren.

Die Hoffnung der Armen

Ich ging von der Festung hinunter in die Stadt, nahm mir dort eine Motorradriksha und fuhr durch die staubigen Straßen in das Regierungsviertel. Eben noch hatte ich die Stille im Büro des Generals genossen, den aromatischen Tee, die wohltemperierte Luft und nun wurde ich mitten hinein in das Verkehrsgewühl Peshawars geworfen. Es war, als käme ich von einem anderen Stern, und das verstärkte nur meinen Eindruck, dass der General und seine beruhigenden Aussagen von der Wirklichkeit abgehoben waren. Dort oben ließ sich gut Pläne schmieden, dort oben ließ sich gut behaupten, dass alles gar nicht so schlimm sei, dass man die Lage in den Grenzgebieten im Griff habe. General Tariq und seine Dienstoffiziere gehörten zu der privilegierten Kaste. Ihre Welt war geregelt, abgesichert und berechenbar. Es gab eine ganz spezifische Bürgerlichkeit der pakistanischen Offiziere, die nichts zu tun hatte mit dem Alltag der verarmten Massen, die sich auch in den Straßen Peshawars drängten. Die Tagelöhner, die zu Dutzenden am Rande der Straße warteten, bis ihnen jemand etwas Arbeit anbot; die Lastenträger, die für einen Hungerlohn Waren durch den Basar schleppten, die Straßenkinder, die Dienste aller Art anboten, die jungen Männer, die in schmutzigen Kleidern herumlungerten, die Alten, die mit tief eingefurchten Gesichtern an Straßenecken saßen und die Hand für ein paar Rupien aufhielten – wer gab ihnen eine Stimme? Wer vertrat sie? Wer verstand ihre Nöte? Der Leiter der Roten Moschee, Abdul Raschid Ghazi, hatte mir vor seinem Tod gesagt: »Das einfache Volk wendet sich der Religion zu, weil sie niemand sonst von ihrem Schicksal erlöst!« Er war davon überzeugt, dass es zu einer islamischen Revolution kommen würde, weil keiner den Massen Hoffnung gab.

Ghazi hatte damit nicht ganz recht. Es gab eine Politikerin, die unter den armen Massen erheblichen Zuspruch hatte: Benazir Bhutto. Ihre Partei, die *Pakistan Peoples Party*, war von ihrem Vater, Zulfikar Ali Bhutto, 1967 gegründet worden. Die zentralen, programmatischen Stichworte der PPP waren: Islam – Demokratie – Sozialismus. Bhutto konnte die Massen ansprechen, sie konnte sie mobilisieren und ihnen eine Stimme geben. In Wahlkämpfen verwendete er den Slogan »Brot, Kleidung, Wohnung« und sprach damit die elementarsten Bedürfnisse der Armen an. Die PPP wurde schnell zu einer Partei, die in allen vier Regionen des Landes Anhänger gewann. Als Bhutto 1979 auf Betreiben des Diktators, General Zia ul Haq, gehängt wurde, übernahm seine Tochter die Führung der Partei. Benazir hatte von ihrem Vater das Talent geerbt, zu den Massen zu sprechen. Ein beträchtlicher Teil der Armen glaubte ihr, auch wenn sie im Kern ihres Wesens die Tochter eines Feudalherren blieb. Sie schaffte diesen unmöglichen Spagat, als Großgrundbesitzerin Heldin der Armen zu sein. Ihr persönliches Charisma ist dafür nur ein Teil der Erklärung, der andere ist, dass die PPP im Wesentlichen eine säkulare Partei ist. Die Armen unterstützten nicht automatisch die religiösen Parteien, um ihre Probleme zu lösen – sie liefen nicht Männern wie Ghazi in die Hände. Es brauchte dazu eine Politik, die diese Möglichkeit eröffnete. Der Autokrat Pervez Musharraf aber hatte die säkularen Parteien bekämpft, während er die religiösen Extremisten gewähren ließ. Die Stammesgebiete sind für diese Politik ein beredtes Beispiel. In diesen Gebieten nämlich sind Parteien verboten und es ist klar, wem dies nutzt: den Mullahs. Musharraf trieb die Armen förmlich in die Arme der Extremisten und in ihrem Zustand der Unerlöstheit verfielen sie schnell den falschen Propheten, den verführerischen Worten Osama bin Ladens und der Taliban.

Die Attraktivität der Taliban erklärt sich nicht durch ihre religiösen Angebote. Die strikte Durchsetzung religiöser Vorschriften schreckte die Menschen eher ab. Außerdem haben Muslime in Pakistan alle Freiheiten, ihre Religion auszuüben. Anziehend sind die Taliban, weil sie Gerechtigkeit versprechen und damit auch eine gerechte Verteilung der Güter meinen. Die Taliban hatten ein konkurrierendes Lebensmodell anzubieten, eines, das angeblich besser war als das gegenwärtige System, in dem die große Mehrheit der Pakistaner darbte. Sie boten den korrupten Eliten die Stirn, sie setzten ihnen die Idee eines anderen Pakistans entgegen. Sie waren, um es in einem altmodischen Wort zu sagen, Klassenkämpfer, allerdings unter einem religiösen Banner.

Der Rikschafahrer schlängelte sich geschickt durch den dichten Verkehr, der Motor knatterte wie ein Maschinengewehr und beim Einrasten der Gänge gab das Getriebe ein markerschütterndes Knirschen von sich. Binnen Sekunden war ich Teil eines wirbelnden Chaos. Obwohl ich keinen Termin hatte, wollte ich versuchen, einen Vertreter der Regionalregierung zu treffen, um mit ihm über Osama bin Laden zu sprechen. Die Riksha hielt vor einem niedrigen Gebäudekomplex in einem ruhigeren Viertel Peshawars. Hier befanden sich mehrere Ministerien. Ich ging geradewegs in eines der Gebäude und sprach dort einen Portier mit der Behauptung an, ich hätte einen Termin mit dem Minister, er möge mich doch anmelden. Der Portier fragte nach meinem Namen, dann sprang er auf und kam nach wenigen Minuten mit der überraschenden Mitteilung zurück, dass der Minister nun bereit wäre, mich zu empfangen. Er begleitete mich durch einen düsteren Gang, bog um eine Ecke und öffnete eine unscheinbare Tür. Wir standen im Büro des Ministers, einem großen Raum,

dessen Wände grün und weiß gestrichen waren. Der Minister stand vom Schreibtisch auf und kam geradewegs auf mich zu.
»Willkommen, ich habe Sie schon erwartet!«
Das war eine sehr freundliche, sehr willkommene Unwahrheit.
»Ich danke Ihnen, dass Sie auf mich gewartet haben!«, gab ich zurück. Es war besser, wenn wir beide das Spiel, das wir nun einmal begonnen hatten, weiterspielten.
Maulana Hafiz Akhtar Ali hatte als Minister ein sehr seltsames Portfolio. Er war zuständig für Energie und Wasser, für *Auqaf*, für *Hadsch*, für religiöse Fragen und für Minderheiten – Auqaf, das war das Stiftungswesen, und Hadsch die Pilgerreise nach Mekka. Wie sollte ich Akthar Alis Arbeit verstehen? Wie kam er zu diesen Zuständigkeiten? Was haben religiöse Minderheiten mit der Hadsch zu tun? Und was religiöse Fragen mit Wasser und Energie? Das erschloss sich mir nicht.
»Sie haben viele Aufgaben zu erfüllen.«
»Oh, ja wir haben viel zu tun!«, antwortete der Minister, der sich hinter seinen großen Schreibtisch gesetzt hatte. Er war ein junger Mann um die Mitte dreißig. Er trug einen Turban und einen schwarzen Bart. Maulana Hafiz Akhtar Ali war, wie er mir erzählen sollte, in einem Dorf nicht weit von Peshawar geboren. Er war in einer Medresse ausgebildet worden, und als die MMA die Wahlen gewann, fand er sich, bevor er sich versah, auf dem Ministerposten wieder. Maulana Hafiz Akhtar Ali hatte die typische Laufbahn eines Politikers der religiösen Parteien durchlaufen. Sein Ministerportfolio war vermutlich das Ergebnis komplizierter parteiinterner Machtspiele und eines Mangels an Alternativen. Das Personal der MMA bestand hauptsächlich aus Mullahs ohne spezifische Ausbildung und ohne Erfahrungen in der Verwaltung von Institutionen. Überzeugung war wichtiger als Erfahrung und Kompetenz.
Es war sehr heiß in dem Büro. Schweiß trat auf meine Stirn. Ich

wischte ihn in einem Moment, in dem ich mich unbeobachtet fühlte, mit meinem Hemdsärmel ab. Doch Maulana Hafiz Akhtar Ali hatte es bemerkt. Er rief seinen Assistenten mit einer Geste zu sich.
»Schalt die Klimaanlage ein!«
Die Anlage war auf Augenhöhe an der Mauer hinter dem Schreibtisch angebracht. Maulana Hafiz Akhtar Ali hätte sich eigentlich nur umdrehen und sich ein wenig recken müssen, um den Einschaltknopf zu erreichen. Doch er ließ es den Assistenten machen, um seinen Status zu unterstreichen. Der Assistent schaltete die Anlage ein und binnen Sekunden blies mir eiskalte Luft direkt ins Gesicht. Die Anlage rauschte so laut wie ein Flugzeugmotor. Ich verlor die Konzentration, stolperte durch die nächsten paar Fragen und fragte schließlich:
»Können Sie vielleicht die Temperatur etwas herunterdrehen?«
»Aber ich dachte, ihr aus dem Westen könnt die Hitze nicht ertragen?«
»Ja, das kann schon sein …, aber das ist«, ich hatte das Gefühl, dass der Schweiß auf meiner Stirn zu Eis gefror, »das ist doch ein wenig zu kühl, finden Sie nicht?«
»Keine Sorge, Sie sind mein Gast«, sagte er und rief erneut seinen Assistenten, der sich nun an dem Gerät so lange zu schaffen machte, bis es weniger Eisluft ausstieß und leise brummte wie der Motor eines stehenden Lastwagens. Maulana Hafiz Akhtar Ali genoss die Szene. Es schien mir, dass er sich über mich lustig machte. Das provozierte mich und darum stellte ich ihm die Frage, die mich beschäftigte.
»Wenn Sie wüssten, wo Osama bin Laden ist, würden Sie ihn ausliefern?«
Der Minister lehnte sich in seinen Sessel zurück, strich sich den Bart glatt und sagte: »Ich würde erst jemanden informieren, wenn ich zuerst folgende Fragen beantwortet bekäme: Wer hat Osama

bin Laden aus Saudi-Arabien in die Berge Afghanistans gebracht? Wer hat ihn zum Mudschaheddin gemacht? Wer hat ihn dann über Nacht zum Terroristen erklärt? Und warum?«
Ich sank innerlich zusammen. Wie oft hatte ich derlei Argumente schon gehört. Es war immer dieselbe Strategie. Osama bin Laden wurde in einen angeblich objektiven Kontext gestellt, in einen historischen Zusammenhang, der aus Halbwahrheiten und Unterstellungen konstruiert wurde. Seine Schuld löste sich darin auf wie Farbe im Wasser. Und wenn Osama doch schuldig sein sollte, dann waren alle schuldig.
Maulana Hafiz Akhtar Ali lächelte mich überlegen an. Ich schwieg, weil ich mich nicht auf eine sinnlose Debatte einlassen wollte. Ein Ja oder Nein zur Verhaftung Osamas würde ich von ihm nie bekommen. Anstatt dessen lauter Gegenfragen, die ganz eindeutig eines sagen wollten: Die USA sind der Oberterrorist. US-Präsident George W. Bush ist für alles Schlechte verantwortlich, für die Folter in irakischen Gefängnissen und für die Schlaglöcher auf den Straßen von Peshawar.
»Herr Minister, ich habe noch einen Termin. Leider muss ich schon los.«
»Aber ja, ich verstehe.«
Er stand auf und begleitete mich an die Tür. Dort nahm er meine Hand und drückte sie sanft.
»Die Frage, ob ich Osama bin Laden ausliefern würde oder nicht«, sagte er mit weicher Stimme, »ist übrigens eine dumme Frage, die man gar nicht stellen sollte. Denn wir Muslime wollen als Ganzes respektiert werden, als eine Nation mit eigenem Lebensstil, eigenen Werten, einer eigenen Art des Wirtschaftens. Wir sind eine Gemeinschaft. Wir wollen Respekt!«
»Ich verstehe«, sagte ich nur und ging. Osama, das war die Aussage, ist einer der Unseren – ein Muslim. Sie können nicht erwarten, dass wir ihn ausliefern.

Diese Haltung ist der beste Schutz für den Gejagten. Die religiösen Parteien bilden in der NWFP einen ideologischen Speckgürtel, in dem sich einer wie Osama wohlfühlen kann. Die Minister der MMA-Koalition versuchten seit Amtsantritt die Region nach Kräften zu islamisieren. Kaum waren sie an der Macht, sammelten ihre Anhänger »anstößige« Videos und Musikkassetten ein und verbrannten sie öffentlich. Werbeplakate, auf denen Frauen dargestellt waren, wurden kurzerhand zerstört. Attentäter ermordeten zwei Männer, einen Journalisten und einen Arzt, die mehrmals öffentlich Kritik an den Mullahs geübt hatten. Die Täter sind bis heute nicht gefasst. Die Regierung brachte im Juni 2003 das Scharia-Gesetz durch das Provinzparlament, wonach »Allahs Gesetz auf Erden durch die Frommen« umgesetzt werden soll. Dazu setzte die Regierung drei Komitees ein, die Wege zur Islamisierung der Bildung, der Ökonomie und der Gesetzgebung studieren sollten. Die Mullahs wollten auf verschiedenen Ebenen *Hasba*-Komitees einrichten. Der Vorsitzende dieser Komitees trägt den trügerischen Titel Ombudsmann. Er verfügt über eine *Hasba*-Miliz, welche die Islamisierung der Gesellschaft überwachen und durchsetzen soll. Dies ist eine ziemlich getreue Kopie des berüchtigten Ministeriums zur »Förderung der Tugend und Bestrafung der Lasterhaftigkeit« des verblichenen Taliban-Regimes Afghanistans. Das *Hasba*-Gesetz wurde freilich nicht verabschiedet. Der Gouverneur der Provinz, ein von der Zentralregierung eingesetzter Mann, verweigerte seine Billigung. Doch war klar, wohin die Reise ging – in Richtung Talibanisierung.

Ein schwarzes Loch

Die Sonne ging bereits unter, als ich mich auf den Weg zu meinem Hotel machte. Das Abendlicht ließ die Stadt erstrahlen, als hätte sie in ihrem Inneren einen glühenden Kern. Der Verkehr in den Straßen war noch dichter als am Nachmittag. Kurz vor Einbruch der Dunkelheit strebte das chaotische Gewühl auf den Straßen seinem Höhepunkt zu. Lärm und Staub erfüllten die Stadt und forderten ihren Bewohnern noch einmal alles ab, bevor sie sich für die Nacht bereitmachen konnten. Ich hatte mich im Hotel *Pearl Continental* eingemietet, der besten Adresse am Platz. Gäste waren rar zu dieser Zeit, besonders ausländische. Es war daher einfach, günstige Preise auszuhandeln. Das *Pearl Continental* war wie alle Vier- und Fünf-Sterne-Hotels in Pakistan ein Mittelpunkt des Lebens der oberen Zehntausend. Wer lange genug in der Lobby saß, konnte sich sicher sein, dass alle, die etwas zählten in Peshawar, früher oder später an ihm vorbeikamen. Sie kommen hierher, um zu speisen, Kaffee zu trinken, zu plaudern, um Geschäfte abzuschließen und neue anzubahnen, und sie kommen vor allem, um Hochzeiten zu besuchen, den Höhepunkt des gesellschaftlichen Lebens. Bei diesen Anlässen glitzert der Schmuck der Frauen um die Wette, ihre Kleider leuchten in allen Farben und die Männer bewegen sich bedeutungsschwer durch das Hotel, nach allen Seiten hin grüßend, wobei die Söhne ihre Väter imitieren und sich dabei recht ungelenk benehmen. Die Reichen in diesem Land bewegten sich betont langsam, gravitätisch geradezu, als gebe es einen Zusammenhang zwischen ihren Bewegungen in Zeitlupe und ihrem Status in der Gesellschaft. Je bedeutender einer war, desto schwerer und langsamer schien er zu sein. Die Armen kannten dergleichen Muße nicht. Für sie gab es nur zwei Arten des Daseins auf dieser Welt: Entweder sie hetzten sich durch den Tag oder sie vegetierten vor sich hin, entweder sie eilten, rannten und keuchten oder sie saßen irgendwo und ertrugen stoisch ihr Schicksal – dazwischen gab es nichts. Die Spaltung zwischen Arm und Reich war selbst in solchen Dingen spürbar. Es war, als bewegte man sich in zwei verschiedenen Welten mit unterschiedlicher Schwerkraft: Die einen standen fest und sicher auf der Erde, während die anderen von jedem Windstoß fortgetragen werden konnten.

Diese Gedanken beschäftigten mich, während ich in der Lobby saß und die Zeit verstreichen ließ. Der Tag hatte mich ermüdet, das Gewühl der Stadt, die Hitze, der Staub, doch war es vor allem dieses Gefühl, mich immer näher auf etwas Dunkles zuzubewegen, das mich Kraft kostete. Am nächsten Morgen sollte ich zum Khyberpass fahren, General Tariq hatte mir die Erlaubnis erteilt. Ich musste pünktlich am Stadtrand sein, dort, wo Peshawar aufhört und die Khyber Agency anfängt, dann würde man mich mitnehmen auf eine Tour nach Torkham, zum Passübergang. Ich hielt nicht viel von diesen vom Militär organisierten Fahrten, denn man war den Offizieren und dem Programm, das sie vorbereitet hatten, ausgeliefert. Sie bemühten sich, ihren Gästen zu zeigen, dass alles schön und gut war, und man selbst tat so, als würde man das im Großen und Ganzen glauben. Es war ein ziemlich anstrengendes Unterfangen, eine unmögliche Verbindung zwischen Militär und Journalisten. Leider konnte man auf legalem Wege nur mit dem Militär in die Stammesgebiete fahren. Die Khyber Agency war lange Zeit frei zugänglich gewesen, doch jetzt unterlag auch sie diesen strengen Regeln. »Wir können für Ihre Sicherheit nicht garantieren!«, das war der Standardsatz, den man zu hören bekam, wenn man einen Antrag stellte. Die Begründung stand in einem eigenartigen Gegensatz zu der offiziellen Erklärung, dass es zwar Probleme in den Stammesgebieten gebe, doch dass man sie unter Kontrolle habe. Tatsächlich hatte sich die Lage seit dem Jahr 2004 permanent verschlechtert. Die Intervention des Militärs hatte die Lage nicht befriedet – ganz im Gegenteil. Es herrschte Kleinkrieg, besonders in Waziristan. Das Dramatische daran war, dass der Krieg die sozialen Strukturen in den Stammesgebieten zu verändern begann. Extremisten ermordeten rei-

henweise gemäßigte Stammesälteste, um sich an ihre Stelle zu setzen. Traditionelle Formen der Schlichtung zwischen der staatlichen Zentralmacht und den Stämmen büßten an Bedeutung ein. Das Militär verlor dadurch nach und nach den Kontakt zu der Bevölkerung und hatte immer weniger Zugang zu den »Hirnen und Herzen« der Menschen, um die es ging. Die ohnehin schon durchlässige Grenze zu Afghanistan löste sich an manchen Stellen geradezu auf. Es entstand ein immer größerer Landstrich, in dem weder der afghanische noch der pakistanische Staat wusste, was vor sich ging. Berichte der CIA zogen Parallelen zu der Lage vor dem 11. September in Afghanistan. Al-Qaida konnte ungestört Terroristen ausbilden, Attentatspläne aushecken, neue Mitglieder rekrutieren und schließlich auch die Anschläge vom 11. September steuern. Afghanistan war wie ein schwarzes Loch. Man wusste, dass sich dort Schreckliches abspielte, man wusste, dass sich dort Gefahren zusammenbrauten, aber was genau es war, konnten auch die Geheimdienste nicht sagen, noch konnten Terroristen schalten und walten, wie sie wollten, weil sie ein ganzes Land zur Geisel genommen hatten. Auch Pakistans Stammesgebiete wurden mehr und mehr zu einem schwarzen Loch. Das eröffnete den Taliban und Al-Qaida neue Spielräume. Sehr schnell wurde deutlich, mit welchen Folgen.
Die Zahl der Attentate vervielfachte sich innerhalb von kurzer Zeit. 2007 gab es nach Zählungen der Behörden insgesamt mehr als 60 Selbstmordanschläge, ein paar Jahre zuvor waren sie noch nahezu unbekannt gewesen. Die Erstürmung der Roten Moschee durch die Armee spielte dabei eine wichtige Rolle. Der dabei ums Leben gekommene Leiter der Moschee, Abdul Raschid Ghazi, hatte prophezeit, dass es zu einer Welle von Attentaten kommen würde, tatsächlich erreichten die Anschläge einen neuen Höhepunkt – in der Quantität wie auch in der Qualität. Ohnehin war schon seit geraumer Zeit kaum ein Mitglied der politischen Klas-

se Pakistans vor Attentätern sicher gewesen. Fast jeder prominente Politiker war schon Ziel eines Anschlages gewesen. Der Präsident des Landes war zweimal knapp mit dem Leben davongekommen, der Premierminister hatte ein Attentat gerade noch überlebt, der Innenminister zwei Attentate, der Religionsminister eines, schließlich wurde den religiösen Extremisten auch der Mord an Benazir Bhutto im Dezember 2007 angelastet. Die Regierung zeigte mit dem Finger auf Baithulla Mehsud, einen führenden pakistanischen Taliban und Stammeskrieger aus Waziristan. Doch die Partei Bhuttos machte Elemente im Regierungsapparat für ihren Tod verantwortlich. Die Regierung verstrickte sich in allerlei Widersprüche und nährte dadurch die Zweifel an der eigenen Version. Der Streit war bald zu einem zentralen innenpolitischen Thema geworden, der das Land schwer belastete.

Die Auseinandersetzung beruhte auf der Annahme, dass man klar unterscheiden könnte zwischen Taliban, Al-Qaida und den »Elementen« im Regierungsapparat. Mit anderen Worten gesagt: Entweder kam der Angriff von »außen«, aus den Stammesgebieten, oder von »innen«, aus dem Apparat. Was aber war, wenn man zwischen Außen und Innen nicht mehr unterscheiden konnte? Wenn die Sympathisanten der Taliban und Al-Qaidas im Apparat saßen und wenn umgekehrt Leute aus dem Apparat die Taliban und Al-Qaida in den Stammesgebieten und in Afghanistan unterstützten? Es war sogar sehr wahrscheinlich, dass diese Grenze zwischen Innen und Außen verwischt war. Wer den Auftrag gegeben hatte, Bhutto zu ermorden, wusste, dass das das Land ins Chaos stürzen konnte. Er hatte es sich zum Ziel gesetzt, Pakistan zu destabilisieren. Das Attentat musste daher ideologisch motiviert sein und nicht machtpolitisch. Kein machtpolitisches Kalkül würde aufgehen, wenn das Land in Gewalt und Unruhe versank. In diesem Sinne kamen nur religiöse Fanatiker als Täter in Frage.

Das war die tödliche, terroristische Seite der Talibanisierung. Es gab allerdings eine militärstrategische Dimension, die auch Auswirkungen auf den Einsatz der Nato in Afghanistan hatte. Nach Informationen der Geheimdienste und nach Einschätzung pakistanischer Beobachter hatten sich die Taliban in den Stammesgebieten eine einheitliche Struktur und eine Strategie gegeben. Demnach wollten sie Peshawar infiltrieren, einkreisen und schließlich einnehmen. Ob es tatsächlich eine solche Strategie gab, war nicht zu beweisen, doch waren bewaffnete Extremisten in Gegenden aufgetaucht, in denen sie bisher noch nie gesehen worden waren. Im Sommer 2007 hatten sie wochenlang die bergige Provinz *Swat* teilweise besetzt. Swat war bis dahin sicher gewesen und ein beliebtes Reiseziel für Touristen. Auch wenn das Militär die Extremisten schließlich aus Swat vertrieb, so war es für sie doch ein großer, medialer, propagandistischer Sieg gewesen. Darauf kam es ihnen vor allem an, weniger auf die dauerhafte Kontrolle über ein Territorium.

Die Taliban hatten in den Jahren seit ihrem Sturz gelernt, auf der medialen Klaviatur zu spielen. In Pakistan wie auch in Afghanistan waren sie ihren Gegnern militärisch bei Weitem unterlegen. Auf dem Schlachtfeld konnten sie weder die pakistanische Armee noch die Nato besiegen. Es war ihnen jedoch möglich, den Feind zu demoralisieren, indem sie auf die Öffentlichkeit der jeweiligen Länder zielten. In Pakistan war der Kampf gegen die Taliban ohnehin nicht populär, weil es gegen die eigenen Staatsbürger ging; und in den Staaten des Westens fand der militärische Einsatz in Afghanistan wenig Zustimmung. Aktionen mit großer öffentlicher Wirkung, die via Medien den Eindruck erweckten, dass die Taliban unbesiegbar waren – spektakuläre Bombenattentate in Kabul oder Islamabad oder die Einnahme, wenn auch nur kurzzeitig, von kleineren oder größeren Zentren wie Peshawar oder Kandahar – gehörten dazu. Alles, was im Wesen den Eindruck verstärkte, der Krieg sei ohnehin nicht zu gewinnen, war den Taliban willkommen. Denn sie wussten, dass die stärkste Armee nichts wert ist, wenn sie von der Bevölkerung nicht gestützt wird. Das war das strategische Kalkül der Taliban. Das bestimmte ihr Vorgehen. Sie suchten nach dem »großen Schlag«. Der Tod Bhuttos erfüllte alle Erfolgskriterien dieser Terrorstrategie. Bhutto war eine zentrale Figur für den in Pakistan angepeilten Übergang von der autoritären Herrschaft Musharrafs zur Demokratie; sie war die Kandidatin der USA; sie war populär und konnte zu den Massen sprechen; und schließlich: Wenn die Terroristen Bhutto töten konnten, bewiesen sie, dass sie jeden, den sie kriegen wollten, auch kriegten. Die Gewalt breitete sich wie ein Ölfleck immer weiter aus, bis tief nach Pakistan hinein, bis in die höchsten Spitzen des Landes. Bhuttos Tod war eine wichtige Etappe auf dem Weg in die angestrebte völlige Destabilisierung Pakistans.

Über den Khyberpass

Ich war in den vergangenen Jahren mehrmals über den Khyberpass gefahren, frei und unbeobachtet vom Militär. Jetzt, da ich am Morgen wieder dorthin fahren würde, tauchten Bilder aus der Erinnerung auf. Da war zunächst die Erinnerung an das strahlende, klare Licht, in das man schon wenige Kilometer nach dem staubigen Peshawar eintaucht, dieses Licht, das mit jedem weiteren Kilometer, den man den Pass hochfährt, klarer wird, bis man glaubt, die Luft sei aus Kristall und man müsse an ihr nur anstoßen, um sie zum Klingen zu bringen. Da war diese Erinnerung an den Malik, den Dorfvorsteher, der mich in sein Haus einlud, das etwas oberhalb der Straße lag, ein von hohen Lehmmauern umgebener, festungsähnlicher Bau, dieser Malik, der mich nicht mehr ziehen lassen wollte und dabei immer wieder sagte, dass die

Paschtunen doch in aller Welt für ihre Gastfreundschaft bekannt seien, und mir Tee einschenken und Nüsse bringen ließ und dabei so boshaft lächelte, dass mir ein Schauer über den Rücken lief. Da waren die düsteren Gedanken, die mich befielen, als ich glaubte, ich müsste dem Angebot nachgeben und in dem Haus des Maliks übernachten, um ihn nicht zu verprellen, diese Gedanken an die erbitterten Kämpfe, die hier über Jahrhunderte geführt wurden und immer noch geführt werden, der Gedanke an Strafexpeditionen, an Racheakte, an Hinterhalte, Morde und Massaker und an zahllose Abkommen, die gebrochen, neu geschlossen und wieder gebrochen wurden, das alles ließ mich die Flucht ergreifen, weg von dem Haus des Maliks, nur weg von dieser Lehmfestung und ihrer trügerischen Gastfreundlichkeit. Da war das Bild der meterhohen Mauern, die sich um ein riesiges Areal zogen, eine echte Festung am Straßenrand, gebaut von einem Afridi, aus jenem Stamm, der jahrhundertelang jedem, der durch seine Gegend kam, eine Wegsteuer abpresste und denen, die sich weigerten, so lange mit Hinterhalten zusetzte, bis auch sie einsahen, dass es billiger war, mit Geld die Durchfahrt zu erkaufen als mit Blut. Diese riesige Festung der Afridi, die längst schon keine Wegelagerer mehr sind, sondern den Busservice auf der Strecke zum Khyberpass betreiben, ganz exklusiv.

Das alles fiel mir am Abend vor meiner Abreise ein, bruchstückhaft, wie ein abgerissener Film, ohne Sinn und ohne Zusammenhang, und doch ging eine starke Anziehung von all dem aus. Die Mischung aus wilder Schönheit und blutiger Geschichte, aus schroffer Anmut und grandiosen Gesten – das alles schuf eine mythische Aura, der man sich schwer entziehen konnte. Wer über diesen Pass kam, der wollte Länder erobern, ja mitunter ganze Kontinente, wie Alexander der Große. Wer über diesen Pass kam, der wollte Handel treiben, der suchte nach Möglichkeiten, auf jede nur erdenkliche Weise Geld zu machen, und sei es mit dem

Schmuggel von Opium. Wer über diesen Pass kam, der flüchtete vor den endlosen Kriegen Afghanistans, vor den Sowjets, vor den Taliban, vor den Amerikanern. Wer über diesen Pass kam, tat es in der Absicht zu forschen, wie der große britische Archäologe Aurel Stein, der mit über 80 Jahren zum ersten Mal über den Khyberpass nach Afghanistan reiste, nur um wenig später in Kabul an einer Erkältung zu sterben. Am Khyberpass verdichteten sich Geschichten und Legenden zu einer erhabenen Atmosphäre.

Am folgenden Morgen lernte ich die profanere Seite der Khyber Agency kennen, und zwar in Form eines Polizisten. Er war dazu abgestellt worden, in unserem Auto bis auf den Pass mitzufahren. Wir wurden zusätzlich von einer motorisierten Eskorte begleitet, die aus einem Pickup-Wagen bestand. Vier Rangers saßen auf den Hinterbänken. Sie hatten ihr Gewehr zwischen die Knie geklemmt und blickten mit starren Gesichtern auf die Landschaft, die an uns vorbeizog, auf die letzten Häuser und Hütten von Peshawars ausufernden Vorstädten, auf die unwirtliche Ebene, die folgte, auf die Felsen, die uns, je weiter wir den Pass hochfuhren, enger und enger umschlossen. Der Polizist in unserem Auto war ein kleiner, drahtiger Mann mit einem bleistiftdünnen Schnauzer. Seine Uniform war fleckig und sein Barett, das er nachlässig auf dem Kopf trug, war ausgefranst. Wäre die Uniform nicht trotzdem als solche erkennbar gewesen, man hätte ihn auch für einen Wegelagerer halten können, einen Halsabschneider und Entführer. Nach den ersten zehn Minuten erzählte er uns bereits, dass er es nicht erwarten könne, nach Hause zu fahren, um es mit seiner Frau zu treiben. Er ließ keine Gelegenheit aus, mit seiner sexuellen Potenz zu prahlen, und hatte eine Freude daran, bis in die kleinsten Details zu gehen. Dieses Verhalten war äußerst ungewöhnlich für Pakistan, wo die Menschen schon aus religiösen Gründen sittsam bis zur Prüderie waren und man so gut wie nie

über solche Themen sprach, schon gar nicht mit Ausländern. Aber wir fuhren den Pass hinauf mit einem Polizisten, der ununterbrochen Anstößiges von sich gab. Vielleicht war er eine Ausnahme, doch vielleicht redete man so unter Polizisten. Was wusste ich schon darüber? Nichts, das Einzige, was ich kannte, waren Berichte von Menschenrechtsorganisationen, die von rücksichtslos prügelnden, folternden und vergewaltigenden Polizisten schrieben. Sehr oft gingen Polizisten, die sich eines Verbrechens schuldig gemacht hatten, frei aus. Auch daher rührte das weitverbreitete Gefühl, dass es in Pakistan keine Gerechtigkeit für den einfachen Mann gab. Es war ein sprechender Zufall, dass gerade hier, auf der Fahrt durch die Khyber Agency, dieser Polizist bei uns im Auto saß. Denn die Taliban gaben vor, dass sie gegen jeden Missbrauch der Macht kämpften, sie gaben vor, dass sie die Menschen schützen wollten vor der Willkür des korrupten Staates, vor seinen grausamen Handlangern, seinen raffgierigen und blasphemischen Offizieren, seinen sittenlosen, verdorbenen Dienern. Je länger ich den Polizisten in unserem Auto betrachtete, je mehr ich über ihn nachdachte, desto größere Unsicherheit befiel mich. Wenn ich als Pakistaner entscheiden müsste, mich in die Hände dieses Polizisten zu begeben oder in die Hände eines streng religiösen Taliban, wie würde die Entscheidung ausfallen? Ich konnte es nicht sagen.
Die Straße, die wir entlangfuhren, war übersät mit Schlaglöchern. An manchen Stellen war der Asphalt aufgerissen, als wären hier Granaten explodiert, an anderen Stellen waren schmale Risse zu sehen, die sich wie ein Aderwerk über die großen Asphaltflächen zogen und einem das Gefühl gaben, dass die Straße in kürzester Zeit aufbrechen und sich ein Abgrund öffnen könnte, der alles verschlingt. Die Straße verwandelte sich über mehrere Kilometer in eine holprige Schotterpiste, die so viel Staub aufwirbelte, dass ich die Polizisten unserer Eskorte, die vor uns fuhren, nicht mehr

sehen konnte. Je höher wir stiegen, desto mehr wurde die Straße zu einem armseligen Band, das sich durch die Berge schlängelte. Busse und Lastwagen schwankten mitsamt ihrem Inhalt aus Menschen und Waren gefährlich hin und her, immer wieder nahe dran, in eine tiefe Straßenböschung zu fallen. Wie durch ein Wunder aber kamen sie alle voran, krochen langsam den Berg hinauf, mit dröhnenden Motoren und heulenden Sirenen, mit schreienden Fahrern und Passagieren, denen die Anstrengung dieser Höllenfahrt ins Gesicht geschrieben stand. Wir stiegen höher und höher, und obwohl der Pass mit 1087 Metern niedrig ist, hatte ich das Gefühl, dass wir geradewegs in den Himmel fuhren. Das lag an dem funkelnden Licht, das die Welt um uns herum so scharf konturierte, dass man selbst auf große Distanz noch kleinste Details erkennen konnte, jeden Strauch, jeden Stein, jede Höhle, jede Unebenheit. Es war, als betrachtete man alles mit einem Fernglas aus großer Höhe – dabei fuhren wir mitten durch diese Landschaft hindurch.

An der Spitze des Passes angekommen, erwarteten uns zwei Soldaten in Paradeuniform. Sie salutierten. Ihre breiten Hüftschärpen leuchteten rot und die Schulterstücke blinkten wie Weihnachtsschmuck. Ich ging an ihnen vorbei zu einem Treppenaufgang. Er führte zu einem kleinen Gebäude, das auf einem Felsvorsprung lag. Als ich eintrat, sah ich, dass ich nicht der einzige Gast war. Das Militär hatte Diplomaten aus Südkorea eingeladen, Journalisten aus Australien und einige einheimische Würdenträger. Zunächst servierten uns Offizierspagen einen Imbiss, der aus kleinen, dreieckigen Brötchen bestand und alkoholfreien Getränken. Danach gingen wir auf eine Felsterrasse, die einen Panoramablick auf den tiefer gelegenen Grenzübergang zu Afghanistan freigab. Zu unserer Rechten lag der letzte Straßenabschnitt, der sich in mehreren Serpentinen einen steilen Bergrücken entlangzog, bis er endlich Torkham erreichte, den Grenzübergang. Aus der Ferne konnte man die Einzelheiten nicht unterscheiden, doch herrschte dort unten reger Verkehr, Staub wirbelte auf und hing wie eine gelbe Glocke über dem Ort. Wenn der Wind in unsere Richtung blies, waren verzerrte Geräusche zu hören, die nicht klar identifizierbar waren. War es ein Hupen? War es ein schreiender Esel? Waren es Menschenstimmen? War es Motorenlärm?

Ein Offizier trat vor uns hin. In der Hand hielt er einen Stock. Er begann seinen Vortrag und wies mit seinem Stock immer wieder auf Torkham und auf die umliegenden Berge. »Da oben verläuft die Grenze … Auf diesem Berg sehen Sie den letzten pakistanischen Grenzposten … Da oben, sehen Sie, zu Ihrer Rechten, da hatten die Sowjets in den Achtzigerjahren einen Horchposten …« Der Offizier hatte den Vortrag bestimmt schon Dutzende Male gehalten, so routiniert und professionell spulte er ihn herunter. Die Botschaft, die er übermittelte, war sehr einfach: Wir, die pakistanische Armee, haben alles im Griff! Wir sind hier der Herr, nicht etwa die Stammeskrieger oder Terroristen aus dem Ausland oder Soldaten fremder Länder. Wir, die pakistanische Armee, sind der Herr über diese Grenze, Herr im Hause Pakistan.

Diese Botschaft führte man uns wenig später sehr plastisch vor. Nach dem Ende des Vortrags, nach dem wir uns noch ein wenig umschauen durften, ohne einem Offizier zuhören zu müssen, brachte man uns in die Grenzkaserne des Frontier Corps. Im Inneren lag ein großer, schöner Garten mit einem akkurat geschnittenen Rasen. Die Sonne brannte. Man hatte für uns Stühle im Schatten aufgestellt. Kaum hatten wir uns gesetzt, begann das vorbereitete Schauspiel. In Gruppen traten jeweils uniformierte Stammeskrieger in unterschiedlicher, traditioneller Kleidung auf. Sie wirbelten, drehten sich und tanzten im Rhythmus wilder, bacchantischer Musik. Ihre langen, schwarzen Haare flogen durch die Luft, die Klingen ihrer Messer blinkten in der Sonne. Sie stießen spitzes Kampfgeheul aus, stampften mit den Füßen auf den Boden, rissen die Arme hoch, drehten und drehten sich bis zu scheinbarer Besinnungslosigkeit. Dann trat der nächste Stamm auf und der nächste und der nächste, einer wollte den anderen in seiner Wildheit übertreffen. Die herumstehenden Offiziere betrachteten das Ganze mit gelangweilten Mienen, als würden sie dem einstudierten Schauspiel von gezähmten Affen beiwohnen. Was uns präsentiert werden sollte, war die Geschichte einer Zähmung, der Zähmung der Grenzregion und ihrer Bewohner. Zuchtmeister, Dompteur und Zirkusdirektor in einem war die Armee Pakistans. Das Schauspiel verriet viel über ihr Selbstverständnis: Ihre Mission war es, das eigene Land zu kolonisieren.

Etwas später gelang es mir, mich abzusetzen und hinunter nach Torkham zu fahren. Auf pakistanischer Seite bestand der Ort aus einer Ansammlung von ärmlichen Häusern und Hütten. Ein eisernes Gitter markierte den Übergang. Es stand offen. Pakistanische und afghanische Polizisten prüften Papiere, kontrollierten die Ladung durchfahrender Fahrzeuge. Ich stellte mich seitwärts auf eine kleine Anhöhe, ein paar Meter vom Gitter entfernt, um das chaotische Treiben zu beobachten. Mir fielen die vielen Kinder auf, die schwere Säcke auf ihren Rücken hin- und herschleppten, schwere Säcke. Die meisten waren barfüßig. Ihre Gesichter starrten vor Schmutz und ihre Kleider waren abgerissen. Die Kinder schmuggelten Waren unter den Augen der Grenzbeamten. Wie gehetzte Tiere suchten sie nach einer Lücke zwischen den Polizisten, sprangen hinein und rannten los, so schnell sie konnten, bis sie außerhalb der Reichweite der Beamten waren. Ab und an bekam ein Grenzpolizist einen kleinen Schmuggler zu fassen. Dann packte er den Unglücklichen am Kragen, verpasste ihm eine Ohrfeige und nahm ihm die Ware ab. Andere Kinder kamen glimpflicher davon, der Stockschlag eines Polizisten traf sie am Rücken, trieb sie zurück nach Afghanistan oder zurück nach Pakistan, aber sie kamen wieder, als machte ihnen der Schmerz nichts aus, sie kamen immer wieder, drängten an die Grenze heran, mit ihren Waren auf dem Rücken, ihre dünnen Körper wie schussbereite Bögen gespannt. In ihren Gesichtern glimmte die Hoffnung, beim nächsten Sprung ins Freie zu kommen.

Dank

Dieses Buch ist mit der Hilfe vieler Menschen entstanden. Mein Dank geht in erster Linie an meine Redaktion. Ohne DIE ZEIT hätte dieses Buch nicht entstehen können. Sie hat es mir ermöglicht, über mehrere Jahre hinweg Pakistan und die gesamte Region zu bereisen. Außerdem haben mich der Zuspruch und die Unterstützung meiner Kollegen aus der Redaktion stets ermutigt.
Helmut Schmidt danke ich für die stets anregende Diskussion über Pakistan und seine weltpolitische Bedeutung.
Es gibt viele Kollegen, denen ich zu danken habe, für ihre Arbeit, die mich inspiriert hat, und die Hilfe, die sie mir gegeben haben. Mein besonderer Dank gilt Will Germund, Korrespondent für Süd- und Südasien. Er ist einer der besten Kenner Pakistans. Außerdem besitzt er eine der Qualitäten, die unerlässlich sind, wenn man sich in diesen Weltgegenden bewegt: unverwüstlichen Humor. In Pakistan hat mir mein Freund Nadeem Aslam Chaudry unschätzbare Dienste als Begleiter und Übersetzer geleistet. Nadeem ist im besten Wortsinne ein Patriot. Er liebt sein Land und hat doch einen unbestechlichen Blick dafür. Danken muss ich all den Pakistanern, die mich mit viel Geduld mit ihrem Land bekannt gemacht haben. Ihre herzerwärmende Gastfreundschaft ist einmalig. Und es soll hier erwähnt sein, dass ich in all den Jahren ausnahmslos freundlich aufgenommen wurde. Dr. Carmen Sippl, die Lektorin des Verlages, hat mich von Anfang an mit der richtigen Mischung aus Enthusiasmus und Professionalität unterstützt.

Der größte Dank gebührt meinen Kindern und meiner Frau. Sie hatten Geduld und Nachsicht mit mir – von beidem haben sie sehr viel gebraucht.

Zeittafel

1947 15.8. Indien wird von Großbritannien in die Unabhängigkeit entlassen. Einige Provinzen mit überwiegend muslimischer Bevölkerung trennen sich als zweigeteilter islamischer Staat Pakistan (Ost- und Westpakistan) von dem säkularen Staat Indien ab. Beginn des Konflikts um Kaschmir

1948 Die UNO verabschiedet zwei Resolutionen zur Beendigung des Kaschmir-Konflikts, die ohne Ergebnis bleiben.

Nach dem Tod des Staatsgründers Mohammad Ali Jinnah beginnt eine Zeit innenpolitischer Unsicherheit. Außenpolitisch schließt Pakistan ein Verteidigungsabkommen mit den USA.

1950 Karachi wird Hauptstadt Westpakistans, Dacca die Hauptstadt Ostpakistans.

1951 Neue Spannungen zwischen Indien und Pakistan um Kaschmir

1956 Begründung der Islamischen Republik Pakistan als Präsidialrepublik mit eigener Verfassung, doch es gibt weiterhin nur eine provisorische Regierung, Wahlen finden nicht statt.

1957 Kaschmir wird an Indien angeschlossen.

1958 Präsident Iskander Mirza ruft das Kriegsrecht aus und ernennt Mohammad Ayub Khan, den Oberbefehlshaber der Armee, zum Premierminister, der nach dem Rücktritt Mirzas auch Präsident wird (bis 1968).

1959 USA-Beistandsgarantie

1960 Einführung des Systems einer *Basic Democracy*. Mohammad Ayub Khan wird in indirekten Wahlen als Präsident bestätigt.

1961 Wirtschaftsabkommen mit der UdSSR

1962	Die 1959 neugegründete Stadt Islamabad wird nach dem Inkrafttreten einer neuen Verfassung Regierungssitz.
1963	Grenzvertrag mit der VR China
1965	Mohammad Ayub Khan wird in freien Wahlen als Präsident bestätigt. Der Kaschmir-Konflikt weitet sich zum Indisch-Pakistanischen Krieg aus. Ein Waffenstillstand tritt durch Vermittlung der UNO in Kraft.
1966	Durch Vermittlung der UdSSR wird der Indisch-Pakistanische Krieg mit den Vereinbarungen von Taschkent beendet.
1969	Präsident Mohammad Ayub Khan tritt aus Gesundheitsgründen zurück. Der neue Präsident Yahya Khan ruft den Ausnahmezustand aus.
1970	Erste freie und direkte Parlamentswahlen
1971	Ostpakistan (Bangladesch) löst sich aus dem Staatenbund. Yahya Khan tritt als Präsident Pakistans zurück, sein Nachfolger wird Zulfikar Ali Bhutto.
1972	Pakistan tritt aus dem British Commonwealth aus.
1973	Eine neue Verfassung tritt in Kraft. Der Islam wird Staatsreligion. Fazal Elahi Chaudhury wird Staatspräsident, Zulfikar Ali Bhutto Premierminister.
1977	Ein Wahlboykott führt zur Staatskrise. Stabschef Zia ul Haq kommt durch einen Staatsstreich an die Macht und ruft das Kriegsrecht aus.
1978	Zia ul Haq wird auch Staatspräsident und forciert eine stärkere Islamisierung des Landes.
1979	Zulfikar Ali Bhutto wird wegen Mordes an einem Oppositionspolitiker verurteilt und hingerichtet. Es kommt zu Unruhen, Wahlen werden verschoben.
1981	Die USA gewähren Pakistan Militär- und Wirtschaftshilfen in Höhe von 3,2 Mrd. Dollar.
1985	Nach wegen des Kriegsrechts eingeschränkten Parlamentswahlen wird Mohammad Khan Junejo Premierminister.
1988	Zia ul Haq stirbt bei einem Flugzeugabsturz. Nach Parlamentswahlen wird Benazir Bhutto (*Pakistan Peoples Party*) Premierministerin, Ghulam Ishaq Khan Staatspräsident.

1989 Pakistan tritt wieder dem Commonwealth bei.

1990 Wegen Korruptionsvorwürfen entlässt Ishaq Khan Premierministerin Bhutto. Neuer Regierungschef wird Nawaz Sharif (*Pakistan Muslim League*).

1993 Benazir Bhutto wird zum zweiten Mal zur Premierministerin gewählt.

1996 Die Taliban übernehmen mit Unterstützung Pakistans die Macht in Afghanistan.

1997 Nawaz Sharif wird neuer Premierminister, Mohammed Rafiq Tarar wird Staatspräsident.

1998 Indische und pakistanische Atomwaffentests. Die USA verhängen Wirtschaftssanktionen gegen Pakistan.

1999 Benazir Bhutto und ihr Mann, die im Ausland leben, werden wegen Korruption verurteilt. Generalstabschef Pervez Musharraf übernimmt nach dem dritten Militärputsch in der pakistanischen Geschichte die Macht und ruft den Ausnahmezustand aus.

2000 Nawaz Sharif wird wegen Korruption zu 14 Jahren Arbeitslager verurteilt.

2001 Musharraf erklärt sich zum Staatspräsidenten. Er unterstützt die USA im Anti-Terror-Kampf gegen die Taliban in Afghanistan.

2002 Musharraf wird in einem Referendum im Amt bestätigt. Der US-Journalist Daniel Pearl wird in Karachi von militanten Islamisten entführt und getötet.

2007 Musharraf wird erneut in seinem Amt bestätigt. Benazir Bhutto kehrt am 18. Oktober aus dem Exil zurück und überlebt ein Selbstmordattentat. Musharraf ruft den Ausnahmezustand aus. Bhutto wird unter Hausarrest gestellt. Am 27. Dezember fällt sie einem Attentat zum Opfer.

2008 Die Parlamentswahlen werden vom 8. Januar auf den 18. Februar verschoben.

Register

Abu Ghraib 180
Ahmad, Mirza Ghulam 184
Akram, Imran 38–41
Alexander der Große 201, 223
Ali, Maulana Hafiz Akhtar 213–215
Al-Qaida 10, 24, 35, 53, 63f., 67f., 77, 89f., 132f., 160, 164f., 169, 191, 205, 219f.
Amnesty international 92f.
Aslam, Chaudry Mohammed 60, 62–65
Aurangzeb, Großmogul 29
Ayub, Mohammed 48–50
Aziz, Shaukat 104

Babur 201
Badshahi-Moschee 29
Balutschistan 24f., 75, 203
Baradei, Mohammed el 75
Bashiruddin, Sultan Machmud 76f.
Beg, General Mirza Aslam 78–84
Beirut 165
Bhutto, Benazir 9, 75, 78, 100, 107, 131, 182, 211, 220, 222, 233f.
Bhutto, Zulfikar Ali 11, 75, 144, 182–185, 211, 233
Biden, Joseph 18
Bila Hissar 199

Bin Laden, Osama 24, 26, 64, 67, 70, 77, 132f., 160, 164–166, 208f., 212, 214–216
Bombay 29
Brzezinski, Zbigniew 201
Bush, George W. 67, 74, 89, 215

Chaudry, Iftikar 9, 102–105, 107, 121, 130, 142–144, 149
Cheney, Dick 120
CIA (Central Intelligence Agency, US-Auslandsnachrichtendienst) 26, 64, 159f., 163, 219
Clinton, Bill 64, 74, 165

Dacca 232
Delhi 29, 201
Deoband 181f.
Durand, Sir Henry Mortimer 201

Faisal, Mohammed 111
Faisalabad 70
FATA (Federal Administered Tribal Areas) siehe Stammesgebiete
Fauji-Stiftung 105
Friends (Foundation for Research on International Environment, National Development, and Security) 79

Ghailani, Ahmed Khalfani 63f., 69
Ghazi, Abdul Raschid 108–111, 113–123, 125–129, 131, 137f., 148, 153f., 210f., 219
Ghazi, Maulana Abdul Aziz 108–111, 113, 118, 123, 125–127, 131, 148, 153
Guantanamo 170, 180, 191
Gujranwala 17–20, 23
Gujrat 59–61, 64, 69f.
Gul, Hamid 162–164

Hamedullah, Kazi 20–22, 24–28
Haq, Abdul ul 181, 186
Haq, General Zia ul 78, 100, 108, 113, 144, 185f., 211, 233
Haq, Hamid ul 187
Haq, Raschid ul 187
Haq, Salman ul 174–180, 187f.
Haq, Sami ul 158f., 166, 187
Haqqania 157–159, 166f., 169, 172, 175–181, 186–190
Harakat ul-Mudschaheddin 77
Hitler, Adolf 140f.
Hussain, Iqbal 31–33
Hussein, Saddam 165f., 208

IAEA (Internationale Atomenergiebehörde) 75f.
Ikram, Mohammed 70–73
Indus 131
ISI (Inter-Services Intelligence, pakistan. Geheimdienst) 35, 64, 88, 114, 159–163
Islamabad 10, 68, 73, 77–79, 87, 97f., 101–103, 108f., 111, 115, 120f., 124, 127–129, 134, 136, 148, 152f., 204, 206, 221, 233

Jalalabad 204
Jamiat-e-Islami 42, 49
Jamiat-e-Tulba 42, 44f., 48
Jamiat-u-Islami (JUI) 143
Jinnah, Mohammad Ali 44, 232
JKLF (Jammu and Kaschmir Liberation Front) 84, 86, 88

Kabul 43, 157, 162, 167, 203, 205, 221, 224
Kalkutta 29
Kandahar 34, 77, 221
Karachi 70, 97, 232, 234
Karzai, Hamid 203f.
Kaschmir 34, 57, 82, 84–90, 92–94, 100, 111, 152, 232f.
Khan, Abdul Qadir 74–77
Khan, Abdul Wali 203f.
Khan, Amanullah 84, 86–89, 94
Khan, Ashfaq 38, 42, 44, 46f.
Khan, General Mohammad Ayub 97f., 232f.
Khan, General Yahya 183, 233
Khan, Khan Abdul Ghaffar (Badsha Khan) 208
Khan, Sir Zafarullah 184
Khora Attak 181
Khost 64
Khyber Agency 218, 224f.
Khyberpass 13, 161, 200f., 209, 218, 222–224
Kosovo 66f.
Kunar 90
Kurnaz, Murat 191

Lahore 13, 29f., 32f., 35, 36f., 43, 51, 53f., 103, 190
Lashkar-e-Taiba (»Armee der Reinen«) 90f.

LoC (»Line of Control«) 85
London 32, 35, 86

Majeed, Abdul 77
Margalla Hills 97, 134, 137
Mehsud, Baithulla 220
MI6 (brit. Inlandsgeheimdienst) 35
Mirza, Iskander 232
MMA (Parteienkoalition Muttahida Majlis-e-Amal) 25, 40f., 131, 166, 210, 213, 216
Mogadischu 165
Mossad (israel. Geheimdienst) 26
Mudschaheddin 160f., 163, 215
Mujahid, Muhammad Yahya 91–94
Musharraf, Pervez 9, 18–20, 25, 35, 65, 68–72, 74, 76, 88–90, 100–105, 107, 109, 113, 118, 120–122, 127–129, 131, 135–138, 141f., 144, 147f., 153f., 211, 220, 222, 234

Nadir Shah 201
Najibullah, Mohammed 162
Nato 10, 66, 208, 221
North Western Frontier Province (NWFP) 24f., 115, 131, 166, 203, 209, 216

Okara 106
Omar, Mullah 24, 175, 208

Pakistan Muslim League (PML) 143

Pakistan Peoples Party (PPP) 131, 143, 182, 211, 233
Paschto 157
Pearl, Daniel 35, 234
Peshawar 37, 115, 118, 160–162, 192, 194, 199f., 207, 209f., 213, 215, 218, 221f., 224
Punjab 17, 18, 25, 30, 33, 106, 184, 203

Qasuri, Ahmed Reza 129–133, 138, 141–144
Quetta 173, 207
Qutb, Sajib 36

Rai Wind 190f.
Ravi 32
Rawalpindi 68, 70, 78f., 82, 84, 89, 91, 97, 134, 149, 162
Reaz, Aamir 51–55
Rehman, Aziz u 97–102, 109–113, 115, 123, 125–127, 129
Rote Moschee 108, 113, 116, 118, 121, 135, 137, 153, 210, 219
Rumsfeld, Donald 179

Sarajevo 34
Schröder, Gerhard 66
Sharif, Nawaz 19, 100, 107, 234
Sheikh, Mohammed 70
Sheikh, Omar Saeed 33–36
Sherpao, Ahmad Khan 144–147
Shib, Ramzi bin al 70
Siddiqa, Ayesha 105
Sind 203
Sing, Hari 85
Spin Boldak 173

237

Stammesgebiete 10, 23, 65, 67–70, 103, 131, 177, 203, 205, 209–211, 218–221
Stein, Aurel 224
Struck, Peter 66
Swat 221

Tabighli 190f.
Takht Abad 188f., 192–195
Tariq, General 199–201, 204–207, 210, 218
Tora Bora 67, 209
Torkham 218, 226–228

UNO (United Nations Organization) 85f., 202, 232f.
USAID 159

Washington 120
Waziristan 68, 70, 218, 220
Whagah 29
Wright, Lawrence 36

Zardari, Asif Ali 19
Zawahiri, Ayman al 67f.
Zubaidah, Abu 70

Gabriele Krone-Schmalz
Was passiert in Russland?

Russland – Freund oder Feind?

Kritisch, klug und objektiv setzt sich die Russland-Expertin mit den gängigen Vorurteilen über die alte neue Weltmacht auseinander.

Gabriele Krone-Schmalz hat als ARD-Korrespondentin den Umbruch in der Sowjetunion miterlebt und die darauf folgende Entwicklung Russlands genau beobachtet. Sie weist auf die Diskrepanzen zwischen der russischen Realität und den Stereotypen in der westlichen Wahrnehmung hin und zeigt bewusste und unbewusste Verfälschungen im gängigen Russlandbild auf. Dabei scheut sie vor zentralen Reizthemen wie Putins »gelenkter Demokratie«, Energiepolitik, Pressefreiheit, Tschetschenien nicht zurück.

256 Seiten, ISBN 978-3-7766-2525-7, Herbig

Als Hörbuch, gelesen von Gabriele Krone-Schmalz:
3 CDs, ISBN 978-3-7844-4138-2
Langen*Müller* | Hörbuch

Lesetipp

BUCHVERLAGE
LANGENMÜLLER HERBIG NYMPHENBURGER
WWW.HERBIG.NET

Michael Borgstede
Leben in Israel

Alltag im Ausnahmezustand

Sie kamen mit großen Hoffnungen: Aus aller Welt strömten Juden nach der Staatsgründung nach Israel – und wurden Israelis. Auslandskorrespondent Michael Borgstede zeichnet das spannende Porträt eines Landes, das mit einer unglaublichen kulturellen Vielfalt leben muss. Er sprach mit Holocaust-Überlebenden und Beduinen, Kibbuz-Pionieren, Äthiopiern und Arabern, Ultraorthoxen und Säkularen, Soldatinnen und neu eingewanderten Russen.

Wie lebt es sich in einem Land im Dauerkriegszustand? Wie funktioniert ein Staat, dessen Gründungsideale von immer wenigeren seiner Bewohner geteilt werden? Entstanden ist das differenzierte Bild eines mutigen Experiments.

256 Seiten mit Fotos, ISBN 978-3-7766-2553-0
Herbig

Lesetipp

BUCHVERLAGE
LANGENMÜLLER HERBIG NYMPHENBURGER
WWW.HERBIG.NET

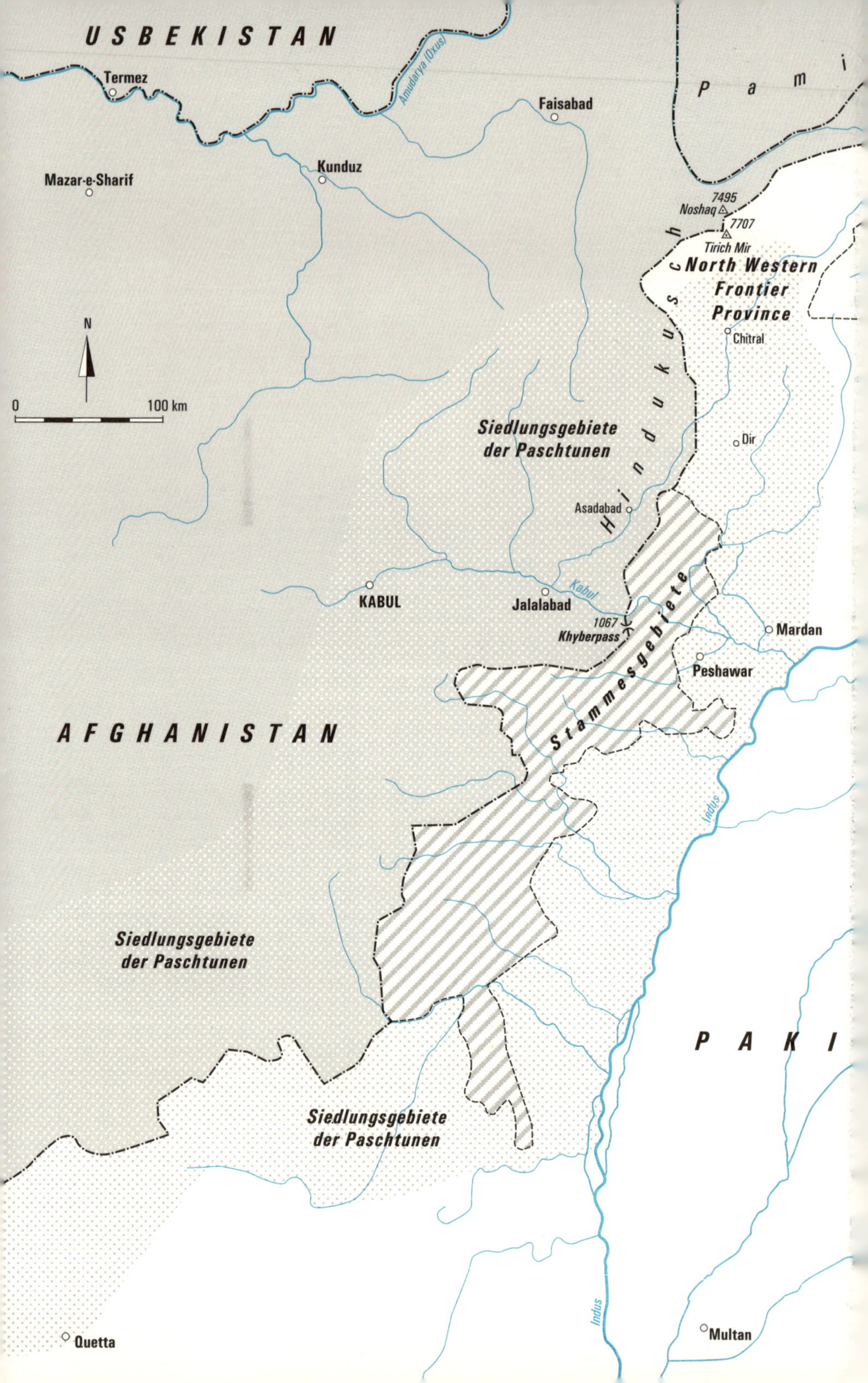

USBEKISTAN
Termez
Amudarya (Oxus)
Faisabad
Pami
Kunduz
Mazar-e-Sharif
7495
Noshaq
7707
Tirich Mir
Hindukusch
North Western
Frontier
Province
Chitral
N
0
100 km
Siedlungsgebiete
der Paschtunen
Dir
Asadabad
Kabul
KABUL
Jalalabad
1067
Khyberpass
Stammesgebiete
Mardan
Peshawar
AFGHANISTAN
Indus
Siedlungsgebiete
der Paschtunen
PAKI
Siedlungsgebiete
der Paschtunen
Indus
Quetta
Multan